制 造 新 格 局

30位知名学者把脉中国制造

新 望 主编

电子工业出版社
Publishing House of Electronics Industry
北京·BEIJING

内容简介

往前看，没有中国制造，就没有中国世界第二大经济体的国际地位；往后看，没有制造业，建设社会主义现代化强国就无从谈起。2020年新冠肺炎疫情以来，全球产业链加速重构，安全优先代替成本优先，本土化、区域化成为大趋势。中国制造业将产业链、供应链安全可控作为首要战略，并适时提出加快形成以国内大循环为主体、国内国际双循环相互促进的新发展格局。新冠肺炎疫情和中美贸易摩擦也促使中国制造加快从中低端走向中高端，从跟随走向创新。总而言之，中国制造必须抓住新一轮科技革命与产业变革的机遇，瞄准关键领域，从制造大国迈向制造强国。

未经许可，不得以任何方式复制或抄袭本书之部分或全部内容。
版权所有，侵权必究。

图书在版编目（CIP）数据

制造新格局：30位知名学者把脉中国制造 / 新望主编. —北京：电子工业出版社，2021.3
ISBN 978-7-121-40719-2

Ⅰ. ①制… Ⅱ. ①新… Ⅲ. ①制造工业－研究－中国 Ⅳ. ①F426.4

中国版本图书馆CIP数据核字（2021）第041074号

责任编辑：徐　静
文字编辑：刘家彤
印　　刷：天津画中画印刷有限公司
装　　订：天津画中画印刷有限公司
出版发行：电子工业出版社
　　　　　北京市海淀区万寿路173信箱　邮编　100036
开　　本：720×1 000　1/16　印张：18.5　字数：266千字
版　　次：2021年3月第1版
印　　次：2021年3月第1次印刷
定　　价：89.00元

凡所购买电子工业出版社图书有缺损问题，请向购买书店调换。若书店售缺，请与本社发行部联系，联系及邮购电话：（010）88254888，88258888。
质量投诉请发邮件至zlts@phei.com.cn，盗版侵权举报请发邮件至dbqq@phei.com.cn。
本书咨询联系方式：liujt@phei.com.cn，（010）88254771。

制造业是实体经济的基础，实体经济是我国发展的本钱，是构筑未来发展战略优势的重要支撑。要坚定推进产业转型升级，加强自主创新，发展高端制造、智能制造，把我国制造业和实体经济搞上去，推动我国经济由量大转向质强，扎扎实实实现"两个一百年"奋斗目标。

（习近平总书记2019年9月17日在郑州煤矿机械集团股份有限公司考察调研时的讲话）

序言
Preface

工业、制造业要为实现国家发展战略目标做支撑

李毅中

（二○二一年二月一日）

回顾不平凡的2020年，我国工业攻坚克难，为防控抗击疫情提供了充足的物资保障；疫后工业化率先恢复带动了经济复苏，拉动GDP正增长。全年规模以上工业增加值同比增长2.8%，带动GDP增长2.3%，我国成为全球唯一实现经济正增长的主要经济体。事实证明，工业对国计民生仍然发挥着支撑带动作用和保障作用。

党的十九届五中全会提出了"十四五"以及2035年经济、社会发展目标和战略方针，贯彻落实五中全会《建议》[①]，工业界要担当重任。学习领会中央决策，我们体会到工业、制造业为实现国家发展战略目标，在以下四个方面尤显重要，更要倍加努力。

一、要保持工业、制造业在GDP中占比基本稳定

工业是立国之本，制造业是强国之基。五中全会《建议》提出，到2035年"基本实现新型工业化、信息化、城镇化和农业现代化，建成现代化经济

---

① 《中共中央关于制定国民经济和社会发展第十四个五年规划和二○三五年远景目标的建议》。

体系"。但在前些年出现了工业、制造业占比过早过快下降的现象,要高度重视。数据显示,2006年我国工业增加值占GDP的比重是42%,高峰后一路下降,2016年降为32.9%,一年降一个百分点;制造业增加值占比同期由32.5%降到28.5%。2016年后降幅趋缓,2019年分别为32%和27.7%,2020年预测稳中略升。

发达国家金融危机后推行"重振制造业""再工业化",2016年美国制造业增加值占GDP的11.6%,日本是20.7%,德国是20.8%,韩国是27.6%,近几年该比重均保持稳定。我国目前制造业增加值占GDP的27.7%,与韩国相当,但人均GDP只有韩国的1/3,应引起高度警觉。五中全会要求"保持制造业比重基本稳定,巩固壮大实体经济根基",各地都在认真贯彻落实。实践证明我国国民经济仍要靠工业和服务业共同带动、一起拉动。要坚定工业对国民经济的支撑带动作用,避免和纠正脱实向虚、工业被空心化和边缘化的现象。

工业界要积极响应、认真落实中央决策,"坚定不移建设制造强国、质量强国、网络强国、数字中国"。保持工业、制造业比重基本稳定,就要千方百计保证工业增加值增幅与GDP增幅相当,工业投资增幅与全社会固定资产投资增幅相当,并力争工业投资占全部投资的比重与工业增加值占GDP的比重相当。各地、各行业情况不同,但总体上要科学把握、合理调控,为此要坚持不懈地付出艰辛的努力。

二、工业经济要加快构建、主动适应新发展格局

经济全球化是发展规律,发挥各国比较优势,取长补短、合作共赢是正道。针对国际国内形势变化,要因势利导、适时调整。改革初期大进大出、"两头在外",带动了经济发展。2006年外贸依存度(进出口总额/GDP)高达64.2%,随后国际金融危机袭来,我国调整战略以扩大内需为主,到2019年外贸依存度降至31.8%。当今发达国家该值为20%~25%,我国仍有调整的余地。

我国工业、制造业的一些结构性矛盾在疫后更加突显。一些关键装备从整机到零部件、元器件、关键材料还需要大量进口，电子信息制造、高端装备制造、航空航海和汽车发动机、智能仪器仪表、医药及医疗器械等行业尤为突出，如高端芯片90%依赖进口。同时一些行业出口量大，如手机行业（64%）、彩电行业（46%）、服装纺织品行业（38%）。受疫情冲击，国际经济萎缩，对进出口贸易影响更大。此外，疫后各国也在调整经济结构，加大了本地化和区域化。因此，"加快构建以国内大循环为主体，国内国际双循环相互促进的新发展格局"有重大的现实意义和长远的战略意义。

构建新发展格局完全可行。我国市场规模超大、潜力巨大。2019年消费品零售总额达41.2万亿元，居世界第二，2020年因疫情重创下降了3.9%，但正常情况下年增幅约为8%~10%。2020年我国居民人均年可支配收入为32189元，同比实际增长2.1%，今后低收入群体收入会不断提升，中等收入群体会不断扩大，国内市场成长性好。我国工业门类全、体量大，正在由大变强，处于工业化后期；城镇常住人口占总人口的60.6%，而户籍人口城镇化率只有44.4%，持续发展有巨大空间，同时要进一步扩大对外开放，积极发展双边、多边、区域合作。我国市场蕴藏着巨大商机，制造配套能力可提供充足的供应，产业大军综合素质较高，不断优化的营商环境具有强劲的吸引力。2020年11月我国参加并促成了RCEP（区域全面经济伙伴关系协定），明确提出"要积极考虑加入全面与进步跨太平洋伙伴关系协定"，经济全球化的趋势仍十分明显。

构建新发展格局有多种有效途径。加快传统产业改造升级，积极培育新兴产业，强链、补链、扩链形成现代产业体系；有序发展以数字基础设施为核心的新基建和交通水利等重大工程建设；加快新型城镇化、智慧城市、都市圈建设等。同时进一步开展国际合作，用好两个市场、两种资源，全方位、高水平、多层次提升进出口贸易和双向投资合作等。

三、坚持科技创新，加强成果转化，加快数字化转型，提升工业自主可控能力

遵照习总书记的指示，要尽快掌握核心技术、关键技术，在关系国家安全的领域和节点构建自主可控、安全可靠的国内生产供应体系，在关键时刻，可以做到自我循环，确保在极端情况下经济正常运转。要抓紧时间窗口，通过创新和转化，锻长板、补短板、强弱项、填空缺，消除痛点、堵点，增强产业链和供应链的竞争力和稳定性。

一是继续加大研发投入，抓紧重大科技攻关。我国研发投入占GDP比重达2.23%，并不算低，虽然与美国的2.79%、北欧的3%、日本和德国的3.4%、韩国的4.5%还有一定差距，但绝对量2.2万亿元仅次于美国。问题是其中用于基础研究的比例只有5.7%，远低于发达国家的15%～20%，也低于俄罗斯的15%。五中全会《建议》强调"加强基础研究，注重原始创新"。第一轮（2006—2020年）国家重大科技专项已取得重大突破，新一轮重大科技专项正在推进、组织行业共性技术攻关，目前已组建了17个国家制造业创新中心，到2025年将达到45个，基本覆盖主要工业行业。

二是加强科技成果转化、产业化。我国科技成果转化率有不同的版本，最多为30%，仅为发达国家的一半。研发的目的全在于用，科技成果只有产业化，才能变为现实生产力。要坚持"政产学研用金"相结合，改革体制，转换机制，完善政策，更多用市场化的途径推进成果产业化。支持企业承担国家重大科技项目，并带头在企业实施成果产业化。

三是深入推进"数字产业化、产业数字化"。数字产业化是手段，即把信息技术物化为电信产业。要针对薄弱环节提升半导体设备、材料和芯片制造能力，延伸建设数字基础设施。产业数字化是目的，即推动各领域垂直行业数字化转型升级。要分行业从企业抓起，对离散式和流程式制造业要分业施策、试

点推广;对企业要分层次分步实施,从生产线、车间、工厂到集团和园区,从自动化、数字化、网络化到智能化逐步实现。

四是充分发挥企业科技创新的主体作用。规模以上工业企业研发费用占销售收入的1.35%,资金投入占全国研发投入的70%。要把产业基础再造落实到行业、企业,开展以智能、绿色、优质为中心的新一轮技术改造,并由企业扩展到产业链。积极开展创建专精特新"小巨人"企业、"制造业单项冠军""领航领军企业"行动,形成行业创新体系。

四、推动绿色低碳发展,实现碳达峰、碳中和,工业要有责任担当

减少二氧化碳等温室气体排放、防止气候变暖给人类带来灾难已成为全球共识,也是绿色发展、可持续发展的重要方面。我国十分重视并积极响应《巴黎协定》,2015年年底我国在联合国大会上明确碳排放力争在2030年达峰的目标。这些年我国已做了实实在在的努力,并取得成效。据统计,2019年我国二氧化碳排放强度比2005年已降低48%,非化石能源占比已达到15.3%。2020年9月,习近平总书记在75届联大视频会上又提出2060年前实现碳中和。十九届五中全会提出"制定2030年前碳排放达峰行动方案"。2020年12月12日,习近平总书记在气候雄心峰会上发表重要讲话:到2030年,中国单位国内生产总值二氧化碳排放将比2005年下降65%以上,非化石能源占一次能源消费比重将达到25%左右,森林累积量将比2005年增加60亿立方米,风电、太阳能发电总装机容量将达到12亿千瓦以上。中央经济工作会议部署2021年八项重点任务,第八项是做好碳达峰、碳中和工作。四个月之内,习总书记强调了四次,密度之大、力度之强、任务之具体前所未有。

我们要深刻理解,迅速贯彻落实。在"十四五"规划和年度工作中做出具体安排,要有指标、有措施、有责任,要分解落实,评价考核。据统计,目前全球年排放二氧化碳达331亿吨,我国超过100亿吨,占30%,而且测算年增

1.75%，形势严峻。我国工业能耗占全社会能耗的69%，是主要污染物的排放大户，又是二氧化碳的主要排放源，更要有责任担当。要加快调整优化能源结构、产业结构和产品结构。要控减煤炭用量，发展水能、风能、光能、核能、生物能以及"无碳绿氢"；研发二氧化碳的捕集、封存和转化利用；加快建设用能权、碳排放交易市场，积极开展国际交流合作；持续深入节能减排治污，创建更多更优的绿色产品、绿色工厂、绿色园区。还要特别重视和支持植树造林、国土绿化，增加森林蓄积量，提升生态系统"碳汇"能力。

中制智库、新浪财经、华信研究院近年来联合组织相关领域专家学者，举办"中国制造业大讲堂"，就当今世界大变局和我国经济发展新阶段、新理念、新格局下的工业、制造业开展研讨、宣讲。据实论道、共谋良策，观点新锐、内容详实，具有理论性、实践性，产生了积极反响。由新望博士主编的《制造新格局——30位知名学者把脉中国制造》这本书，汇其要者共30章节，是一本论述我国工业、制造业当今和未来发展的力作。现附上本文拙见，以代为序。

目 录
Contents

第一篇　稳制造 / 1

　　一　世界工厂将长期留在中国　　屈贤明 / 2

　　二　逆全球化冲击世界工厂　　吴晓波 / 10

　　三　应对双循环，中国制造业的五个变革　　顾强 / 17

　　四　制造业一直是大国博弈的焦点　　马光远 / 26

　　五　新基建打造中国数字经济未来　　沈建光 / 31

　　六　打通双循环中供给侧的堵点，促进产业链与创新链的双向融合　　刘志彪 / 39

　　七　美国仍然是全球制造业第一强国　　年勇 / 54

　　八　推动制造业高质量发展　　姚洋 / 60

　　九　越南制造是否能取代中国制造　　施展 / 67

　　十　美国要遏制的不是"中国制造"，而是"中国智造"　　苏晨汀 / 80

第二篇　强实体 / 87

　　十一　从芯片看内循环，是"去中化"，还是"去美化"　　新望 / 88

　　十二　中国经济是否有可能再创造一个奇迹　　刘俏 / 95

　　十三　实现内循环的关键之举是提高政府投资的有效性　　刘尚希 / 106

十四　制造业背后的产品营销策略　华杉 / 113

十五　工业互联网推动我国中小企业实现跨越式发展　吴晓波 / 118

十六　金融如何支持实体经济　黄益平 / 128

十七　新实体企业的自救与变革　王广宇 / 139

十八　防疫防控常态化下的劳动用工　杨志明 / 148

十九　新生物是疫后经济发展的产业新方向　王宏广 / 160

二十　企业家做什么　张维迎 / 170

第三篇　开新局 / 181

二十一　在大变局中加快构建开放型经济新体制　迟福林 / 182

二十二　关于新时代深圳改革开放再出发的若干思考　李罗力 / 203

二十三　数字经济的趋势与选择　张新红 / 211

二十四　宅消费的前世今生和未来　石章强 / 220

二十五　如何激发结构性潜能做好国内大循环　刘世锦 / 232

二十六　疫情、衰退与冲夹下的中国经济新发展　张明 / 240

二十七　未来五年中国经济发展趋势及对策分析　祝宝良 / 251

二十八　双循环的关键是循环起来，让低收入人群受益　刘守英 / 260

二十九　"十四五"时期需重点突破的中长期挑战及建议　刘元春 / 267

三十　中国将如何迈向"碳中和"　林伯强 / 275

第一篇
Chapter 01

稳 制 造

/ 一 /
世界工厂将长期留在中国

> 作者：屈贤明，国家制造强国建设战略咨询委员会委员，工业与信息化部智能制造专家咨询委员会副主任。

当新冠肺炎疫情在全世界蔓延之时，疫情后世界经济格局、制造业发展、制造业格局的问题成为大家关注的热点，可见制造业的重要性。

制造业可以说是国民经济的主体，也是技术创新的主战场。20世纪70年代以后，美国人热衷于服务业，所以现在其制造业占GDP的比重不到12%。但是其70%的研发经费，60%的科学家、工程师，90%的专利来源于制造业，可见，制造业是创新的源泉，它的重要性可想而知。

新冠肺炎疫情的全球大爆发，对全球的经济，特别是制造业产生了巨大的影响。在这样的背景下，很多国人担忧，中国是否能保住世界工厂的地位。

一、世界工厂的变迁

世界工厂经历了从英国转移到美国，再转移到中国这样的一个变迁，这其实也正是产业转移的路径。17世纪，英国首先进入资本主义社会，18世纪末，英国有两大重要发明，一是纺织机，珍妮纺纱机标志着第一次工业革命的开始，二是蒸汽机，瓦特改良的蒸汽机标志着"蒸汽时代"的到来。纺织机、蒸汽机的出现使机器代替了手工劳动，生产效率大幅度提升。同时，汽船、火车也被发明出来，通过这两种海上工具和陆上工具把大量通过机器生产的产品运往世界各地。于是，"第一个世界工厂"在英国诞生了。

19世纪末20世纪初，以发电机、电灯等在美国的诞生为标志，第二次工业革命在美国出现。这推动了美国制造业的生产规模和出口额，美国的生产规模超过了英国，成为世界第一名，美国成为新的世界工厂。

20世纪70年代，美国出现了一股潮流，对制造业不那么重视了。到20世纪80年代，美国失业人数不断增多，主要原因是美国开始更加关注赚钱快的金融业和服务业。而大量劳动密集型的制造业，以及大量制造业中间的加工环节，被转移到了日本、韩国、新加坡等地。20世纪80年代末，这些国家的制造业又开始向中国大规模转移。根据世界银行的统计，截至2010年，中国制造业增加值已经达到1.92万亿美元，占世界制造业总值的19.8%，中国成为世界第一制造大国。

从2009年起，我国就已经成为全球货物贸易第一大出口国，这也预示着中国将取代美国成为世界工厂。

二、什么样的国家可以成为世界工厂

从历届作为世界工厂的英国、美国、中国的诞生和发展历程来看，笔者认为一个国家要成为世界工厂需要两个因素。第一，与科技革命和产业革命相伴而行。英国成为世界工厂得益于纺织机、蒸汽机的发明，得益于第一次工业革命；美国成为世界工厂得益于第二次工业革命；中国成为世界工厂可以说是与第三次工业革命相伴而行的。当然，我国和前两个国家不一样，第一次工业革命主要是在英国，第二次工业革命在美国，第三次工业革命不能说是在中国的，但是中国在第三次工业革命中发展迅速。第二，它是产业转移的结果。产业历来就是要向成本低的洼地流动，这是普遍的规律，也是产业转移的一个动因。

世界工厂应该具备什么样的条件？根据一些学者的看法以及笔者对这方面做的一些研究，笔者认为有三个条件。第一，它的一系列重要产业的生产能力和世界市场的占有率，应该处于世界前列。第二，它有一大批的企业成为排头兵，具有产品、资本、技术的输出能力，能够影响其所在行业的发展。第三，它有持续创新的能力，能保证在国际竞争中很长时间内处于前列，一些产业及一大批产品处于世界领先水平。

当然，世界工厂的变迁、转移并不是一蹴而就的，需要一个过程。笔者认为，中国成为世界工厂大致可以分为三个阶段，或者叫三个版本。

第一阶段（初级版），是2010年，在这一年，中国制造业的增加值居世界第一，这标志着中国已经成为世界工厂。中国拥有世界上最完整的制造体系，联合国将制造业分为41个大类、207个中类和666个小类，中国是世界上唯一一个能生产这些所有类产品的国家，其中，我们有220种以上的产品产量是世界第一的。

第二阶段（增强版），中国制造业的增加值继续保持世界第一的水平，我们世界五百强的企业拥有量处于世界第一，达到世界先进水平，或者接近世界先进水平，少部分产业处于世界领先水平。如果说2010年中国成为制造大国，那么到2025年，中国将从制造大国迈入制造强国的行列。

第三阶段（高级版），到2035年，中国制造业增加值和世界五百强企业拥有量将居世界第一，到2035年，我们将拥有更强的创新能力。

从2010年到2019年,中国成为世界工厂以来,可以从一些数据看出中国制造业的变化。

第一个数据是各个国家的制造业占比。2010年中国制造业产出占全球的19.8%,2017年中国已经占全球的28.57%,美国降到17.89%,日本占8.16%,德国占6.05%。

第二个数据是世界五百强的企业数。1995年,在世界五百强企业里,美国有151家,日本有149家,中国只有3家。2010年,美国拥有世界五百强企业140家,日本有71家,中国有54家。到了2018年,世界五百强企业中,美国有126家,日本有52家,中国有120家。而2019年是标志性的一年,世界五百强企业中,中国有129家,美国有121家,日本有53家。

第三个数据是创新能力,2019年,中国国际专利的申请量达到58990件,处于世界第一,可以看出,中国的创新能力在不断提高。

三、世界工厂将长期留在中国

从历届世界工厂的变迁来看,世界工厂在英国和美国停留百年左右,在中国能留多长时间?这很难做一个准确的预测,但是英国和美国的案例给我们提供了一个参考。中国现在拥有了世界工厂的地位,是中国几代人努力的结果。笔者认为,世界工厂将长期留在中国,主要有以下几个原因。

第一,中国已经拥有完整的制造体系,传统制造业、高技术制造业均得到了迅速的发展,能够适应低端、中端、高端不同的需求。同时,各个细分行业的产业链已经形成。2020年中国工程院做了一个研究分析,研究表明中国相当多产业链的抗风险能力很强。中国制造业虽然存在一些短板,如集成电路、操作系统、工业软件、航空发动机等,但是如果经过补短板、锻长板,关键产业的产业链完全可以做到可控、可保证。

第二，中国劳动力成本的优势仍长期存在。中国还有2亿~2.5亿农村人口需要转移。他们去干什么呢？全都去发展高技术产业、服务业是不现实的，很大一部分人员还是要转移到制造业。而且中国劳动力成本还是有一定优势的，中国的劳动力性价比较高。

第三，中国拥有超大规模的国内市场需求。2019年，中国人均GDP超过1万美元，中国进入中等收入国家的行列，并且有数以亿人计的中产阶级，国内市场的需求正在不断升级。中国已经形成低、中、高端需求并举的局面，这为世界工厂提供了超大规模、多元化的市场需求。

第四，中国对全球产业链有影响力的特大企业将会越来越多，同时世界五百强企业占比也会越来越大。小米公司创建9年，就进入了世界五百强，创造了一个奇迹。提高创新能力越来越受到企业的重视，中国的制造业正在从过去的技术引进、消化、吸收、再创新的"跟随式"创新模式，向自主创新、原始创新的新模式转变。现在中国制造业已经在通信设备、先进轨道交通装备、输变电装备、纺织和家电五类产业中居于世界领先地位，这标志着中国创新能力在不断提升。

如今国际上也出现了逆全球化的潮流，以美国为代表的一些国家提出要重新调整全球产业链的布局，意在颠覆中国世界工厂的地位。但要做到这一点，我认为很难，原因有以下几点。

第一，中国成为世界工厂、成为全球供应链的核心是自然形成的，是在经济规律推动下形成的。第二，美国、日本提出要将在中国的工厂搬回本国或者搬到其他国家，它的难度大、成本高，政府财政的负担重，企业也难以承受。第三，要搬回美国或者搬到其他国家，需要形成有效率的新产业链，成本太高。其实，在奥巴马执政期间就提出了要美国的企业离华返美，特朗普上台以后更进一步提出美国企业从中国迁回美国，而且提出全额报销厂房、知识产权、基建、装修等所有费用，但根据中国美国商会和上海美国商会的调查表明，只有16%的企业有意将部分或者全部生产转移到中国以外的地方。

2020年4月6日，日本政府提出将投入2435亿日元支持日资企业迁出中国。日本贸易振兴机构上海代表处所长在2020年4月1日到6日对710家日资企业的调查表明，九成日本企业表示不会从中国搬回。

但依然要高度重视，在疫情和各国政策的双重作用下，以美国为代表的发达国家增加本国产业链的弹性、调整产业布局的行为。对此，需要采取一些有针对性的对策。第一，要补短板，如集成电路、操作系统、工业软件、航空发动机等方面。第二，要锻长板，增强可影响全球的长处，要充分发挥长处。第三，大力推行智能制造，提高教育水平和质量，减少人员的成本，保持竞争优势。劳动力成本的提高，可以通过智能制造来消化。第四，加强产业向中西部转移的力度，无论是传统产业还是高新技术产业，核心环节一定要留在国内，在这方面应出台相应的政策。

世界经济发展的规律不是谁想改就能立即改的，要改也需要较长的时间。世界工厂转移到中国经过了20多年，要转出去也不是说转就能转的。中国有比较完整的产业链和制造体系，是其他国家都不具备的，所以，只要我们抓紧、抓好、及时补短板，就能够变被动为主动。

四、要将世界工厂留在中国必须发展智能制造

新一轮的产业革命，特别是新一代信息技术的发展，以及与制造业的深度融合，数字化、网络化、智能化发展势不可当，智能制造已经成为焦点。

以互联网为代表的新一代信息技术将改变人类的生活方式，也将给传统产

业带来革命性的变化。"传统制造+互联网"将走向数字化、网络化、智能化制造，最终将走向智能制造。

我国智能制造发展方略应该制定符合我国实际情况的顶层设计。无论是德国的"工业4.0"、美国的"工业互联网"，还是日本提出的发展战略，都是在突出本国技术优势的基础上，力争占领世界制造业的制高点。各个国家智能制造发展的优势和基础不同，其特点也不同。自2015年以来，德国较大的供应商，如西门子等都已经形成自己的工业4.0解决方案。它一方面推行"领先的市场策略"，率先在德国国内各制造企业加快推行"工业4.0"，壮大德国制造业；另一方面，推行"领先的供应商策略"，通过技术创新和集成，不断推出世界领先的技术解决方案，成为"工业4.0"产品的全球领先开发商和供应商。

德国推行的是"制造+互联网"。美国多数制造企业把加工制造工厂全部转移到海外，力图利用互联网的优势，在生产系统最基础的原料端（能源和材料）、工业产品的使用服务端（互联网技术和ICT服务）以及创新商业模式方面，牢牢掌握工业价值链中价值含量最高的部分，确保其核心竞争优势。所以，美国的战略发展重点是互联网与研发和服务的融合，即"创新+互联网+服务"战略。这里的服务包括制造业前端研发设计和后端服务，统称为服务。多年来，日本始终不遗余力地坚持贯彻精益生产的理念，成为日本制造业的"精髓"。因此，日本发展智能制造仍然沿着精益生产的道路，采取"精益制造+信息化"的战略。通过对企业各种"浪费"的分析，研究如何通过新的制造技术和信息技术解决这些问题。哪些工位应该实施自动化，哪些环节应该加强信息化，都是由可能产生的经济效益来决定的。

中国的策略：不照搬德国、美国、日本的做法，制定符合本国情况的发展战略。第一，要做好精益生产、优化工艺、科学管理；第二，在服务端可以推行"互联网+服务"；第三，在制造过程中推行"制造+互联网"。我们要用自主化的国产智能制造装备和软件来武装中国的数字化工厂。

2020年，在中国制造业固定资产投资中，对制造装备的需求约为8～9万亿元，其中数字化、智能化制造装备所占的比例越来越高，而目前进口占比在58%～70%。如果不解决这个问题，就有可能出现"外国的机器上岗了、中国的工人下岗了"的悲剧。

在制造强国战略提出的十大重点领域当中，中国的通信设备、轨道交通装备、电力装备等到2025年都可能处于世界领先的位置。它们发展的共同经验就是，要充分利用好巨大需求这一优势，提升我国装备制造业的供给能力，这应该是我国发展智能制造的一条重要政策。

虽然人工智能将影响制造，影响智能制造，但是，在实际工作中，企业不应被当前人工智能的热潮冲昏头脑，要冷静分析，从企业实际情况出发，发展企业自身的优势，才能立于不败之地。

/二/
逆全球化冲击世界工厂

> 作者：吴晓波，财经作家，890新商学、蓝狮子出版创始人。

自改革开放以来，制造业可以说是中国的一个基本盘，制造业的发展是中国经济发展过程中的重要环节。1978年至1998年，我国轻工业不断发展；自1998年以后，外向型经济和重工业城市化经济的发展都建立在各个领域的经济发展前提下，我国的一些制造业领域处于世界领先地位，同时也出现了很多超大型的制造业企业，进入世界五百强企业。因此，在这几十年里，我一方面在制造业领域里做长期的旁观者，另一方面，目睹了这个行业的发展和中国改革开放40多年所带来的巨大变化。

逆全球化背景下的中国制造，这个题目特别大，可能需要很深入的研究才能明白。我就分享一些这些年在制造业行走过程中的一些感悟。

一、关于制造业的三个场景

我研究了30年的制造业，有几个场景给我留下了很深的印象。

第一次是在1998年去中国最大的彩电企业长虹做采访，1998年中国的彩电行业，国产彩电在中国市场上的占有率已经超过了外资彩电。但长虹彩电的生命线是什么？和日本彩电比，性能是一样的，但价格是它的1/3，这就是当时长虹彩电的生命线。这说明什么？说明在20多年前，在中国内需市场上，中国制造的成功在很大程度上是依赖成本优势的。

第二次是在2002年，我当时在温州做了半年的调研工作。一个生产打火机的公司的老板把两个打火机拍在桌子上，一只是温州产的打火机，另一只是日本产的打火机。老板把打火机的零件一个一个全都拆下来，说这个零件2分钱，那个零件1毛钱，算到最后说："日本产的打火机在国际市场上卖1美元一只，温州产的打火机卖1元人民币一只，我们的价格是其1/8。"当时温州有三千多家大大小小的打火机厂，通过极致的价格优势、规模优势，把日本打火机打败了。2019年年底，我又到温州做调研，又碰到那个老板，我就问他打火机厂呢？他说都不见了，当年的三千多家打火机厂到2018年年底只剩下130多家，而且生意都很差。温州生产的打火机在这么多年里处在全球销量第一的位置，但到现在也没有具有影响力的打火机品牌。两千多家打火机厂去哪里了？都移到了东南亚。

第三次是在2015年，当时我写了一篇《去日本买马桶盖》的文章。2015年2月，我带了我们公司20多个高管去日本开年会，开完以后有一天多的时间购物。大家买了马桶盖、电饭煲、吹风机、菜刀、眼药水等。在回来的飞机上，我写了《去日本买马桶盖》这篇文章，这篇文章当时在国内引起了一定的轰动。一开始这篇文章发表以后，媒体的第一个反应是什么？是这些到日本去买马桶盖的人都是一些"精日分子"。明明中国有那么好的马桶盖，不扩大内需，却都跑到日本买这些产品干吗？

舆论逐渐变得理性化，于是有了一系列的问题，到底是哪些人去买日本的马桶盖、电饭煲、吹风机？日本的这些产品和我们中国市场里的产品到底有什么区别？经过研究后发现，去日本买马桶盖的原来是一些愿意为美好生活消费买单的理性消费者，今天叫作新中产阶级。去讽刺和辱骂这些消费者是没有用的，有用的办法是我们也能够在中国生产那些满足各种消费者需求的产品。

过了大概半年多的时间，舆论慢慢冷静下来。2015年9月，我去一家中国的卫浴公司做调研，该卫浴公司在广东顺德，由谢氏兄弟经营。公司老板对我说，我的那篇文章发表之后，中国的马桶盖销量增长非常快。他们说，中国的马桶盖和日本的马桶盖起码有两个方面是不一样的。第一，日本的卫生间是干湿分离的，中国大多数卫生间是干湿不分离的，如果中国的马桶盖要卖得好，要有一点跟日本的不一样，就是防漏电能力要更强。第二，日本的自来水是可以喝的，是软水，中国没有一个城市的自来水是可以喝的，特别是北方的水，碱性很高，是硬水。所以，中国马桶盖的疏水管道系统要防止塑料管道的硬化，需要增加一个很小的电机，让出水更流畅。这给我留下了很深的印象。

1998年长虹的景象，2002年温州打火机公司的景象，2015年马桶盖的景象，这些景象印证了中国的企业和产品在不断发生变化。而这十多年里，中国制造业任何一个产品背后的变化都是由两个因素所带来的。第一是企业家精神，什么样的企业家就会生产什么样的产品，从长虹那代企业家到做马桶盖的谢氏兄弟，他们对产品的认知发生了很大的变化。第二是消费者需求，消费者的需求在不断发生变化。中国制造的未来其实最根本性的问题并不在于美国人的工厂、日本人的工厂撤不撤回去，关键在于中国的制造业如何理解自己的产品。

从2015年至2020年，5年的时间里，中国的电子马桶盖销售额约增长400%。这5年里，这个行业并没有爆发价格战，如果这个事情发生在1998年、1999年，则大概率会打价格战。然而，今天在中国市场上并没有发生这样的事情。购买马桶盖的家庭只占所有家庭的3%，基本上是我们所定义的新中产阶级。

当前，欧美在呼唤制造业回归，疫情也在冲击我国制造业发展，除此之外，中国的消费者需求也在不断发生变化，我们需要站在一个更宽的时间维度和空间维度上去研究中国制造业的未来。

二、中国制造业的四大变化

在我看来，在过去的四五年时间里，中国制造业发生了四大变化。

1.智能化水平大幅度提高

2015年，我在上海举办过一个关于中国制造业向工业4.0转型的企业家论坛，有一千多名企业家参加了这个活动。我们在全国寻找一些能够符合工业4.0标准的消费品制造业企业。当时，服装行业能够做定制西装的企业只有一家，在山东，叫酷特。在家居行业能够做定制家居的企业，在广东顺德，叫尚品宅配，该公司在2020年已经上市。2015年，在服装行业和家居行业能够实现柔性化生产的只有这两家企业。而现在，全中国几乎所有的制作西装的企业及制作家居的企业，都完成了生产柔性化改造。在这五年里，中国的制造业发生了巨大的变化。

之前，尚品宅配的总裁来杭州参加一个活动，我问他，疫情对经济影响很大，你们的业绩有没有受到影响？大家都知道，要做定制家居，有一个前提，企业需要派人到客户家里测量，工作人员需要面对面与客户讨论家具的风格样式。而受疫情影响，工作人员不能和客户见面，企业不能派人到客户家里量尺寸，生意如何做呢？

出乎意料的是，尚品宅配的总裁跟我说，他们的业绩一点都没有受影响。为什么？因为他们都在线完成定制。即使客户的家在北京，而负责沟通的人可能在南京，负责家居设计的设计师可能在重庆，在线也能完成工作。只要客户告知在北京的哪个小区，就可以在网上将其家中的空间布局调出来，完成线上交流。整个交付完全在线化，工作人员不需要到客户家里去，他们也不需在同一个城市，就能够定制完成客户喜欢的家居。

如果中国别的家居公司也采用尚品宅配的经营模式，那么这样的公司就有机会向全球各个国家的家居市场输出它的工业化制造模型，我们不需要把工厂搬到荷兰、新加坡去，只要把软件系统服务搬过去就可以了。

2.内需市场出现了新国货运动

中国消费者越来越愿意购买具有中国特色的国货。2020年，故宫与全国200家公司合作，生产了200亿元的产品，大家愿意为新国货买单。消费本身发生了三个变革：第一个变革是由价廉物美的市场进入物美价平的市场，所有的新国货不再建立在规模和成本优势前提下，而是建立在品质和消费者认知的前提下，价格优先型的消费者群体变成品质优先型的消费者群体；第二个变革是审美发生了变化，本土消费者的理解重新构建对本土品牌的消费能力，从跟随潮流变成今天的引导流行，文化自信慢慢崛起，文化元素的自我认知也开始发生，这与20世纪初的美国、20世纪70年代的日本类似，本土意识的全员苏醒给中国本土制造业提供了巨大的机会；第三个变革是中国制造品牌不再建立在代工能力上，而是建立在自己的品质和核心技术能力上。当下这场新国货运动发生在2015年，彼时，中国智能手机的销量增长70%，移动互联网已经普及，出现了一些新兴中产阶级，再加上供给侧结构性改革的推动和消费升级的进行，需要制造业进行一些变革。

另外，现在的中国本身具有庞大的制造能力，可以满足本国消费者的需求。随着移动互联网、语音技术等信息化技术的不断发展，中国制造将重新改写，这也使新国货在未来消费市场里有很大的可能性。现在很多国货品牌的多个子品牌在供应链、核心技术形成能力以后，根据不同消费者圈层提供不同的产品，形成与以往完全不同的新国货竞争方式。

3. 中国出口不再依靠成本和规模优势，而形成自己的品牌能力和工业设计能力

中国外贸过去下滑得很严重，但近几年发生了一些新的变化，中国如今很多产品是凭借其设计能力和品牌能力来出口的。目前全球最大的跨境电商公司叫亚马逊，而亚马逊在全球有5个站点，过去两年里这5个站点中50%的新增用户量都来自中国。我在调研时发现，2019年在亚马逊平台上卖得最好的100种中国商品中，我只认识5个品牌，别的品牌我都不认识。越来越多的中国人开始在国际市场上做中国品牌，并销往全世界，形成了品牌意识。

当中国形成自我品牌能力的时候，即使欧美在工厂和生产线领域对我国进行制裁，其对中国的冲击也会大幅度减弱。就像"微笑曲线"，底下是制造能力，左边是技术能力，右边是品牌能力。在过去很长时期里，中国一直处于底下的制造能力阶段，而今天，中国也在不断提升着自身的技术能力和品牌能力。

4. 在生产线的中间件部分、机床部分，中国对国际公司的替代能力逐渐增加

我在2019年到安踏泉州工厂做调研的时候发现，安踏运动鞋的缝纫机是由一家宁波的公司生产的。之前安踏的缝纫机还不是国产的，而现在，有一半的缝纫机已经是由深圳和宁波生产的了。我有一次到顺德的小熊电器公司做调研，在他们的集成电路车间发现，几个大型的机床是由中国深圳生产的。

以上便是中国制造在过去几年出现的非常显著的四个特点。未来，中国制造将会遇到各种挑战，最根本的问题还是在于，中国的公司在做任何领域时，都要考虑在每一个细分领域里是否形成了自己的核心竞争力。

2020年年初，在全球疫情最紧张的时候，深圳、东莞、苏州、宁波的一些

工厂，订单量并没有下降，反而在上升。为什么？我们调研后发现，这是因为在全球经济都受到疫情影响的时候，这些地区的产业配套能力、集群化的能力体现出了强大的核心竞争力。

中国具有庞大、熟练的产业工人群体，我们的产业配套能力具有很强的控制力，另外，从中央政府到各省市自治区级政府，大家都非常明确地意识到制造业对一个区域的产业经济健康发展的重要性。

因此，我们要看到中国制造的广阔前景。

/三/
应对双循环，中国制造业的五个变革

> 作者：顾强，华夏幸福产业研究院院长。

新时代迎来发展新格局，既是客观形势变化的内在要求，也是中国应对未来挑战的必然选择。中国制造业是国民经济最重要的支柱，同时具有最高的对外开放度，在新格局构建中，中国制造业自身也面临智能技术变革、产业结构变革、产业空间重构、产业生态变革与规则变革等五大变革。中国制造业未来最核心的任务，是加快实现在全球价值链上的跃迁，更好地支撑国民经济持续稳定健康发展。

一、全球产业链、供应链重塑

全球产业链、供应链重塑是热议话题，但全球供应链重塑从2017年年底到2018年年初就已经成为一个重要议题。当时"中美贸易摩擦"开始，这无论对于中国外资企业还是中国本土企业，都面临一个重要选择，就是把产能放在中国本土，还是转移到其他国家，如越南、印度尼西亚。

事实上，这样的产业转移可以追溯到更早期，从2012年就开始了。

举一个案例，韩国三星智能终端产能原来主要是在天津、深圳、东莞。到2020年的时候，三星在越南已累计投资170亿美元，建立了8个生产基地，出口总额657亿美元，如果再加上韩国LG，这两家公司的出口额占越南电子产品出口额的70%。

中国内资企业也发生了明显变化。从2018年开始，很多内资企业选择把一部分投资和产能布局在东南亚地区，华夏幸福（中国的一家产业园区运营商）在越南和印度尼西亚有产业园。这两个产业园在2018年以前招商很困难，2018年以后，产业园内一地难求，中国企业已自主选择到这些地区去投资。

所以，在疫情之前，产业链局部重构就已开始。现在的问题是，中美贸易摩擦、大国博弈叠加上疫情，产业链重构是否会进一步提速，或出现新的趋势和新的特点。

这主要看外资企业在中国是面向中国市场还是面向其他国家市场，内资企业面向的是中国市场还是外国市场。由于面向的市场不一样，做出的选择也不一样。

一些面向中国市场的外资企业，进一步加大了在中国的投资；当然面向其他国家市场的外资企业可能会做出一些新选择，如美国和日本推动制造业回流。在疫情之下，对大部分企业而言，特别是生产性企业，加大资本投入基本上是不可能的。在疫情之后，对这种产能迁移还要做进一步观察。

我国正在遭遇"逆全球化"和"去中国化"的严峻挑战。例如，第一，美国对华为的封杀，实体清单的扩容，这是技术上的封锁；第二，人才的阻断，禁止敏感专业和人才交流，将一部分高校列为实体清单；第三，正在被推动的规则重塑，特别是全球贸易规则重塑，这些对中国制造业的发展造成了深远影响。

/ 第一篇 /
稳 制 造

百年一遇的疫情叠加上大国博弈,最重要的变化就是我们的外部循环受到阻碍。尽管截至目前,表现出来的出口还具有很高的韧性,2021年上半年甚至全年仍然将实现正增长,但对于未来一段时期的外部循环,大概率不会高歌猛进。在这个背景下,中央提出"以国内大循环为主体、国内国际双循环相互促进"的重大战略部署,具有重要的现实意义。

面对发展新格局,对中国内部产业链来说,面临着重塑。我们看到未来外循环有可能收缩,内循环以"六稳六保"作为底线。事实上,内循环也面临着压力。当前我国年生产各类材料36亿吨,每年能耗是46亿吨标准煤,能源产品为38亿吨,货运总量为515亿吨,如果外循环收缩的话,国内生产的、消耗的内循环总量也会出现下降。5年前大致28%的总能耗是为生产出口产品的,如果外循环减少,中国本土的总能耗、材料生产总量、货运总量都会下降,内循环也将面临收缩压力,产业动能动力都会出现一些新变化。

从居民角度,有规模市场的优势,衣食住行都在升级,但在升级过程中,往往低端产能要萎缩,重点要看中高端产能能否同步升级。对于内循环,要让国际上的高端消费回流。

从企业角度,要建立一个内循环,也是进一步开放国内市场的循环。事实上,从国内市场来看,装备、材料会形成一个新体系,从全球来看也会出现一个新格局。以半导体为例,会出现三个体系,第一个是美国体系,指美国能够影响和控制的产业体系;第二个是非美国体系,如韩国等完全不依赖美国技术形成的产业体系;第三个是中国的完全自主的产业体系。在这三个体系当中,中国企业应该是齐头并进的,第一个、第二个体系的主动权不在中国,但我们可以参与;第三个是在开放条件下的自我追赶,这是我们未来的重要任务。另外,企业升级需求是在高附加值领域、专业服务技术生态领域,现在的关键是专业化服务能不能延伸出来、能不能满足专业化服务新业态、新模式、新产业的要求。

从政府角度，涉及公共产品、城市更新、公共基建等。例如疫情之后，公共医疗等很多领域还有短板，作为一个以内循环为主的经济体系，政府的投资需求在这些领域也会快速增长。

内循环会激活更大的市场、更多样性的产业、更复杂的业态和更多的模式。

二、中国制造业面临的五个变革

发展"以国内大循环为主体、国内国际双循环相互促进"的新格局，对中国制造业而言是全新的发展环境。新环境、新格局、新变革迫切要求中国制造业加速转型升级。

1.智能技术变革，即智能化革命

当前正在进行新一轮产业革命和科技革命，这一轮变革是在新一代信息技术基础之上的，这是一个万物互联、万物显示、万物智慧、万物智能的时代。移动互联网是人与人连接的互联网，当下正在发展的是人与物联、物与物联的新阶段，即万物互联的阶段，未来则是万物智能的社会。新冠肺炎疫情更加速了对万物智能的迫切需求。

新一轮技术产业革命如火如荼，未来制造业竞争的焦点是什么？一个国家、一个地区跟另外一个国家、地区竞争的焦点是什么？面向未来智能社会、智能世界，竞争的核心又是什么？新的要素是数据，新的基建是算力，新的内燃机是算法。

在数据、算力、算法三要素后面又是什么，竞争的到底是什么？数据竞争，高阶竞争是操作系统，如智能机操作系统、PC端操作系统、云计算操作系统；数据的第一关是抓取数据，抓取数据的第一道是传感器，传感器后面是什么？实际上还是芯片的竞争，是获取数据手段的竞争。算力主要体现在芯片计算速度和计算能力上，芯片开发工具、芯片装备和材料是在高阶上的竞争。算法，涉及基础理论的竞争，是底层技术和基础学科的竞争。对中国而言，优势主要体现在基于基础理论和底层技术之上的应用技术，依托庞大国内市场和庞大从业人员的优势。国际高阶竞争说到底，背后竞争的是核心技术创新能力。先进制造业的竞争，依然是这些底层的东西。例如，工业软件是芯片设计的关键，美国制裁华为不让其购买新的EDA（一种芯片设计的工具）和实现在线升级；半导体制造竞争最核心的是光刻机及基础材料，中国芯片到目前为止95%以上的硅片材料都是进口的；生产半导体的电子化学材料也是中国的短板所在。从未来竞争来看，所有的产业最后实际上是数据、算力、算法的竞争，最根本的是底层技术、创新能力的竞争。

以内循环为主，核心是如何在底层技术、基础材料、智能装备、工业软件这些领域取得突破，缩小与发达国家的差距，实现在价值链上的跃迁。

2.产业结构变革，最核心的是服务化

服务化是制造业转型升级的重要方向。

全球著名制造业公司如通用电气公司，实际上已经很难说是典型的制造业企业，即使全球著名的机床公司和工程机械公司，厂房都比中国的装备公司小得多，主要靠全球化生产，更重要的是靠提供运维服务、金融服务、咨询服务、技术解决方案获取服务性收入。从制造业发展看，投入主要是服务化的，如新技术研发、工业设计服务、个性化产品设计服务、精准化供应链服务、商业数据分析服务、关键零部件全生命周期服务等。

对制造业企业而言，如传统下游企业，需要上游产出也是服务化的，如销售服务、全生命周期运维服务、在线实时响应服务、在线检测服务、在线维修服务、在线升级服务、便捷化电子商户服务等。在设计、研发、制造、销售、运维的环节上都需要定制化、专业化服务，在不少领域消费者驱动C2M的新型制造模式迅速推进。对中国制造业而言，有没有疫情，有没有中美贸易摩擦，服务化转型的要求是始终存在的。

3.制造业空间重构

从产业空间演化来看，最重要的趋势是都市圈化和地方化。如上海都市圈汽车产业，形成以上海核心区位中心的总部经济、创新经济、创新集群及外围区域的汽车制造产业体系，可以概括为"创新尖峰＋产业基地"的区域产业空间范式。

从更大范围来看，无论是在长三角、珠三角、成渝地区，还是在中部的武汉、西部的西安等，可以看到都市圈产业的双循环，都市圈内部产业循环及都市圈外部产业循环，在此基础上，再有国家层面的内循环和国际范围的外循环，这里实际有四层循环。

从上海到合肥、上海到宁波，在长三角核心区中就可以看到产业链状系统和云状系统的演化情况。集成电路产业先是从上海起步，然后是苏州、南京，最后是合肥。现在也可以看到"蛙跳"，合肥在集成电路的个别领域超越苏州、南京，成功跃迁。由此看到，不同城市、不同都市圈间的产业链状升级和内部云状升级。

无论集成电路产业，还是新能源汽车，以及动力电池的产业、新材料产业，还包括区块链、大数据、云计算等产业，都能从中看到跨都市圈的链状协同，以及在一个都市圈内部的云状协同，这是更地方化产业体系的形成。

在云状和链状协同当中，很重要的一个趋势就是产业的都市圈化和地方化。在都市圈化中，可以观察到一些产业的发展规律，例如"321"的逆序化分布、中心的创新尖峰与周边制造体系之间的协同，以及产业空间的重构；一个都市圈内部有内循环体系，例如都市工业、食品等以内循环为主的产业体系；还存在都市圈与邻近地区、都市圈之间，以及都市圈在更大范围的外循环产业体系。总而言之，空间在重构，产业体系也在重构。

4.产业生态变革

笔者在2003年至2004年研究产业链植根性。产业链植根性，即研究生产要素是否可以集聚到某一个地方，它能不能实现在一个地方沉淀生根，在沉淀生根之后能不能实现升级，能不能形成更完善的产业生态，最终实现这个产业在价值链上的跃迁和提升。

以生命健康产业集群为例，我们研究了张江、苏州工业园区、泰州的中国医药城以及南京的一些产业集群。可以看出，在典型的生命健康集群里面，是多个要素、多个链条、多个物种和多个业态的一个大聚集。单个企业可以出现地域迁移，但基于良好产业生态，还会有更多的企业诞生。这种现象即代表产业生根了。

在研究浙江块状经济时，如果同一个行业内有超过十家的企业，就是块状经济。20世纪80年代中后期，整个浙江有784个块状经济。后来区域间融合，不同乡镇合在一起；因为产业连在一起，有的县城扩大，把周边乡镇"吃"进去，或者吸纳到开发区，后来的产业集群不仅仅是同类企业的集聚，更是产业上下游的集中。

随着产业升级进程，重要的是从传统制造业集群加快转变成创新集群，就需要更多的要素、更多的链条、更多的物种，也产生出更多的业态，这样集聚的向心力就会大于离心力。三星、摩托罗拉、耐克等公司的生产为什么迁移呢？就是离心力大于集聚的向心力。

构建产业生态，就是如何在一个地方集群中去植根，真正的问题是：人力资本能不能留下来，人力资本能不能提升；有没有植根的产业文化，也包括制度规则。怎样从植根性角度提升公共服务水平、发展新型研发机构、培育新物种、引入新要素（如产业投资基金）等，这是相当部分园区和集群要补的重要一课。很重要的抓手就是创新应用的场景，可以发挥内循环超大规模市场优势，如智能网联汽车的路网建设，可以推动区域场景创新，促进产业生态环境的健全与完善。在新型产业创新集群培育中，以"平台＋资本＋赋能"，增强产业连接和集群植根性，是行之有效的办法。

5. 规则变革

对中国制造业而言，无论是内循环，还是外循环，或是内外双循环，这三种循环都会长期存在。在不同的发展阶段以不同的循环为主导。当然，从长期看，必然以内循环为主导。

在内外循环中，规则是重要的变量。中国制造业面临着美国主导规则的"锁定"，如瓦森纳协议对高精尖技术的封锁。除规则锁定外，制造业自身面临"低端锁定"和"路径依赖"。中国制造业最大的特征就是体量大、体系全。但为什么会低端锁定，为什么会路径锁定呢？部分产业链和供应链在体系中处于受控状态，技术体系受控、市场体系受控、规则体系受控。例如，境内某合资汽车企业中的技术体系是外方提供的，转型升级的核心是外资是否提供最新的技术体系；中国出口超过2万亿美元，但贸易渠道及市场品牌基本受控。如何突破低端锁定、路径依赖、跨越壁垒，这是中国制造业当下面临的最严峻挑战。

以"硬实力＋软实力"提升全球价值链上分工地位，是中国制造业当前最艰巨任务。大部分产业有龙头企业，也有规模效应，产业集群也正在形成，不少集群也已经具有国际级规模，甚至有国际级水平，中国制造业基于基础生产要素，以及在应用技术层面上的优势，不断提升发展质量。制造业如再往前走，就会碰到进阶技术的瓶颈，有了进阶的技术，再往前走就会碰到底层技术。如机器人组装得好，但最重要的四个基础部件需要进口，基础零部件要往前走，就必须自己生产出同样性能的基础部件，这就需要底层技术的支撑。

中国制造业在一些领域或者说小部分领域已开始在进阶技术和底层技术上有了一些突破，如在石墨烯应用上中国并不落后，当然要形成产业优势还需要更长的时间。如果有进阶技术和底层技术，就能在全球价值链上提升分工定位吗？这里面还有规则制定，就是真正具有竞争力的话语权。这不单是标准制定，也不单纯是贸易协定，更重要的是你能不能定义技术，能不能定义标准，能不能定义概念，首先你要有"定义"的能力。

对中国企业而言，真正要到了规则求胜的时候，你能定义一个产业，能定义一个技术，能定义一个产品，就真正走到了价值链的最高端。通过"硬实力+软实力"提升价值链分工地位，这是中国制造业一个长期的任务，目前只有少数几个企业能走到这一步，希望未来有更多的企业、更多的产业能走到这一步。其他规则更多需要国家力量来实现，如贸易领域的规则。

/四/
制造业一直是大国博弈的焦点

> 作者：马光远，独立经济学家，中央电视台财经频道评论员。

一、对于全球化的共识

全球化的逆转是常态，而且人类历史上全球化和逆全球化不断交替出现，对于疫情中的全球化变局，切不可大惊小怪。在人类历史的长河中，这样的小浪花实在太多。全球化也不是一个单行道，全球化虽然轰轰烈烈，但到现在为止并没有一个统一的定义。

所以全球化从来没有让大家达成一种共识，当然，一个国家如果在整个全球化的过程中得益，那么其一定高度赞扬全球化。现在全球面临的一个问题，就是全球化出现了严重的逆转趋势，而且逆转的趋势越来越明显。笔者认为，在这场疫情之后，病毒对人类历史的改变，在许多方面将是颠覆性的。特朗普不一定能够改变全球化的进程，但是病毒可能会做到。人类下一个最大的危机就是我们过去刚刚建立的一些关于全球化的共识，可能真的会被颠覆。病毒对人类历史影响的深度和广度，对人类历史进程的影响，可能被大大低估了。

最近笔者集中精力在看两类书，一类是关于病毒对人类历史的影响的，如麦克尼尔的《瘟疫与人》等，另一类是关于全球化与反全球化的。各种观点笔者都在研究。笔者认为，人类在全球化进程正在遭遇有史以来最大的挑战，可谓生死存亡。

二、全球化中的中国制造

在整个应对政策里，包括关注度方面，人们对新基建的关注热度远远超过对制造业的关注热度。在疫情引发的反全球化的潮流中，中国制造面临的冲击居然被公共舆论完全忽略了。很多人总是有一个误解，认为美国不发展制造业了，美国人对制造业没有兴趣了，这是天大的误会。

特朗普上台后大力推行"再工业化"和"制造业回归"。从回归美国的企业数量看，2010年仅有16家，2011年为64家，2013年有210家，2014年有300多家，逐年增长。当年奥巴马强调"再工业化"，目的是保持美国在全球制造业竞争方面的领先地位，并为新一轮产业革命做充分的准备。其本质是实现美国产业的升级，抢占国际产业竞争制高点。

特朗普在制造业方面的政策和奥巴马的政策的不同在于，特朗普除了希望美国公司回流美国，更希望制造业的振兴可以带动更多的就业。过去很多人一直认为，美国制造业在衰落，判断的标准在于美国制造业占全球制造业的份额，美国制造业产值占GDP的比重，以及美国制造业创造的就业。

按照这些指标，美国制造业的确在衰落。1950年，美国制造业占全球制造业的比重高达40%，美国制造业占GDP的比重高达30%以上，创造美国就业高峰的1979年，美国制造业就业人数接近2000万，占总就业人数的比重也接近30%，而现在，美国制造业占全球的比重不到19%，占美国GDP的比重约13%，创造的就业占总就业人数的比重甚至不到10%。然而，这些数字并不代表美国制造业的全球竞争力。

以上一方面是美国产业结构变化的结果，美国服务业的崛起是制造业比重下滑的重要原因；另一方面，美国制造业在全球比重的下降也是"产业漂移"的结果。

自1960年以来，制造业的中心开始转移，新的制造业中心的出现拉低了美国制造业的贡献和比重，但如果从制造业的产值看，美国制造业的产值总量一直在增加。在2010年以前，美国占据了全球第一制造业大国的地位超过100年，即使在2010年被中国超过，但美国目前仍然是全球第二制造业大国，那些认为美国不再做制造业的看法是"一叶障目，不见森林"。

美国从来没有放弃制造业，美国制造业一直是美国国民经济强有力的支柱。如果按照GNP而不是GDP统计，美国制造业的产值仍然是全球第一；如果看全球制造业产业链，美国作为全球制造业数一数二的强国，占据了全球制造业产业链的很多高端。单就苹果一家公司，其智能手机占全球智能手机利润的比重超过了90%。说美国制造业衰落的人完全是被假象所蒙蔽了。

在美国的产业部门中，制造业所占比重一直在所有行业里排第一，没有其他产业可以取代它在国民经济中的地位。没有坚实的制造业基础，服务业和金融业将崩溃。一个国家如果没有制造能力，它也不可能会有创新能力。

美国西北大学的经济学教授罗伯特·戈登在其出版的著作《美国经济增长中的兴衰》中谈及财富和大国兴衰的规律，认为决定一个国家经济前途的绝不是华而不实的大数据、互联网等风靡一时的东西，而是实实在在的制造业。

可以说，振兴制造业在美国有很强的民意基础，奥巴马做了，特朗普也做了。尽管特朗普的很多行为有点极端，但其通过大规模的减税，通过放松监管吸引制造业回流的政策千万不能被忽视。

有人以美国制造业并不具有成本优势为依据认为特朗普是在"胡闹"。但是，最近10年，美国制造业的成本不断在下降。波士顿咨询公司的研究报告估计，现在美国制造商品的平均成本只比中国高5%。

当然，吸引美国制造业回流的不仅仅是成本原因，更重要的，是美国制造的创新和核心技术，以及对全球制造业未来的引领力。

当然，美国的制造业不会回到20世纪50年代后的鼎盛时期，要让所有的制造业回归美国也是不可能的。全球制造业的多中心化是一个难以改变的事实，制造业的供应链和产业生态一旦形成，就会成为一项短期内难以改变的"产业公地"，这也是笔者一直不担心中国制造业丧失竞争力的原因。

中国担心的不是美国的政策，也不是东南亚等国家的成本优势，而是对制造业在一个国家经济竞争力中的核心地位的认识，是对制造业竞争环境恶化的漠视。未来决定一个国家经济版图和竞争力的，仍然是制造业。

三、大国博弈不可避免

大国博弈不可避免，对未来中国的经济而言，疫情之后的世界必然不同，应该对此有充分、严峻的估计。

在人类经济发展史上，决定大国兴衰的，过去是制造业，现在依然是。至于金融、科技、军事，甚至货币，没有制造业，这些将一无是处。研究人类过去200多年的历史会发现，决定大国兴衰的不是GDP，不是经济规模，而是制造业。现在中美之间的竞争最后回归到一点，表面上看是大国竞争，是科技竞争，本质上是制造业的竞争。在全球大国的兴衰过程中，谁能够成就全球的强国，靠的不是GDP，而是制造业。美国在制造业成为第一大国以后，差不多用了不到半个世纪就成为全球第一大国，英国也是。美国在19世纪末成为全球第一制造业大国，直到2009年才被中国超越。而这种超越，是划时代的。

一般情况下，一个国家成为全球第一制造业大国之后，在半个世纪之内，有可能成为全球第一大国。英国在人类历史上GDP从来没有当过第一，鸦片战争时期，英国的GDP远不及中国，但仍然取得了大国竞争的胜利。美国从来都是全球制造业大国、第一制造业强国，这是美国迄今仍然是全球第一大国的原因。

汉密尔顿在1791年提交国会的有关制造业的报告里就提出要保护美国的制造业。在这个报告里，汉密尔顿就振聋发聩地指出，与制造业繁荣休戚相关的不仅仅是一个国家的财富，甚至还有这个国家的独立。制造业过去是，现在是，将来仍然是美国经济强大的基础，没有其他产业可以代替制造业在国民经济中的地位。没有坚实的制造业基础，服务业和金融业将崩溃。

中国要继续成为制造业强国，必须保持企业的核心竞争力，充分利用自身优势，才能在竞争中立于不败之地。

/五/
新基建打造中国数字经济未来

> 作者:沈建光,京东集团副总裁,京东数科首席经济学家、京东数科研究院院长。

最近新基建被频频提及,各地也在集中加码新基建项目。在笔者看来,这其中既有疫情外部冲击之下稳增长与托底经济的重要考量,也有深化中国数字经济技术优势、创新引领新一轮产业革命、培养未来中国经济新增长点的期待。

当然,针对新基建,目前各方仍有不同争论。主要集中在以下几个方面:是否应该大力推进新基建,新基建是否意味着"四万亿元"卷土重来,新基建能否支撑中国经济增长,以及新基建如何推进才能避免结构性问题的积累,防范再度出现过度投资后遗症,等等。笔者认为,清楚认识上述问题是做好新基建落地的关键。

一、新基建是否是"新瓶装老酒"

当前有许多观点认为,虽然新基建被频频提及,但其内容早在2018年的中央经济工作会议后便已明确,涉及的5G新基建、特高压、城际高速铁路和城际轨道交通、新能源汽车充电桩、大数据中心、人工智能、工业互联网七大领域近两年已经在逐步落地,如今再度提及,其实并不存在新意,无非是"新瓶装老酒"。

果真如此吗?在笔者看来,当前中国基础建设面临的主要问题是:一方面,部分领域、部分地区的传统基建可能面临趋于饱和或产能过剩;另一方面,新基建部分领域,如物流冷链、数据中心等方面还存在短缺。而综观新基建的七大领域,一部分是补充传统基建的短板,如特高压、高铁和轨道交通、充电桩;另一部分是5G基建、大数据中心、人工智能、工业互联网等新技术与应用,主要集中在新的数字基础设施建设方面,并非是传统基建的重复。

在全球经济遭遇新冠肺炎疫情背景下,新基建再度被重点提及,不仅是出于稳增长的考虑,也与抗疫过程中新基建的突出贡献及其预示的良好应用前景有关。2020年3月人民网组织的"数字经济时代的'新基建'实施路径"线上研讨会上,各方专家对"新基建不仅能在短期内助力稳投资、扩内需和增就业,从长远发展来看,更是提升全要素生产率,实现经济高质量发展的重要支撑"已达成共识。

从更大意义上来说,新基建是数字经济的基建。在此次抗击疫情过程中,数字经济发挥了积极作用,突出体现在强化社会公共安全保障、完善医疗救治体系、健全物资保障体系、助力社会生产有序恢复等各方面。

其中,大数据分析支撑服务疫情态势研判、疫情防控部署以及对流动人员的疫情监测、精准施策;5G应用加快落地,5G+红外测温、5G+送货机器人、5G+清洁机器人等已活跃在疫情防控的各个场景;人工智能技术帮助医疗机构提高诊疗水平和效果,降低病毒传播风险。另外,新冠肺炎疫情改变了人们的思维方式和生活消费习惯,云办公、云课堂、云视频、云商贸、云签约、云医疗、云游戏等新消费需求释放出巨大潜力。

新基建为"后疫情时代"中国经济破茧重生、求新谋变创造了积极条件。5G、人工智能、大数据、物联网等既是新兴产业,又是基础设施。依托新基建迅速发展的良好势头,数字技术得以广泛应用,这不仅有助于推动产业升级,扩大有效需求,保障民生托底,也是稳增长工作的重要抓手,为政府和企业提供了科学决策依据和精准施策手段。同时,新基建将提升数字经济服务实体产业和智慧生活的水平,新基建构建了数字经济的基础设施平台,其影响力已渗透到社会经济的方方面面,在助力国家治理体系和治理能力现代化过程中起着积极作用。

二、新基建是否是空间太小,对经济作用有限

有观点认为,新基建在整个投资中占比不高,对中国经济的支持作用非常有限。在笔者看来,当前新基建已经出现蓬勃发展的态势,且与传统政府扶持的项目有别,更多的是靠市场的力量推动,应用前景十分广泛。

例如,新能源充电服务是新基建的一大领域。根据中国充电联盟数据,截至2019年12月,我国充电桩保有量达121.9万个,目前车桩比约3.4∶1。从2021年至2030年的10年间,需要新建桩6300多万个,形成万亿元级的充电桩基础设施建设市场;而在特高压基础设施建设方面,来自国家电网方面的数据显示,2020年全年特高压建设项目投资规模达1811亿元人民币,预期可带动社会投资3600亿元人民币,整体规模达5411亿元人民币。

数据中心方面,根据工业和信息化部的数据,2019年中国数据中心的数量约为7.4万个,约占全球数据中心总量的23%。其中,超大型、大型数据中心数量占比达12.7%,规划在建的320个数据中心,超大型、大型数据中心数量占比达36.1%,这一数据与美国相比仍有较大差距。根据工业和信息化部的数

据，2019年中国数据中心IT投资规模达3698.1亿元，到2025年，投资规模预计将翻倍。

另外，新基建投资的核心领域5G，当前各地也在重点推动。例如，上海市将加快5G网络建设步伐，确保完成2020年累计建设3万个5G基站的任务，将原本计划提前一年完成；广东省也按下5G基站建设"快进键"，广东省于2020年内新建5G基站4.8万个。根据《中国5G经济报告2020》预测，2020年我国5G总投资约0.9万亿元，2025年将达1.5万亿元。2020年，5G创造就业岗位54万个，2025年将超过350万个，2030年将达到800万个。

与此同时，专项债是新基建的重要资金来源，资金方面也在向新基建项目倾斜。专项债的资金不得用于土地储备和房地产相关的项目，同时扩大了专项债可用作资本金的范围，专项债投向新基建的比例大幅增加。

可以看到，当前资金投向新基建的比例出现快速增长，专项债"杠杆"将撬动更大的新基建投资。2020年1—2月，地方政府新发行专项债9498亿元，投向新基建的比例为27%，远超过2018年和2019年。多地政府已经提出要积极发挥社会资金作用，用好地方政府专项债，在房住不炒的总基调下，预期新基建可能会吸引更多的专项债投资。此外，由于专项债的资金杠杆优势，可以撬动银行信贷和社会资本，成为投资放大器，实质性地提高新基建投资。后续需政策引导支持，进一步加大新基建领域的投资。

三、"超前投资"新基建是否确有必要

当然，也有人担忧认为，新基建属于超前投资，必要性存在疑问。但笔者结合以往高铁、机场等中国基建投资的经验来看，虽然部分投资当期看来收益并不明显，但外溢性显著，持续收益值得关注。

例如，2004—2017年，中国基建投资平均增速超过20%。其中，中国交通基础设施完善程度已经居世界前列，高铁里程、高速里程均居世界第一。根据World Economic Forum全球竞争力报告，2018年中国基础设施整体得分为78.1分，全球排名第29位，是发展中国家中排名最靠前的。

超前的基建是中国最大的竞争优势之一，中国在许多基础设施领域的建设已经位居世界前列。以高铁为例，2019年中国通车的高铁里程超过3.5万千米，占全球的70%以上。高速公路方面，中国高速公路里程为14.3万千米，超过美国和欧盟，稳居世界第一。港口方面，全球吞吐量前十的集装箱港口有七个位于中国，2018年，中国港口集装箱吞吐量为2.51亿标准箱，位居世界第一，是美国的4倍。航空方面，基础设施建设也在迅速追赶。目前中国通航机场数量为239个，数量小于美国的555个，但中国年旅客吞吐量达到"千万人级"的机场已达32个，航空基础设施的质量正在大幅提高。

整体看来，这些超前投资虽然当期来看收益有限，但外溢性明显，极大地提高了社会生产和物流效率，提升了中国的竞争力，支撑着中国作为全球第一大制造国的地位。从数据来看，中国对全球经济的贡献从2006年的不足20%，上升到如今的近30%；中国出口份额占比从2006年的8.1%上升至2018年的12.7%，进出口在全球占比为23.3%，中国成为全球产业链上最重要的一环。除了具有超前投资的特点，新基建还是新的产业增长支柱，开创了新的投资渠道以及新的消费方式，未来前景广阔。

四、如何防范新的"四万亿元"卷土重来

一直以来，"四万亿元"经济刺激计划由于其广泛的后遗症而饱受争议。但是，在笔者看来，需要首先明确一个最基本的问题，即是"四万亿元"逆周期宏观政策的逻辑错误，还是经济体系本身存在的缺陷，或是政策执行机制中存

在某种弊端？显然，这三者本质不同，应对方式也大相径庭，一旦混淆，不利于总结经验，反而容易矫枉过正。

不妨回顾"四万亿元"推出之时的背景：2008年下半年，受金融危机影响，中国出口急转直下，从年初的超过两位数增长迅速回落至负增长。而2009年一季度，出口转为两位数负增长，工业生产大幅下滑，发电量零增长，大量中小出口企业关闭，沿海地区失业潮出现等。

当时中国经济已经可以称为"硬着陆"，危急之时，"四万亿元"政策意在避免更多的失业与经济衰退，其方向是正确的。"四万亿元"的教训恐怕更多的是其后经济结构自身及决策的问题，这更值得反思。笔者归纳有如下几点：

第一，地方政府财政行为缺乏约束机制。资金方面，地方政府一旦获得支持，便有花钱的欲望，对资金的运用缺乏约束机制；而在项目方面，部分地方官员为追求一时的高GDP，不顾一切地上项目，忽略了对项目的盈利性和风险性的考虑。

第二，金融体系缺乏自主权。当时银行承担了准财政功能是导致其后系统性金融风险加大的主要原因。例如，有报道称，2010年10.7万亿元的地方政府负债中，有80%来自银行贷款。试问为何中国银行业在经济下滑阶段、缺少优质项目之时会取代大量财政功能，大量放贷？也许与当时政府给予的支持实体项目压力密切相关。

第三，国有企业的隐性担保机制。由于缺乏必要的市场退出机制以及存在隐形的政府担保，国有企业历来被视为优势企业，其项目被视为无风险项目，这也是银行忽视风险管理以及日后产能过剩企业大量存在的关键。实际上，当前大部分产能过剩企业都以国有企业为主。

第四，产业政策存在不少弊端。当时的"四万亿元"是配合十大产业的振兴计划以及大力发展七大战略新兴产业推出的。而现在来看，曾经支持力度较大的行业，如钢铁、造船、光伏等这些位列其中的产业由于过度进入，面临严重的产能过剩。

在笔者看来，质疑新基建重走"四万亿元"老路的警示是值得重视的，但也无须抱有"四万亿元"恐惧症。毕竟运用逆周期的财政政策支持经济增长，避免经济"硬着陆"无可争议。"四万亿元"的教训不在于是否推出刺激政策，而在于执行过程中忽视了中国经济固有的结构性弊端。

既要努力实现全年经济社会发展目标任务，又要避免新一轮基建下的债务风险，还需要与改革相结合，在制度环境、公平市场环境、改善政府治理、鼓励企业创新等方面做出努力。具体而言应做到以下几点：

一是加强顶层设计，做好统筹规划，放宽市场准入。应统筹规划，注重效益，量入为出，对项目做出甄别和评议；研究出台新基建规划方案，加强与财税、金融、就业等配套政策的统筹协调；实施负面清单制度，放宽企业投资准入，简化行政项目审批。科技公司和民间资本在软硬件结合、广泛为社会群体提供服务方面有独有的优势，积极引导有实力的数字科技企业发挥研发实力和经营创新优势，重点参与公共卫生与医疗健康、智慧交通、智能能源、智能新媒体及电子政务等领域的新基建项目。

二是鼓励和引导民间资本参与，形成多元化投融资体系。除中央预算内投资、专项债券资金及其他政策性的金融手段外，还应鼓励和引导各类社会资本参与新基建，形成政府财政和社会资本互为补充的健康机制、良性生态。以PPP项目为例，在目前存量PPP项目投资中，新基建占比仍然很低。截至2020年1月，存量PPP项目总投资规模为17.6万亿元，其中狭义新基建相关的投资仅有855亿元，占比为0.49%，包含医疗、轨道交通、园区开发在内的广义新基建占比超16%，而传统基建（铁路、公路、基础设施，不含轨道交通）仍然占据最大份额，接近40%，对新基建的资金投入还有很大的提升空间。此外，还可以考虑发行政策性金融债，多管齐下拓宽新基建项目的融资渠道。

三是鼓励和引导数字科技企业参与，探索推动投建营一体化模式。通过政策补贴、税收减免等方式，鼓励和引导数字科技加快新基建相关技术的研发应用，有序参与项目建设和运营。积极引导数字科技企业发挥研发实力和经营创新优势，重点参与公共卫生与医疗健康、智慧交通、智能能源、智能新媒体及电子政务等领域的新基建项目。

新基建的核心在于支持数字经济的发展，中国已经在数字经济领域走在世界前列，研发投入、专利数和市场占有率均有一定优势，未来中国应抓住此次疫情中数字经济的发展机遇，发挥新基建的产业效应，致力打造成为世界领先的数字经济强国。可以预期，新基建在推动经济转型升级、结构性改革方面有望发挥更大作用。新基建与传统基建补短板协同配合，将释放未来十年中国经济发展的潜能。

/六/
打通双循环中供给侧的堵点，促进产业链与创新链的双向融合

> 作者：刘志彪，国家高端智库建设培育单位长江产业经济研究院院长，南京大学经济学院教授，教育部长江学者特聘教授；凌永辉，长江产业经济研究院助理研究员。

经济结构重大失衡是阻碍双循环新发展格局形成的严重堵点，与过去长期坚持"两头在外"的出口导向型发展模式有直接的因果关系。打通形成双循环新格局的堵点，基本思路在于坚持以供给侧结构性改革为主线，实施在主场进行的经济全球化。在本质上要求产业链与创新链的双向融合，即发挥产业链集群的载体作用、创新链延伸的提质作用、资本市场的服务作用、人力资源的依托作用，推动产业经济、科技创新、现代金融、人力资源之间的有机协调。在中国语境下，将超大规模市场优势与新型举国体制的制度优势有机结合，推动需求导向和问题导向下的创新驱动型发展，可作为打通双循环中供给侧堵点的关键突破口。

目前，中国是全世界唯一拥有联合国产业分类中所列全部工业门类41个工业大类、207个工业中类和666个工业小类的国家。这对于加快形成以国内大循环为主体、国内国际双循环相互促进的新发展格局而言，无疑提供了良好的

产业基础。但问题在于，在国内产业链体系中许多关键性的核心技术存在瓶颈问题，例如，一些重要元器件、零部件、原材料等，基本被发达国家企业所垄断，成为影响产业链现代化的供给瓶颈，同时也是推动双循环新发展格局形成过程中最主要的供给侧堵点。正如习近平总书记在科学家座谈会上的讲话中指出："推动国内大循环，必须坚持供给侧结构性改革这一主线，提高供给体系质量和水平，以新供给创造新需求，科技创新是关键。畅通国内国际双循环，也需要科技实力，保障产业链供应链安全稳定。"

党的十九届五中全会进一步提出"十四五"时期经济社会发展指导思想和必须遵循的原则，要"以深化供给侧结构性改革为主线，以改革创新为根本动力……加快构建以国内大循环为主体、国内国际双循环相互促进的新发展格局"。这就是说，"十四五"时期，仍然要坚持供给侧结构性改革的主线，但是这个主线的工作重点有所转移。2016年，供给侧结构性改革的重点为传统产业去产能；2017年，供给侧结构性改革去杠杆的重心逐渐转移至金融领域；2018年下半年开始，供给侧结构性改革的重心逐渐转移至补短板，尤其是基础设施领域。"十四五"时期供给侧结构性改革的核心思路，将转为"要畅通国内大循环，促进国内国际双循环，全面促进消费，拓展投资空间"。因此，预计在未来5年，国内有关政策将会围绕这一核心思路展开，双循环将成为"十四五"时期实现高质量发展的关键词，是"十四五"时期我国经济社会发展的一项基本指导思想和应遵循的原则。

因此，着力打通存在于供给侧的一系列堵点，必须在未来的新发展阶段得到强调和重视。如何才能打通这些堵点？我们可以从其形成的原因中找到关键性线索，进而提出相应的解决思路和举措。

一、经济循环中供给侧堵点形成与打通的基本思路

众所周知，自改革开放以来，出口是促进中国经济增长和转型的重要驱动

力。特别是从2001年中国加入世界贸易组织（WTO）到2008年爆发国际金融危机之前的这段时间，中国的出口依存度持续上升，并在2006年达到36.61%的峰值。相比于处在相同发展阶段的发达国家，出口对中国经济循环的贡献不仅仅体现在外贸依存度的统计数字上，它在调节国内要素结构失衡、增加就业、提高劳动者收入、缓解资源环境压力等方面所产生的影响是不可替代的。例如，国内的装备制造水平偏低，而大量的出口产品需要满足发达国家严格的品质、环保等标准，就产生了大量的先进机器设备进口，即所谓的"为出口而进口"。这种出口导向型经济发展模式，实际上具有深刻的内在逻辑，符合中国当时国情的理性选择。在过去的转轨经济中，国内市场无论是在供给端还是需求端都存在过多的硬性约束，而在经济全球化过程中，利用国际市场会减轻这些约束，使中国经济可以充分释放低端要素禀赋充裕的比较优势红利，从而实现产业和经济发展。换言之，中国过去通过实施客场经济全球化战略建立了相对完整的产业供给体系。

然而，在这种客场全球化过程中，中国经济循环在供给侧也相应地产生了一系列堵点，不仅表明以出口导向为特征的客场经济全球化本身是不可持续的，而且成为制约供给体系质量和水平提高的主要障碍。首先，在发达国家主导和控制的全球价值链的低端环节进行国际代工，虽然短期内可以使国内本土企业避免研发的高成本、高风险，且从中获得稳定的利润流，但从长远看，本土企业的创新动力和能力会受到极大削弱，即便能在长期的加工贸易模式中取得一定程度的工艺升级和产品升级，但几乎无法实现全球价值链的功能升级和链条升级。其次，本土企业按照静态的廉价要素比较优势原则定位于低技术的生产制造商，就不可避免地要面对同样具有要素禀赋优势的发展中国家发起的全球价值链低端环节竞争，在这类竞争中，无论是中国还是其他的代工经济体都会在价格竞争中使原本就已微薄的利润变得更加微薄，最大的受益者只能是发达国家等国际买家。更严峻的事实是，随着近年来中国人口红利逐渐消失、商务成本不断上升，不得不面对全球价值链制造环节大量的中低端分流，因而原有的比较优势正在加速耗散。最后，长期利用别国市场而忽视对本国市场的培育和开发，本国市场就很难成长为世界市场，本土企业也无法研究和开发出处于技术发展前沿的自主创新成果，特别是一些知识密集型及关键技术。这必然会使中国产业供给体系的安全性、可控性、效率性受到影响。例如，近年某些发达国家对中国科技企业的"芯片断供"，表明中国在产业基础高级化和产业链现代化方面的明显不足。

实际上，这些供给侧堵点源于过去在出口导向型的客场经济全球化过程中长期累积的重大结构性失衡。从产品市场看，中国已经从改革开放之初的短缺经济转变为过剩经济，尤其是经济新常态以来，不少行业（钢铁、煤炭、水泥、平板玻璃、光伏、风电设备、船舶制造等）都出现了严重的产能过剩问题。在这种背景下，由于生产成本存在刚性而销售量又在收缩，必然导致企业平均利润率下降，从而出现实体经济不振的现象。从服务市场看，由于受传统计划经济的影响，诸多服务部门处于国民经济次要地位，附属于物质生产部门，造成中国服务业发展较为滞后，服务市场专业化程度和供给质量较低。特别是本土的生产性服务业与国际代工生产体系存在分离现象，制造业的繁荣带来的是大量服务贸易进口，反而挤压了本土服务企业的生存空间。从要素市场看，劳动力、土地、资本等市场均存在严重扭曲，地区间行政壁垒、市场主体信用不足等问题较为普遍。不仅会增加国内企业的交易成本，使社会福利遭受无谓损失，而且会阻碍知识、技术等创新要素的自由流动，不利于提高供给质量和水平。正是由于这些结构性失衡，中国过去的经济发展表现出一些看似矛盾的特征：一是中国是资源较匮缺的国家之一，但同时又在全球价值链低端成为世界物质资源消耗的大国；二是中国是吸收外国直接投资最多的发展中国家，但同时却作为发展中国家在为发达国家进行大量的直接和间接融资；三是中国作为"世界工厂"，在全球劳动力市场中抢占了发达国家产业结构调整中腾出来的低端就业岗位，但是在高端劳动力市场，却为发达国家创造了大量的对外需求岗位；四是中国制造业是对西方技术最强烈的需求者之一，但却对本国的自主创新产生挤出效应，使中国制造业长期缺少"心脏"和"脑袋"。

问题的根源出在结构性失衡上，那么，要打通这些供给侧堵点，基本思路在于坚持以供给侧结构性改革为主线，主动将过去的客场经济全球化调整为在主场进行的经济全球化。权威人士指出，供给侧结构性改革是"从提高供给质量出发，用改革的办法推进结构调整，矫正要素配置扭曲，扩大有效供给，提高供给结构对需求变化的适应性和灵活性，提高全要素生产率，更好满足广大人民群众的需要，促进经济社会持续健康发展。"显然，过去的客场经济全球化战略已经不适合供给侧结构性改革的发展内容，必须加快转换到主场，大力推动质量、效率和发展动力的三大变革，建设实体经济、科技创新、现代金融、人力资源四位协同的现代产业体系。可以说，在主场发展新一轮的经济全球化是中国面对世界百年未有之大变局必须做出的重大战略性转变，将对"十四五"时期及中国未来中长期的经济发展产生一系列重要影响：其一，它将促进要素市场化改革，特别是通过政府职能改革，使过去在非均衡发展格局下相互分割的"行政区经济"按照公平原则相互开放，加速形成统一、开放、竞争、有序的全国大市场；其二，实施主场经济全球化主要利用的是国内市场，这意味着新发展模式和机制要充分发挥国内市场大循环的规模优势，有利于实现自主可控的产业发展；其三，它将大力推进若干世界级先进制造业集群的培育和发展，并以此为平台吸收全球创新要素，促进国内本土企业迈向全球价值链中高端，培育若干世界级先进制造业集群。

二、在主场经济全球化中促进产业链与创新链双向融合

当前，中国在科技创新实力方面与发达国家的整体差距，要小于在产业制造能力方面的整体差距。究其原因，主要是我国过去在全球价值链中充当"打工者"的发展模式。在这种模式下，一是科研指向与产业经济的发展目标相脱节，各自进入非良性的自我循环，这是造成科研成果产业化程度低的主要原

因。二是科技市场中介和科技服务业不发达，两者之间无法实现信息沟通和交流，容易出现信息不对称下的失灵现象。三是资本市场没能发挥激励和支撑科技创新的功能，金融发展脱离实体经济，反而产生经济运行中的"资产荒"问题。四是科研成果转化的相关制度还不够完善，例如，对知识产权保护不力、对科学家从事成果转化工作缺少制度支持等。显然，这些问题都是双循环供给侧堵点的一些具体表现，只有打通这些堵点，中国经济才能真正实现创新驱动下的高质量发展。因此，在主场进行的经济全球化就是要促进产业链与创新链的双向融合。要围绕产业链部署创新链、围绕创新链布局产业链，强化企业技术创新主体地位，完善成果转化和激励机制，提升自主创新能力。总体上看，在主场经济全球化中促进产业链与创新链双向融合，要从产业链集群、创新链延伸、资本市场、人力资源四个方面进行重点布局，推动产业经济、科技创新、现代金融、人力资源之间的有机协调，实现国内国际双循环的高度畅通。

（一）发挥产业链集群的载体作用

自2008年爆发国际金融危机以来，以产品内分工为特征的经济全球化扩张陆续受阻，全球产业链逐渐显示出两个演变趋势：一是以垂直分离为主的纵向全球分工趋于缩短，甚至一些企业为了实现供应链自主可控的目标而回归纵向一体化；二是横向分工下的区域化集聚现象开始显现，例如，美国汽车企业的零部件制造从东亚地区回归到美墨加协定（USMCA）形成的自贸区。产业链横向分工下的产业空间集聚进一步演化，可能会导致越来越多的跨国公司把纵向非一体化的产品内分工融入若干专业化的产业集群当中，形成产业链集群的发展态势。中国企业尤其是沿海地区企业过去主要以"双重嵌入"模式参与经济全球化，形成了地方性"块状"格局，这与产业链横向分工下的产业链集群具有相似性，虽然均强调集聚经济功能，但在发展水平和组织形态方面，前者距离后者的要求还存在不小的差距。换言之，中国企业需要利用主场优势转向发展产业链集群、特别是世界级的先进制造业集群，并以此为载体大力培育自主创新能力，使更多的本土企业成为产业链上的"链主"或"隐形冠军"。例如，上海临港新片区的集成电路综合性产业基地"东方芯港"，目前已经聚集亿元以上规模的企业40余家，涉及总投资额超1500亿元，覆盖芯片制造、设备制造、关键材料、芯片设计等环节，是支持集成电路全产业链创新发展的重要载体。

（二）发挥创新链延伸的提质作用

创新链不仅仅是从基础技术研究到新产品开发的线性过程，而且其组织边界比较开放，具有随市场变化而进行动态整合、延伸的典型特征。链环—回路模型（Chain-linked Model）表明，尽管从发明设计到开发生产再到销售，是企业或产业活动的中心链条，但该链条上的各个节点都需要科学和创新的相互渗透。这是因为一些看似不同的创新之间往往具有较为普遍的关联性，一种创新的成功容易引发另一种创新的出现，例如，在化工产业中的塑料、橡胶、人造纤维等创新之间就存在这种群集现象；又如，ICT通用性技术本身的产业增加值有限，但它对产业发展的间接促进作用十分巨大，主要通过使知识生产和扩散以更加便捷的创新渗透方式实现。中国当前以5G技术、大数据、工业互联网等为代表的"新基建"，显然有助于促进创新链延伸到各个生产部门，提高总体生产效率。即使传统的劳动密集型产业部门，也可以通过创新链延伸加快企业转型升级，大幅提高产品质量和市场绩效。特别是在主场经济全球化中，中国超大规模的市场优势将得到进一步体现。换言之，大国国内市场的规模经济和范围经济会促进企业积极寻求处在技术临近区的联合生产和产品多样性，从而有利于增加本土企业的国际竞争力，实现本土企业向产业链高端的攀升。

（三）发挥资本市场的服务作用

当前，国内经济运行中存在的一个主要问题是金融发展脱离实体经济，导致大量资金流向房地产领域，积累经济泡沫，而实体经济部门尤其是中小企业却面临资金短缺、经营困难等难题。其主要原因在于，国内企业融资方式主要依靠以借贷关系为特征的货币市场融资，而非主要依靠以权益关系为特征的资本市场融资。这与中国资本市场的层次、品种、机构等仍不完善，且总量规模不足直接相关。在此背景下，资本市场服务实体经济创新发展的"催化剂"功能必然严重受限。因此，打通双循环中的供给侧堵点，必须大力发展资本市场，振兴多层次资本交易。这样不仅可以使国内实体经济企业扩大融资渠道，降低融资成本，支持企业增加创新投入，而且能引导和优化企业投资行为，推动企业之间的兼并重组，促进社会资源的市场化最优配置，实现高质量发展。而且，多层次的资本市场还能够有效防范和化解金融风险，对于大规模、高水平的产业创新而言具有重要意义，例如，战略性新兴产业基本都存在高风险，如果仅靠银行间接融资，很容易发生金融风险，而且不利于战略性新兴产业的成长。美国在20世纪90年代的"新经济"繁荣就是充分发挥资本市场服务作用的典型例子。在此期间，以苹果、微软、斯科、雅虎、亚马逊、谷歌等为代表的科技公司，均通过纳斯达克市场获得企业开创初期和发展关键期的资金，从而引领全球的技术和产业创新。

（四）发挥人力资源的依托作用

习近平总书记指出"人力资源是构建新发展格局的重要依托"，凸显了人力资源在打通供给侧堵点的过程中将发挥不可替代的作用。目前，中国的人力资源总量丰富，大约有9亿劳动适龄人口，其中1.7亿左右的劳动适龄人口受过高等教育或拥有各类专业技能，这显然是中国作为人口大国的规模优势，也是建设现代产业体系的中坚力量。但需要指出的是，我国人力资源与产业经济之间存在严重错配，表现为优秀的年轻人才不愿去实体经济领域就业，因而劳动力市场一方面是大学毕业生就业难，另一方面是大量的实体经济企业招工难。这种错配是导致当前人力资源活力不足、人才创新潜力未充分释放的重要原因。因此，在"十四五"时期的新发展阶段，必须提高制造业尤其是基础产业中技术工人的收入及福利待遇，例如，鼓励其持有企业的股份，实施首席技师制度等，大力弘扬工匠精神以促进生产工艺和流程的不断改良；同时，要注重强调创新驱动型发展的战略要求，加强创新成果的知识产权保护，培育和发挥企业家精神，实现更多颠覆性、革命性的技术和产业创新。此外，利用我国超大规模市场优势吸引全球高级人才，使其与产业转型升级形成联动，充分发挥人力资源对双循环新发展格局的依托作用。

三、建设新型国家创新体系是打通堵点的关键突破口

2019年8月中央财经委员会第五次会议提出，"要充分发挥集中力量办大事的制度优势和超大规模的市场优势，打好产业基础高级化、产业链现代化的攻坚战。"这表明集中力量办大事的新型举国体制，其制度优势和政治优势在中国经济发展新形势下具有重要意义。有些人认为集中力量办大事就是要搞"新计划经济"，这是对新型举国体制的一种偏见和误解。在产业发展领域，新型举国体制的本质含义是要发挥市场在资源配置中的决定性作用，并在此基础上更好地发挥政府作用，是有效市场和有为政府作用协同的具体体现。例如，针对一些国内发展缓慢、外国又开始断供的基础产业或关键技术，发挥国家动员科技力量和资源的制度优势，促使企业、科研单位、大专院校等协同参与，集中进行研发攻关和突破，是一种快速高效的路径选择。当然，集中攻关的具体过程，应强调市场化手段的运用才能达到有效、正面的激励效果。鉴于此，笔者认为，在当前阶段打通双循环形成过程中供给侧堵点的关键突破口，就是在新型举国体制下建设新型国家创新体系。

一般来说，创新是两个阶段的螺旋演进过程：第一阶段是"把钱变成知识"，强调原创性和独特性的科学研究活动；第二阶段是"把知识变成钱"，强调科研成果的市场转化和应用，然后再转到第一阶段，开始新一轮的创新循环。发达国家的经验表明，这样的创新循环过程并不会自动实现，必须进行系

统性推进。例如，在20世纪初，德国化工产业就已经充分认识到经常化、系统化和职业化的研发活动对于新产品研制和化学新工艺的开发具有举足轻重的影响，科技创新的这种系统属性在第二次世界大战以后受到空前重视，不仅大量专门从事研发的实验室从最初的化工、电力行业迅速扩展到整个制造业，而且几乎所有的工业国家都通过资助和直接进行研发大幅提高了科技创新能力。最典型的例子之一，是电子通信技术和计算机系统的应用遵循了"基础学科理论研究—国家实验室的大规模研发活动—军事和民用领域的商业应用—基础理论的突破与创新"的循环链式反应。可见，创新的成功不仅依赖于有效的研究活动本身，而且取决于这些活动与广泛市场因素间的相互影响，并突出了国家作为协调机制的中心角色。实际上，这种国家创新体系对于后发国家实现经济赶超更加重要，日本的电子工业在20世纪下半叶赶超美国的事实就深刻地说明了这一点。

自20世纪90年代起，国家创新体系的概念被引入中国，其组成部分包括研究机构，国有企业，民营、合资和城市集体企业，大学，国防研究院所和乡镇企业，它们在推动创新上取得了很大成就。国家统计局权威数据显示，2019年我国研究与试验发展（R&D）经费达22143.6亿元，同比增长12.5%，投入总量稳居世界第二位；R&D人员全时当量达480.1万人/年，同比增长9.6%，保持全球第一。但也应该指出，尽管我国形成了初步的国家创新体系，但在这种国家创新体系下，各主体之间的协调存在很多困难，市场机制还不能自发地推动企业进行科技创新，这就造成过去20余年的创新发展始终面临内生动力不足的问题。主要表现在三个层次上：一是在企业层次上，企业自身的研发意愿不足以影响生产、营销绩效；二是在产业层次上，企业与企业、供应商、客户之间的良性竞争与合作关系比较缺乏；三是在政府层次上，行政直接干预较为普遍，尚未形成促进创新的良好科研生态。不可否认，中国作为发展中的大国，科技队伍蕴藏巨大的创新潜能。但关键在于如何把这些潜能释放出来，这就需要深化科技体制改革，加快建设新型国家创新体系，以此作为打通双循环中供给侧堵点的突破口。

1.新型国家创新体系可以突出新战略资源观

近年来,随着国内生产要素价格优势逐渐消失,中国参与新一轮国际产业竞争的最大优势将是超大规模市场,这是中国未来可以充分有效利用的重要战略资源。其根据有三点:其一,超大规模市场可以从需求和供给两端刺激企业的科技创新活动,使企业更容易达到有效规模,同时也可以增加产品和技术的多样性,有利于促进基础产业的创新发展;其二,超大规模市场提供了与本土文化相近和地理临近的优势,这是本土企业形成自主技术和自有品牌、在与外国企业抢占国内市场份额的竞争中脱颖而出的重要支撑;其三,超大规模市场可以用来建立各种吸引国外创新要素的平台,同时也可以主动向西方发达国家开展逆向外包,充分利用全球高级生产要素为中国的科技创新发展进行服务。因此,建设新型国家创新体系,就是要突出新战略资源观,特别是坚持以市场为基础的需求导向和问题导向,将超大规模市场优势与新型举国体制的制度优势有机结合,从而加快形成双循环新发展格局。

2.新型国家创新体系可以完善创新主体间的竞争协作关系

创新主体之间的高水平互动和知识要素流动,是国家创新体系理论研究的重点。创新主体在总体上可以分为公共部门和私人部门,正是这两类部门与创新相关的活动及其互动,发明、引进、改进及传播了新技术。其中,公共部门包括政府或国有性质的企业、公共研发机构,私人部门主要指非国有企业。建设新型国家创新体系,就是要通过市场化的激励机制(如竞争政策),把创新的各类主体高效聚合起来,运用更加多元的方法集中力量办大事。例如,经过40余年的改革开放,我国国有企业与民营企业形成了一种高度互补的产业链分工格局:规模较大的国有企业多位于产业链上游,在重工业或基础产业领域发挥作用;民营企业则较多地聚集在产业链中下游,提供终端产品特别是最终消费品。在此基础上，大型国有企业应在具有连续性积累特征的创新领域发挥更大作用，在飞机制造、航空、造船、核电等现代巨型工业领域，民营企业难超越国有企业；民营企业的真正优势是其具有灵活性，因而民营企业更加适合发挥企业家精神，在具有颠覆性特征的创新领域实现飞跃式突破。显然，这种创新主体间的竞争协作，具有鲜明的中国特色，体现了市场优势与制度优势的紧密结合，应在"十四五"时期的新发展阶段得到进一步的强调和推进。

3.新型国家创新体系可以强化产业部门间的互促融合趋势

从理论角度讲，产业融合尤其是制造业与生产性服务业的互促融合，是经济发展规律的必然结果。一方面，生产性服务业作为中间投入方参与制造业的生产活动，促进了制造业的发展和经济增长，是制造业生产效率提高的前提和基础；另一方面，生产性服务业的产出主要是投入到制造业部门的生产活动中，因而生产性服务业的不断发展不仅是制造业功能外部化的表现，而且也依赖于制造业对其市场的需求。然而，在过去市场和资源"两头在外"的客场经济全球化发展模式下，高端装备制造、高级生产者服务基本都是从国外进口的，本土企业集中在全球价值链低端环节进行国际代工。受此影响，国内制造业和服务业的互促融合水平较低，不利于中国实现从资源型增长向创新驱动型发展的转型升级。因此，运用主场经济全球化的思维建设新型国家创新体系，将大大促进本土产业间的互促融合，激发科技创新的内生动能。

4.新型国家创新体系坚持开放式创新

在一个封闭的经济环境中，创新很难获得成功且实现可持续性。例如，20世纪下半叶的苏联，由于经济体制较为封闭，其企业的研发、生产过程与技术引进的联系十分微弱，导致苏联的经济循环缺乏效率；反观同时期的日本企业，对企业研发、生产与技术引进的紧密结合极为看重，而且也重视技术创新与整个经济社会的联系，最终成功赶超欧美等工业大国。因此，中国建设新型国家创新体系，并不反对和排斥开放式创新，其不仅包括对外开放下的国际创新合作，也包括国家创新体系同区域与部门创新体系之间的创新协同。就国际创新合作而言，这是国内本土企业参与全球创新链、赶超技术前沿的一条重要途径。当创新体系发生"次优锁定"（Sub-optimal Lock-in）现象，即无法对突破式创新作出反应时，通过这种国际创新合作联结互补性资源和能力，就有可能产生发现和利用新的技术的机会。就创新体系协同而言，主要强调对内开放，其紧迫性和重要性不亚于对外开放。这是实现区域或部门创新体系间的协调发展，培育创新链集群的重要前提，也是打通双循环中供给侧堵点，激发生产、分配、流通、消费各环节创新活力的内在要求。

四、结论与政策建议

党的十九届五中全会深入分析了我国发展环境面临的深刻复杂变化，认为当前和今后一个时期，我国发展仍然处于重要战略机遇期，但机遇和挑战都有新的发展变化。显然，形成强大的国内市场和构建经济新发展格局，是新时代中国经济发展的重要战略机遇；但供给侧存在的一系列不容忽视的堵点，也是对加快形成双循环新发展格局的重大挑战。本文从理论角度探讨了双循环中如何打通供给侧堵点这一现实问题，主要研究结论如下：第一，供给侧堵点源于过去以出口导向为特征的客场经济全球化中长期累积的重大结构性失衡，因而打通这些供给侧堵点的基本思路在于坚持以供给侧结构性改革为主线，主动将过去的客场经济全球化调整为在主场进行的经济全球化；第二，在主场进行的经济全球化本质上要求产业链与创新链的双向融合，需要发挥产业链集群的载体作用、创新链延伸的提质作用、资本市场的服务作用、人力资源的依托作用，推动产业经济、科技创新、现代金融、人力资源之间的有机协调；第三，中国是发展中国家，建设新型国家创新体系有利于将超大规模市场优势与新型举国体制的制度优势有机结合，推动需求导向和问题导向下的创新驱动型发展，这是打通供给侧堵点的关键举措。

本文的政策含义，即通过深化供给侧结构性改革，运用主场经济全球化战略思维加快建设新型国家创新体系，推进产业链与创新链的双向融合，从而打通双循环中的供给侧堵点。针对建设新型国家创新体系，具体建议有以下五点。

一是要长期坚持和重点加强基础研究。实际上，很多关键领域的瓶颈问题，根本原因是基础理论研究薄弱，难以出现突破式创新。提升基础研究水平，需提倡好奇和兴趣驱动，破除评价体系上的急功近利倾向，同时也需建立政府资金为主、社会多渠道参与的投入机制。例如，在国家层面规划和实施产业基础再造和产业链现代化工程；鼓励建立各种共性技术平台，解决跨行业、跨领域的关键共性技术供给不足等问题。

二是要不断优化创新人才培育的制度生态。提升科技创新能力的根本在于创新人才的培育。由于我国缺少培育具有国际化视野的创新人才的生态氛围，导致即便拥有大批科学家、院士，以及世界级规模的科研人员和工程师队伍，却很少诞生世界原创技术，一些关键核心技术还要受制于人。因此，中国当前亟须按照科学规律，培养一批掌握科技创新前沿的高级人才。

三是要注重发挥市场的决定性作用。一方面要把实施扩大内需战略同深化供给侧结构性改革有机结合，壮大国内市场优势；另一方面需要进一步完善科技创新的新型举国体制，巧用制度优势。除国防建设等领域外，与经济社会民生相关的绝大多数科技创新，都要确立竞争政策的基础性地位，坚持市场需求导向，促进创新要素的市场化配置。

四是要加强知识产权保护，激发市场主体的创新活力。发达国家的经验表明，完善的知识产权保护体系能够鼓励更多的有效专利，这些专利是发达国家大型跨国公司占据全球市场主导地位最重要的资本。目前，国内知识产权保护作为支持创新的一项制度，还有待进一步健全和完善，这对于我国企业在国内市场进行公平竞争、进而参与国际市场竞争尤为重要。

五是要积极开展更大范围、更宽领域、更深层次的全球创新合作。国际科技合作是大趋势，特别是面对全球化逆流的不利因素，需要以更加开放的思维融入全球创新网络。在当前形势下，既要沿着"一带一路"倡议创造新的投资机会、新的合作领域以及新的商业模式，推进"一带一路"沿线国家在网络信息技术、医疗健康设施等方面加强国际合作，又要积极在国内打造全球科技开放合作的国际化组织和平台，吸引各国优秀科学家针对疫情防控、气候变化等共性问题展开研究合作，进而在开发合作中增强自身的科技创新能力。

/七/
美国仍然是全球制造业第一强国

> 作者：年勇，国家发展改革委产业司原司长。

智能制造是一个特别大的题目。然而，有人认为关于制造业的题目和内容都过时了，这是当前面临的一个严重问题。

一、美国从来没有放弃制造业

制造业是我国国民经济的基础，是我国科学技术的基本载体。一个国家的科技水平和经济实力体现在哪里？其重要的标志就是制造业是否发达。人类的发展进步就是制造业的发展进步。众所周知，人类和动物的根本区别就在于人类可以制造和使用工具。

现在有一种说法：美国是服务经济，是后工业社会，不再发展制造业了，而中国的制造业很发达。但美国具体是什么情况呢？2019年，美国服务业占GDP的比重是81%，所以很多人认为美国是后工业经济，是不再发展制造业的经济。美国2019年制造业创造的GDP是2.36万亿美元，占经济总量的11%，服务业占81%。在美国服务业中，60%以上都是为制造业服务的生产性服务业，创造的GDP约占美国经济总量的50%。即美国经济总量里有一半是为制造业服务的，加上制造业本身，总量就超过了60%。换句话说，美国制造业占美国经济总量的60%以上。

所以说，美国其实是一个制造业大国，美国从来也没有放弃制造业。特朗普曾说，美国要成为世界制造业的超级大国。因此，如果我们对这个观点认识得不清楚，很可能要为此付出沉重的代价。

二、工业化的发展历程

人类历史就是科学技术不断为制造业赋能的历史，人们不断发明新的科学技术，不断被应用在制造业上，促进制造业的发展进步。"智能制造"这个词是1988年由美国怀特教授在《智能制造》中首次提出的，至今也就30多年，时间很短。实际上，说起智能制造，往前追溯，第一次工业革命开始于1776年瓦特发明蒸汽机，当时制造业就有了比较大的进步。为什么说工业革命的开始是瓦特发明蒸汽机呢？因为动力的进步，使人力可以被解放出来，进入机械化时代，从那时开始，就已经进入制造业的现代化进程。

19世纪60年代后期，发生了第二次工业革命。第二次工业革命的标志性成就是电力的广泛应用，人类进入了电气化时代。第三次工业革命是从1946年发明电子计算机开始的。

第三次工业革命过程中，由于大数据、云计算、人工智能等新技术的出现，该过程又被认为是智能化时代。在过去的200多年中，即第一次工业革命以来，发达国家从来没有放弃过制造业，而且始终处在制造业的领先地位。近年来，在提高制造业的能力、水平方面，发达国家从国家层面提出了很多战略，也提出了很多支持措施，包括资金支持。他们的企业，特别是大型企业，在推进制造业智能化方面有很多战略举措。

从国内来看，中国改革开放40多年来，紧跟发达国家的步伐，向他们学习，特别是在新一代信息技术和传统制造技术有机融合方面取得了非常大的进步，也取得了很多成就。为什么有这个成就？一个原因是我们积极向别人学习借鉴，另一个原因是我们自己的不断努力。

三、短时间完成的工业化，我们丢失了什么

尽管过去几十年，中国在制造业上取得了很大成就，发展成为世界第一大制造体系，但制造业存在的问题仍很多，距离发达国家还有一定差距。尽管中国制造业规模不小，但在技术、工艺、材料、水平能力各个方面，尤其是高端制造业方面，还有一定的差距。当然，我国真正走上工业化的时间还比较短，实际上也就40多年的时间。

换句话说，现在中国取得的成就实际上是用三四十年的时间走完了西方发达国家近三百年的工业化道路。走过了第一次工业革命的一百多年，走过了第二次工业革命的一百多年，又走过了第三次工业的前三四十年。这么短的时间里中国急速地追赶，势必缺失了很多内容，少了很多环节。

1.产业基础十分薄弱

产业基础包括研究的基础、产业化的基础、应用的基础等，中国的产业基础与发达国家相比还有一定的差距。其中最为突出的就是研究的基础，研究的基础对后面的环节至关重要。中国工业化时间很短这个客观现实，导致很多研究的基础没有跟上来，包括大学研究机构、大企业的研究的基础都很差。我国重大的基础理论、重大的原创核心技术与发达国家相比还有一定差距。到今天，制造业的关键基础材料、先进基础工艺、核心基础零部件等都严重依赖国外。

目前中国几乎无法生产高端的芯片、工业机器人等硬件,而操作系统等这些关键软件也要依靠进口。如驱动电机,驱动电机在国内的生产规模很大,但制造这种电机所需的高速精密轴承、耐电的材料、高精度的位置和温度传感器、电子开关IGBT(绝缘栅双极型晶体管)等,中国还无法生产。由于研究的基础差,导致底层的硬件和软件都要依赖别人,这是中国和发达国家最大的差距。

2.产业生态上不去

中国制造业的整个产业链还不完整,有的环节是空白的,这个问题非常突出。为智能制造服务的一些关键基础设施还差得很远,如最近经常被讨论的工业互联网、5G,包括数据资源的体系、人才资源体系等都不是很健全。

3.产业环境亟待提升

产业环境有待进一步提升,这主要有三个偏差。一是认知偏差,即不重视制造过程、制造经验。这个过程积累非常重要,从工业1.0、工业2.0、工业3.0到工业4.0要一步一步走,因为工业化的进程可以缩短,但不可以被省略,省略了任何一个环节,将来都要付出沉痛的代价,而且早晚要补上。二是引导偏差,很多引导策略不系统、不完整、碎片化,没有办法执行,针对性和可操作性都很差,重点也不突出。在这种情况下,没有办法形成共识、形成合力。三是执行偏差,在推进制造业智能化或者推进智能制造过程中,没有主导力量,各自为政,一片散沙,而且资本、人力、物力等的投入都被浪费了。这就是中国目前面临的形势,形势非常严峻。

四、美国经济起飞的引擎是什么

中国制造业未来会面临什么?实际上很清楚,中国制造业如今存在的短板、瓶颈，就是中国要努力的方向。要夯实基础，需要高校、研究机构、企业共同努力。大学在研究的基础中起着至关重要的作用，美国的经济起飞有两大引擎，一个是美国西部的旧金山湾区，另一个是美国东部的波士顿。为什么会出现这两个特别活跃、创新成果层出不穷的地方？因为美国西部有加州大学、斯坦福大学等著名大学，美国东部有哈佛大学、麻省理工学院等。这些大学有雄厚的研究力量，有长期的积累，有源源不断的学生进来和出去，提供了一代又一代精英人才。美国这两个地方围绕着大学形成了相当成熟的产业，大学里的发明创造被提供给产业化制造业并作为其技术支撑，同时还为制造业系统提供金融支持。

这一套制造业体系和发达的金融业体系确保了美国从大学的研究中获得的成果能够小试、中试、产业化，然后放大，最后形成大的产业。其工厂可以不放在美国，可以放在中国、欧洲，但是，其原创成果在大学里，这些教授、实验室主任领着老师和学生围绕着某一个细分领域持续研究。

中国制造业要继续健康地发展，需要从以下两个方面努力。

第一，健全生态。一是健全智能制造产业链，把短板补上；二是推进智能制造的基础设施建设，包括工业互联网、5G；三是人才体系的建设，没有人才什么都干不成。

第二，完善环境。一是提升认知水平。二是加强引导，要破除引导策略的碎片化。中国曾经制订了《增强制造业核心竞争力三年行动计划》。为什么要制订这个计划？就是想集中少数重点领域，把各种资源、资金、人才都集中到重点领域，使其尽快有所突破。现在已经执行到第二轮，支持了一大批项目，效果非常好。三是推动实施。智能制造的核心还是制造。如果制造不行，上面加上计算机，加个软件就能行了？制造业需要积累、需要摸索，其包含的很多隐性知识，不是三天两天就能学会的。如果不熟悉制造过程、制造程序、制造工艺、制造经验，拥有再多的数据都没有用。

从这个意义上讲，智能制造的推进可能需要一个制造业巨头来引领和主导。而中国的制造业大企业才了解制造业，才明白制造工艺、制造的程序和制造的核心技术。国际上最典型的制造业巨头是美国的GE和德国的SIEMENS，它们有上百年的制造经验，对制造工艺、制造领域的理解比其他企业都深刻，同时又有巨大的实力来提升信息技术水平，掌握大量信息技术，两方面结合才可能引领智能制造的发展。中国的制造业大企业要承担起这个历史责任。

/ 八 /
推动制造业高质量发展

> 作者：姚洋，北京大学国家发展研究院院长。

高质量发展是今后一段时间中国经济转型的方向。过去10年，全球经济进入大调整时期，中国经济也经历了非常重要的转型阶段。其中，最大的变化是出口不再是中国经济增长最重要的因素，尽管出口对GDP的贡献很大，但是出口的增长对GDP增长的贡献变得越来越小。

近年来，中国供给侧结构性改革取得了阶段性成果：国内消费的比重增加，成为推动中国经济增长的主要动力；过剩产能大大减少；房地产库存不断消化；杠杆率快速上升的势头得到抑制。在这个节点上，中国经济迎来了供给侧结构性改革的2.0版本，其核心是高质量发展。推动高质量发展从何处入手？从世界范围的经验及中国的具体实践来看，发展高质量的制造业是推动高质量发展的最重要抓手。

一、制造业高质量发展是一些国家跨越中等收入陷阱的重要动力

自第二次世界大战以来，全球只有11个经济体跨越中等收入陷阱、成功

迈入高收入国家的行列。在这些经济体的诸多共性中，大力发展制造业是最显著的特征之一。在经济发展的早期，这些经济体都经历了持久和深入的工业化进程，并在进入中等收入之后的20～25年达到顶峰，其制造业就业比例达到35%，增加值达到国民生产总值的40%以上。此后，这些经济体开始进入去工业化过程，制造业就业比例和增加值都开始下降，但制造业的劳动生产率继续保持上升势头，这说明制造业的创新和升级仍然非常活跃。反观那些陷入中等收入陷阱的经济体，既没有实现彻底的工业化，又没有实现制造业的持续发展。制造业造成两类经济体分裂，是因为以下几个原因。

第一，技术创新是一个国家和地区经济持续增长和保持竞争优势的内在动力，而制造业是一个国家技术创新的源泉。制造业的门类很多，新产品层出不穷，旧产品的改进空间也很大，因此具备近乎无限的创新空间。反观资源产业和服务业，创新的空间相对有限。资源产业是国民经济的基础产业，但发展到今天，其采掘技术已经非常成熟，进步空间很小。在这种情况下，丰富的资源往往不是一个国家和地区的福音，因为社会的注意力会集中在对资源的争夺上，由此容易造成畸形的产业结构和具有腐败的风险。而服务业的技术进步空间也很小。例如，男士理发100年前大概用时半个小时，如今用时仍然是半个小时。再例如，日本30年前一碗面条大概是800～1000日元，但今天一碗面条的价格仍然差不多，花样和质量与30年前相比也基本没有变化。同时，服务业也容易形成过度的"创新"。例如，美国在20世纪90年代金融自由化之后，金融创新层出不穷，金融部门迅速膨胀，从而造成整个经济的过度"金融化"，对实体经济造成了严重的挤压，涉及中间技术的企业纷纷迁移海外，制造业大幅萎缩，与中间技术相关的工作机会消失殆尽，当今美国社会的撕裂与其"畸形"的经济结构有很大的关系。

相比之下，通过资本更替和技术更新，制造业的效率可以在短期内成倍增长。例如，中国制造业劳动生产率自20世纪90年代初上升了十几倍。就产品数量而言，服务业产品的数量非常有限，而制造业产品的数量几乎是无限的。

第二，高端服务业依赖于制造业的发展，制造业是推动服务业高质量发展的动力。一方面，在许多发展中国家，服务业的规模远大于制造业，但这不等于其产业结构很完美。恰恰相反，这些国家的服务业大多属于家政、餐饮等低端服务业，而金融、保险、设计、咨询和教育等高端服务业占比很低。高端服务业一定是在国民收入达到一定水平之后出现的，而早期收入水平的提高只能由制造业提供。另一方面，制造业本身的发展也催生针对企业的高质量服务业。服务业的本质之一就是服务于制造业，没有成熟的制造业，就不可能有优质的服务业。近几年，浙江的高端服务业发展非常快，如阿里巴巴、网易等。浙江能吸引这么多的高端服务业与其制造业发达有着密切的关系。如果没有良好的制造业，阿里云就发展不起来。因为阿里云主要是企业云服务，如果没有企业，就没有服务对象。

第三，制造业是一个国家和地区在国际市场竞争中保持领先地位的关键，制造业发展有利于一个国家和地区参与国际市场的竞争。保持国际竞争力不仅仅是为了把产品卖到其他国家去，更是为了提升本国经济创造附加值的能力，保持国内经济的稳定。许多发展中国家拥有很多资源，却总是处于国际产业链的低端，陷入国际贸易分工的"陷阱"中不能自拔。究其原因，就是本国工业基础过于薄弱，无法生产高附加值的产品。此外，由于没有像样的工业，许多发展中国家不得不依赖进口提供民众的日常消费品，一旦出现国际市场供应紧张或本国货币贬值的情况，国内物价就会暴涨，从而造成社会的动荡。例如，德国的制造业非常发达，拥有机械、化工、汽车制造、医疗等高技术行业，制造业基础坚实，贸易盈余很多，因此，德国是欧盟国家中经济增长表现最好的；而一些制造业衰退比较严重的南欧国家，被巨额的贸易赤字所拖累，在欧债危机之后一蹶不振。

二、中国推动制造业高质量发展恰逢其时

中华人民共和国自成立之初就确立了制造业立国的准则。在过去70多年里，我国的工业化经历了三次浪潮。第一次浪潮是"一五"期间的重工业草创时期。在该时期，我国既充分利用苏联156个民用工程的援助，又发挥自力更生的精神，建立了我国民用和军事工业的基础。第二次浪潮是20世纪70年代末，我国利用了国际资本市场低利率的契机，大规模引进发达国家的成套设备，建立了像宝钢、燕山石化这样的大型企业，奠定了我国钢铁业和重化工业基础。第三次浪潮是2001年"入世"之后的10年。利用出口加工业的带动效应，我国在这一时期极大地加速了工业化进程，工业就业比例在2001—2010年上升了10个百分点，相当于2000年前40年的总和。

经过几十年的强力赶超，我国的工业化已经取得了巨大成就。我国制造业的增加值和出口产品价值均居世界首位，并且拥有世界上最齐全的工业门类。在一些高科技领域，我国已然进入世界第一阵营。与其他成功的经济体一样，在深入工业化之后，我国也进入去工业化进程。但是，去工业化仅仅指制造业就业比例和增加值下降，并非说制造业停止增长。恰恰相反，现在正是需要制造业实现高质量发展的时候。

与发达国家相比，中国制造业仍然拥有巨大的提升空间。中国的人均收入仍然只是美国的四分之一左右，我们没有必要因为这个差距而感到自愧不如。过去70多年的伟大成就告诉我们，中国有能力在短时间内缩小与发达国家之间的差距。

三、我国制造业高质量发展拥有巨大提升空间

制造业是一个国家综合实力的根本，是立国之本、强国之基，从根本上决定着一个国家的综合实力和国际竞争力。改革开放40多年来，我国制造业通

过抓住战略机遇持续快速发展，建成了门类齐全、独立完整的工业体系，成为世界制造业第一大国。但我国制造业高质量发展仍拥有巨大的提升空间，当前和今后一个时期，可从以下几方面推动制造业高质量发展。

第一，要发挥市场的作用。在工业化的高峰时期，制造业的发展路径是比较明确的。特别是在我国，出口是推动我国工业化的重要手段。在工业化高峰过去之后，"上大项目""搞大工程"的时代结束了，精细化成为制造业转型升级的必由之路。在这个阶段，市场分散的挑选机制就能够发挥更大的作用。创新的最大特点是不确定性，而处理不确定性的最好办法是分散决策，因为分散决策不仅有利于收集信息，而且有利于降低失败造成的损失。

在这方面，德国和日本的经验值得中国借鉴。这两个国家在其他发达国家的制造业就业占比已经降到10%以下的时候，其制造业就业占比仍然保持在25%左右。尽管大企业在两个国家发挥着重要作用，但是，其制造业能够长期处于世界领先水平，与数不清的"隐形冠军"有很大关系。所谓"隐形冠军"，就是在一个细分领域走在世界前列，且在这个领域的国际市场上拥有很大市场份额的中小企业。这些企业往往只给大企业做配套产品，因而不为公众所知晓，但却是推动制造业技术进步的主力。这些企业最终能够成为"隐形冠军"，是市场选择的结果。

中国也存在许多这样的"隐形冠军"，工业和信息化部和一些省份每年都更新"制造业单项冠军"的统计。这是好事，可以促进社会对中小高精尖制造业企业的认识；但也要避免把发展"隐形冠军"作为政绩指标的倾向，以避免出现揠苗助长的现象。

同时，在技术创新上，美国对中国技术的控制只会增强不会减弱，特别是在关键领域。与此同时，要科学地确定哪些是关键领域。例如，圆珠笔的笔头是瑞士的一家小公司生产的，如果这家公司不供应，我们就无法生产圆珠笔。

那么，中国是不是就一定要努力自己研制笔头？我认为没必要，关键领域的标准应是这个领域是否足够重要，同时是否面临完全断供的风险。因此，要充分发挥好市场作用，实现更好的自主创新。

第二，要做好对社会资金的引导，让资金流向实体经济。如何解决中小企业的融资问题是世界性的难题。中国政府已经多次出台政策，鼓励金融部门的资金向中小企业倾斜。这些政策取得了一些成效，但改进的空间仍然很大。因此，必须认识到，中小企业的经营风险较高，解决中小企业的融资问题，要广开门路，在拓展融资渠道上多下功夫。一方面，要发挥市场的作用，适当鼓励金融创新，以分散的形式解决中小企业的融资问题。另一方面，要利用新技术提供的机会，帮助银行提高控制风险的能力，从而促进银行对中小企业的贷款。例如，区块链技术可以实现对企业经营环节的全面监控，以区块链技术为底层架构的供应链金融可以大幅降低对中小企业贷款的风险。

互联网和移动通信的发展极大地改善了民众生活的便利程度。过去几年里，在此基础上发展的经营模式创新层出不穷。然而，"互联网热"也导致"互联网焦虑"：一个企业如果不"触网"，似乎就不先进、没有创新。社会上也弥漫着"挣快钱"的风气，资金都蜂拥到所谓的"风口"行业，反而造成极大的资金浪费。事实上，如果经营模式不能变现的话，就是无用的，而"互联网焦虑"就出现了很多无用的创新。高质量发展目标的提出，起到了为创新"正本清源"的作用。各级政府应该利用这个机会，引导社会资本进入实体经济，投入到实实在在的产品创新中。

第三，要做好科研成果的转化和人才的培养工作。在过去20年里，我国的科研实力实现了快速的赶超，科研质量大大提高，但是科研成果的转化仍然是一个大问题。此外，尽管大学教育实现了大发展，但毕业生的结构无法满足实体经济的需求。在高等教育方面，对现有的高校进行分类，将部分高校转型为技术型大学是一个正确的方向。在过去20年里，高校纷纷升级为研究型大学，这种倾向需要扭转。即使是在美国这样的高等教育大国，真正的研究型大学也仅有100多所。以此观之，中国1200多所高校中，绝大多数应转型为技术型或纯教学型大学。此外，20世纪80年代末至90年代初，中国工人的地位非常高，但如今工人的地位在不断弱化。未来10～20年，中国可能会出现工人短缺的现象。因此，急需发展和培养技术型大学，培养大批应用型高级人才。

第四，要为制造业的发展营造良好的政策环境。近年来，政府在这方面已经做了大量工作，特别是减税降费措施切实降低了制造业企业的成本。但是，减税是有限度的，政府还要在其他方面想办法。一是增加政策的稳定性，杜绝"朝令夕改"的现象。政府要集中精力稳定宏观经济，减少对经济的干预。二是专注于营造平等竞争的市场环境，慎重出台产业鼓励政策。中国的产业政策总体是成功的，但也出现了一些问题，"骗补"现象就是其中之一。三是制定切实可行的措施，稳定制造业的工人队伍。美国等经济体的"再工业化"之所以难以启动，重要的原因是这些国家已经没有多少人愿意从事工业生产了。中国也开始出现这样的迹象，大量工人流出制造业，到收入更高的服务业工作。过去，工人的收入与技术员的收入差距不大，计件工人的工资甚至可以超过技术员的工资；而且，八级工制度给予工人较高的社会地位，让工人可以安心从事生产工作。为此，应鼓励大企业开办职业技校，建立新的工人职称体系，提升工人的社会地位。

制造业是我国的立国之本，高质量发展必须落实到制造业的转型升级上来。如果说供给侧结构性改革1.0版本的主要任务是完成经济结构调整的话，那么，供给侧结构性改革2.0版本就是要聚焦制造业的转型升级。在国际形势多变的今天，发展高质量制造业、提升中国经济的国际竞争力，显得尤为重要。未来30年是中国实现第二个百年目标、成为现代化强国的关键时期，制造业必然发挥中流砥柱的作用。

/九/
越南制造是否能取代中国制造

> 作者：施展，外交学院外交学与外事管理系教授、世界政治研究中心主任。

虽然受新冠肺炎疫情影响，但中国仍有力有序地推动了复工复产。由于中国是全球供应链的重要一环，2020年年初的停工影响已在全世界凸显。例如，现代汽车公司启动应急方法，紧急扩大在国内和东南亚的采购规模；小米公司称已将一部分订单转移至越南和泰国生产；伊莱克斯公司已组织团队去寻找其他供货商。

可以看到，大量的数据和事实都在把越南推向舞台中央。

进入21世纪以来，越南的GDP年增长率基本保持在6%～7%，偶有跌落到5%左右的时候。2015年至今，这一数字则稳定保持在6.5%以上，可以说越南是整个东南亚发展最快的经济体。美国国际贸易委员会的数据显示，2019年1—4月，美国从越南的进口额同比飙升近40%，这是美国前40大进口来源国中增幅最大的。

在中国设厂的服装、鞋帽、家具等企业已经在越南布局很久了，高科技产业也在陆续向越南转移。例如，英特尔多年前就在胡志明市设立了其全球最大的封测厂；韩国电子巨头三星公司于2019年10月关闭了在中国的最后一家手机工厂，将其转移到越南，目前，三星公司在全球市场销售的绝大部分手机已经是在越南生产的了。

越南能否发展为新的"世界工厂"？

一、越南初印象

越南的国土很狭长，南北距离长达1650千米，东西非常狭窄，最窄的地方只有50千米。这种狭长的国土形状与中南半岛的地理结构有关。中南半岛上有一段长1000多千米的长山山脉（又称安南山脉），近乎是中国大西南横断山脉的余脉，自西北向东南斜贯中南半岛，把东部沿海平原地区和西部山地分开，构成了越南与老挝两国的天然分界线。

长山山脉在越南中部的重镇岘港一带直达海岸，并贴着海岸继续向南蔓延。这样一来，长山山脉就把越南分成南海水系和湄公河（在中国境内的河段为澜沧江）水系这样南北两个区域。围绕两大水系的三角洲形成的人口密集区位于红河三角洲的河内及周边区域，以及湄公河三角洲的胡志明市（旧称西贡）及周边区域，正是越南最为富庶繁华的两大经济圈，集中了越南9000多万人口的绝大部分。两大区域之间的中部地区则交通不便，人口相对稀少，民风也更彪悍。

要考察制造业，就要深入越南南北两大经济圈。考察的第一站是河内。

从机场坐车往城内开去，笔直宽阔的高速公路给人以强烈的现代化国家的感觉。往河内中心行进，呈现出来的则是老城区"乱糟糟"的状态：一座座殖民时代风格的老房子，各种临时乱搭乱建的违章建筑，还有一些新盖的现代化高楼大厦，三者欠缺章法地混杂在一起。现代化大楼周边是新建的、规划得整齐有序的宽阔马路，略微往旁边走一点，就是拥挤狭窄、有着多年历史的街道，川流不息的摩托车在各种街道上呼啸而过。

对一个社会来说，真正的生机与活力来自其自生秩序的活动，而不是自上而下的整齐规划。而一个城市的自生秩序，恰恰依赖各种外人难解的地方性知识。所谓的"杂乱"，往往只是外人的视角，对本地人而言反而是一种"保护层"，同时，也意味着政府压制社会自组织能力的限度，意味着社会自组织能力的基础。河内的"杂乱"并未让人感觉到不适，反倒令人感受到各种烟火气，生出一种好感。

到了夜晚，河内的生机进一步呈现出来。夜晚在还剑湖边信步游走，会看到路边有大量的小摊贩兜售着冰水、椰子和各种鲜榨果汁，摊贩旁就站着警察，双方相安无事。

摊位周边摆放着一排排的塑料小板凳，这些小板凳已经融入越南人的日常生活。在马路边、店门口、平常人家的门口，小板凳到处都是。人们一排排地坐在上面，吃着水果，喝着椰子汁，或抽烟，或聊天。

上述情景不仅仅是越南底层人民的休闲生活，越南的权贵阶层也一样会坐在路边摊的小板凳上聊天、吃饭，仅仅是因为他们喜欢。越南不同阶层人群的消费相互混杂，没有断然割裂开的圈层。那些非常豪华、现代化的大商场随处可见，基本都是给来越南的游客消费的。

还剑湖边随处可见有着几百年"房龄"的老建筑，上面还挂着中文写的牌匾、对联，甚至大门上会贴着几副对联做装饰。还剑湖边有个景点叫作玉山祠，建于18世纪，里面供奉着关羽、吕洞宾、文昌帝君等很多神像。随处都能看到的小店面里，绝大多数都会供奉着一位土地爷。

从玉山祠出来走了没多远,听到有人在唱《月亮代表我的心》。歌手的中文发音有些滞涩,走近一看,竟然是一位白人姑娘。河内街头、中文歌曲、白人女孩,三种元素混搭,折射出越南面向世界的多元开放性。一个国家要想发展,必须具备这种多元开放性。

总体来说,越南给人的初始印象还不错。城市看上去杂乱无章,却充满活力和人情味。这样一个让人感觉舒适的地方,在经济上是否真的能够取代中国呢?这就得到工业园去看看了。

二、深勘工业园

第一站是越南-新加坡工业园(Vietnam-Singapore Industrial Park,VSIP)。VSIP建在离河内不远的北宁省,是新加坡与越南政府合作建立的。

越南的省规模很小,毕竟全国面积不到33万平方千米,还被分成了58个省。出了河内没多远,就开始跨省。去往工业园的路上途经的便是红河三角洲,一路河网纵横,肥沃的土地遍布着一望无际的稻田。但是,与红河三角洲肉眼可见的丰饶相比,这里的公路显得很"寒酸",路比较窄,修建的质量也一般,摩托车轰鸣着在各种汽车之间穿梭。从河内到工业园约25公里的路程,花了整整一个小时才走完。

实际上,这是越南省道的常态。例如,物流要想把货物从河内市运到胡志明市,如果选择1号公路共计1700千米的距离,那么即便是两个司机轮流倒班,也要不眠不休地走上48小时。而且路上有很多地方是单车道,一旦出了事故就可能造成交通堵塞。但除了飞机,用汽车连接这两个城市是最快的了。因为火车用时为4天;海运的话,加上两边的陆地联程,用时约为7天。

在省道上颠簸了一个小时后,进入了VSIP,眼前的景象立刻变得很不一样。园区里的道路很平直，建筑也非常规整和现代化，和中国苏州的新加坡工业园在气质上非常像。

1996年，新加坡在胡志明市附近的平阳省建立了第一个VSIP；2007年在北宁建立了第二个VSIP；到2019年，新加坡已经在越南建成8个VSIP。北宁的VSIP占地面积约7平方千米，至今已有120家企业入驻，投资总额达25亿美元（折合人民币约175.8亿元），园内有3万名工人。

吸引新加坡在越南建工业园最重要的原因是，越南针对工业园所制定的一系列招商引资政策。

一是工业园内的企业可以享受非常优惠的税收政策，俗称"两免四减半"。越南的企业所得税税率是20%，而在中央政府批准的工业区里设厂的企业，前两年企业所得税全免，接下来的4年只需缴纳一半的企业所得税。为生产出口产品所进口的原材料的进口关税、出口货物的增值税、利润汇回税，在所有阶段全部免除。为了平衡地区发展，越南还设置了一些特别经济区，那里的政策更加优惠，企业所得税前4年全免，接下来的9年里企业所得税减半。企业如果在经济落后地区投资时间跨度较长的项目，土地的使用期限可以超出通常的50年租期，延长至70年；如果得到主管部门的批准，甚至可以加签更长时间。

二是越南各个工业园给出的投资优惠政策基本上一致，均由越南中央政府统一制定。从2005年开始，越南每年都会公布全国各省的竞争力指数（the Provincial Competitiveness Index，PCI）报告。这份报告由越南工商会（VCCI）和美国国际开发署（USAID）联合制作，全面体现越南各省的经济治理水平、商业环境的便利性和友好性，以及行政体制改革的效果。PCI报告已成为外国投资越南的重要参考，各省会在这个指数上进行竞争。

VSIP给人的观感很好，园区外的破旧和园区内的整洁形成鲜明对比。而这种对比，对亲身经历过中国这些年高速发展的人来说，一点儿都不陌生，这是再熟悉不过的发展路径。

深越工业园位于河内东部的海防市——河内跟海防的关系类似于北京和天津的关系。深越工业园是由深圳市投资控股有限公司（以下简称深投控）投资建设的，早在2008年就立项了，但是出于各种原因，直到2016年下半年才真正开始推动建设。

深投控在刚刚开始建设深越工业园的时候比较谨慎，没想到，刚刚建成一部分，中美两国就发生了贸易摩擦。突然之间，很多企业开始寻找往越南转移的机会，深越工业园一下子变得炙手可热，每天都要接待大量考察团。深投控的投资也以比预期快了一个数量级的速度收了回来。深投控因此大受鼓舞，开启了下一步投资计划，准备把深越工业园的面积进一步扩大，以便迎接更大规模的制造业转移。

三、优势与劣势

从越南-新加城工业园和深越工业园了解到的一系列数据和政策，都非常直观地呈现出越南想要发展经济的决心。但是，调研情况也在验证着之前的另一个假想，那就是如果有大量制造业企业迅速涌入越南，那么会推高越南土地和劳动力的价格，其在这方面的优势就会被削弱。

根据美国老牌地产租赁顾问公司世邦魏理仕（CBRE）在2019年5月发布的数据，就建成工厂的租金价格来说，越南南部最大的城市胡志明市的月平均租金是每平方米4.1美元（折合人民币约28.7元），月最高租金是每平方米8美元（折合人民币约56元）；越南北部经济圈（集中在河内、北宁、海防等地）的月平均租金是每平方米3.5~4美元（折合人民币24~28元），月最高租金是每平方米5.5~6美元（折合人民币38~42元）。而在中国苏州地区建成的厂房的月租金约为每平方米4.2美元（折合人民币约29.5元），东莞地区的月平均租金大概是每平方米3.6美元（折合人民币约25元），成都的月平均租金约为每平方米2.5美元（折合人民币约17.5元）。与中国很多地方相比，越南在建成工厂的租金价格方面没有优势。

但越南的劳动力价格有着明显的优势。2018年，中国工人的人均月收入为807美元（折合人民币约5658元）。在越南，直到2019年上半年，劳动力的平均月薪才达到288美元（折合人民币约2021元），而普通劳动者的平均月薪只有206美元（折合人民币约1444元）。但越南有一个政策，就是国会每年都会立法上调最低工资标准。前几年的上调幅度是每年12%~13%，给企业造成相当大的压力，所以最近几年有所回落，2019年的上调幅度是5.3%。但由于这几年迁移过来的企业越来越多，劳动力供不应求，技术工人和管理人员更是紧俏，企业提供的薪酬通常比最低工资高不少，每年也会有相应幅度的上调。

越南政府对此也比较警惕，担心过快涌入的企业让要素价格抬升太快，使越南迅速丧失竞争力。一旦这些企业再迅速转移，越南经济就会遇到大麻烦。所以政府开始进行控制，对于投资的审批也比过去谨慎了一些。

越南不仅工厂租金比中国贵，而且水电成本也高于中国。中国的水电费用价格约为越南水电费用价格的2/3。总体来说，越南主要是在劳动力和税收政策方面比中国有优势，其他方面则基本处于劣势。那么，单从比较优势的角度来看，唯有人工成本和税收成本（包括对美关税成本）比较高，同时对于供应链的依赖度比较小的产业环节，才会倾向于迁移到越南。实际上，中国不仅和越南的成本对比是这样，和其他东南亚国家的对比，在大部分时候也是如此。

由此来看，越南取代中国"世界工厂"地位的路似乎没那么顺畅。

四、结构性困境

越南有一种走日本和韩国发展路径的内在趋向，发展重化工业需要通过国家主导的一系列经济政策推动，也需要通过扶持国企或者财阀予以落实。

但是，越南要与美国联盟，就必须接受一系列自由贸易协定对越南经济政策的约束，接受对于国企的各种限制，接受对于不符合市场经济原则的政策扶持的限制等。当年，韩国可以用各种非市场的手段扶持大财阀，却并不影响与美国的结盟关系，原因在于那时是"冷战"时代，政治因素的权重压倒了经济因素。但是，在21世纪，一个国家走何种经济路径（是以市场导向为主的，还是以政策扶持导向为主的）是美国用来识别盟友身份的政治标签。所以，越南复制韩国路径的概率较小，要走市场导向的路径的概率更大。

这些年来，越南已经对国企进行了大规模的私有化改革，余下100多家国企，也在筹划继续卖掉。越南承诺要建立一个比肩国际先进水平的透明法律框架，要让外国投资者与越南本国企业开展更加公平公正的竞争。这种竞争不会存在国企垄断的情况，是自由经济体的市场竞争。

目前，越南最有名的私企集团是首富范日旺的Vingroup。20世纪90年代，范日旺在俄罗斯留学，之后通过在乌克兰做食品行业掘到第一桶金。2001年他回到越南发展，进入房地产业，现在越南各个城市的地标性建筑几乎都是他开发的。最近几年，Vingroup进军各种领域，如教育、医院、超市、便利店、电器卖场、手机、家电、汽车、航空学校、有机农业、制药等，几乎渗入与越南人生活相关的各个领域。不过，虽然投资的产业如此之多，但很多产业彼此之间却没有什么关联，这是不符合投资规律的，与当年韩国政府扶持的大财阀投资逻辑非常类似。

这些扶持政策究竟能走多远，很难说。如果走得太远，像当年的韩国那样,越南很可能会被踢出那些自由贸易协定,其借助西方化解自己地缘政治焦虑的努力就会失败。进一步说,即便能走那么远,财阀能否帮助越南建立起完整的工业体系也很难说。毕竟,当年韩国起步的时候,近旁没有中国这样一个超大规模的供应链网络,不会受到中国外部性效应的影响。如果越南的扶持政策走不了那么远,其重化工业难以在自由市场的演化中发展起来,越南就无法拥有自己的完整工业体系。

上述两种处境左右为难,无法兼得,这就是越南面临的结构性困境。

在这种困境中,越南最有可能走的路径是,继续深化与美国、欧盟、日本的自由贸易关系。毕竟,这是越南保障自己获得外部支持的基础。然而,这也意味着越南政府获得的支持是有限度的。越南大概率只能顺应世界市场上的比较优势,把自己嵌合在一个恰当的位置。这是一种很"吊诡"的状况:正因为越南面临和日本、韩国相似的处境,所以很可能走上更接近澳大利亚、加拿大的路径。

此外,目前越南的比较优势也有一种双元特性。越南比较可能在贸易上嵌合在美国体系中,在生产上嵌合在中国体系中。于是,越南的制造业发展就更会成为中国供应链网络的外溢,也成为中国供应链网络通达世界市场的一个重要中介。中越两国近年来经济一体化的发展也呈现这样的趋势。根据1996—2015年中越经济一体化指数来看,虽然中越经济一体化指数偶尔因为政治和经济危机出现短暂下跌,但总趋势是不断上升的,尤其是在2011年之后,中越经济一体化指数的上升态势极为显著。一系列相关研究显示,不仅中国与越南之间的经济一体化程度在加深,而且中国同整个东南亚国家的一体化程度都有不断加深的趋势。

五、供应链力量

中国的超大规模供应链网络分工越来越细,单个企业的专业化分工可以达到令人匪夷所思的程度。网络中无数个企业彼此之间互为配套关系，而且配套关系可以依照订单需求不断动态重组，以生产出各种各样的产品。中国庞大的工程师群体和熟练工人群体，为供应链网络供给着庞大的人力资源。中国高度竞争性的环境、中国人勤劳致富的品质，都让这个供应链有了无与伦比的效率。

供应链网络的这种运转效率使中国获得了一种独特的竞争优势，哪怕只是生产一个低技术产品，除非这个产品对供应链的需求很低，并且人工成本在总成本中的占比很高，否则其他国家不太容易与中国竞争。因为中国有能力把产品的综合生产成本控制在一个非常低的水平，这种成本控制能力依托的是一个庞大的供应链系统，而不是哪个廉价的生产要素。

与此同时，中国庞大的供应链，并不仅仅依托世界市场的拉动，还依托中国内部庞大消费市场的拉动。近年来，国内消费市场的拉动效应越来越明显。1978年，中国外贸依存度只有9.73%；随着中国逐渐融入世界，中国外贸依存度于2000年发展到39.36%；在2001年加入世界贸易组织（WTO）后，中国外贸依存度迅速升高，在2006年达到了历史最高（64.77%）。在这个阶段，世界市场对于中国经济和供应链的拉动效应很大。在这之后，中国内需市场逐渐发展起来，外贸依存度开始下降，2018年已经下降到34%左右，而中国经济发展并未成比例地降速，这意味着内需对中国经济发展的拉动力量越来越大。

国家统计局的数据显示，2018年，中国社会消费品零售总额同比增长9.0%，达38.1万亿元人民币，同期美国全国社会消费品零售总额为6.04万亿美元，同比增长5%。按当年汇率计算，中国消费市场的规模相当于美国的95.36%。到2019年，中国已经超过美国成为全球最大的单一国家消费市场。

这些数据意味着中国的供应链网络并不会因一部分生产能力的外移而出现萎缩，因为内需的成长可以填补上来。

就算越南在未来发展起自己的供应链网络，但越南自身的体量过小，能够支撑的供应链规模是完全无法与中国相比的。越南供应链内部的分工深度和配合弹性，即供应链的运转效率，也是远远比不上中国的。

这也就意味着，转移到越南的制造业企业，如果是对供应链有较高需求的，那么，从中国供应链进行采购，尤其是从中国采购生产流程上游的各种标准件，还是会比从越南采购更高效。这样一来，向越南转移的制造业能力，就不是从中国转走了，而更多地与中国的供应链形成一种嵌合性关系。

当然，这里有个前提，那就是中国与越南的通关成本不能太高。随着中国与东盟的自由贸易伙伴关系的推进，中越两国的通关成本在不断下降。几年前，即便是资质比较优良的发货商和承运商，在中越最大的陆上口岸广西凭祥友谊关口岸要为一辆货柜卡车办理通关，顺利的情况下也需要4个多小时；现在，顺利的话只需1个多小时。区域全面经济伙伴关系协定（RCEP）的签署，使东盟与中国、日本、韩国、澳大利亚、新西兰等国结成了更大的自由贸易伙伴关系，这继续降低了通关成本。

六、仅仅是外溢

在越南的调研还发现，笼统地说有哪些公司把工厂搬迁到越南，意义不大。因为现在的全球经济是在工序层面的跨国分工，生产者会在各国寻找有比较优势的要素，将生产环节配置在合适的地区。就越南相对于中国的比较优势而言，一方面是生产要素价格上的优势，尤其是劳动力价格；另一方面是与其他国家进行贸易时在关税上的优势。考虑到这些就可以发现，往越南转移的生产企业的一些特征。

这些企业不是把完整的生产线搬过去，而是把生产流程中特定的工序转移到越南，一般都是最后的组装工序。因为这道工序只需要把零部件装配在一起，而不需要再对零部件做复杂的处理，对于供应链的需求相对较低，人工成本占比相对较高。越南在这方面是有比较优势的，但越南在前端环节（对零部件做相对复杂处理）的能力尚有欠缺，相应的制造业便很难转移到越南。

在这种生产能力转移的逻辑中，用传统的划分方式对不同产业做技术的高低之分已经不合适了。同样一种产品，其不同生产工序或环节的技术含量很不一样，不同工序的增加值也很不一样。在生产工序进入跨国分工的阶段后，传统的生产概念就已经被打破，传统的分析框架遇到了适用性边界的问题。

甚至就一道工序而言，该工序所需的中间产品本身在生产流程上有着复杂的跨国分工。2000年就开始在越南创业的家具厂老板任泽忠先生提供了一个非常好的案例。

任泽忠先生说，家具产业供应链包括五金、油漆、板材、皮革、纸箱等十几种配套产业。越南已经发展起家具行业配套所需的本地供应商，但这些供应商进行生产时所需的原材料仍然要从中国进口。例如，在越南生产一张沙发，其中90%的皮革材料来自中国江苏，80%的海绵原料也来自中国；生产家具时所用的夹板，90%以上来自山东临沂；与家具行业配套的五金产业，其中大约60%的铁要从中国进口，再在越南本地加工成五金。

就连用来包装家具的纸箱这个配套产业也离不开中国。虽然纸箱本身是从越南当地直接采购的，但制作纸箱的原材料——纸板还是要从中国进口。要生产纸箱，先要有原始木材做成的原浆，然后再用回收的废纸打成次浆，次浆混在原浆里制成纸皮。纸皮只有一级厂能够生产，接下来二级厂会把纸皮加工成纸板，最后三级厂把纸板加工成纸箱。由于资源和规模的限制，越南目前只有三级厂，所以只能从中国进口纸板再加工成纸箱。

在通常被认为技术含量很低的家具业，越南的产业与中国乃至世界上的供应链网络都有着这样复杂嵌合的关系，更不用说技术含量高很多的电子行业了。通过对越南的考察,我们获得了大量相关案例,这些案例表明制造业从中国向越南的转移,并不是从中国转走,而是中国供应链网络的一种外溢。

这个外溢过程有一部分源自市场规律的作用。要么是企业要找特定生产环节比较优势更高的地方,如在对供应链要求不高、人工成本占比比较高的生产环节,越南具有比较优势;要么是企业在布局全球市场时有某些考虑,如海尔、TCL等家电企业。

还有一部分是国际政治方面的原因。访谈中有若干企业谈到,因为他们的产品主要出口美国市场,迁移到越南就成了一个无奈的选择。不过,迁移之后他们仍然与中国的供应链网络有着千丝万缕的联系。

最后,做个假想,如果东莞的制造业在短时间内都转移到越南,越南会发生什么变化呢?

东莞的产值大约相当于越南整个国家的一半,并且东莞的工业占经济结构的比重远远大于越南。这意味着越南的制造业会一下子膨胀一大半,土地价格会暴涨,合格工人不够用,人力成本会暴涨,大量"热钱"也会涌进来,这将导致越南出现严重的资产泡沫。

要素价格上涨过快会令越南丧失原本的比较优势,"热钱"又会迅速转移,越南百姓的财富可能会在资产泡沫中被洗劫一空,从而引发严重的经济危机、社会危机,乃至政治危机。这对任何一个国家来说都是极为可怕的经济"高烧"及后遗症,而这还仅仅是东莞的制造业转移到越南而已。

《越南经济年度报告》的主编、河内国家大学下属经济大学经济与政策研究院的院长费利克斯(Felix)常来中国,对中越两国都很熟悉,他认为越南发展的最佳状态是,介于中国台湾地区和马来西亚之间的水准,不可能完全取代中国。

/十/
美国要遏制的不是"中国制造",而是"中国智造"

> 作者:苏晨汀,香港城市大学市场营销系教授、中文DBA(工商管理博士)项目主任。

中国制造正面临一个严峻挑战:美国的逆国际化正诉诸政治手段阻断世界自由贸易,令中国的国际化进程陷入一个两难选择——是停留在"中国制造",继续为美国提供基础产品;还是选择"中国智造",面临美国的政治围堵?

国际化基于比较成本优势理论和规模经济效应,是"福特主义"的国际版,其让世界各国获益。国际贸易的本质是自由贸易,假定没有政治力量干扰市场交易,同时允许国别成本优势动态,让交易成员国调整领先领域,就会形成新的国际分工。但根据交易成本理论,国际市场分工意味着"专项资本"的投入,导致国际贸易中依赖的不均衡,这为政治力量干扰市场交易提供了机会。

中国是停留在"中国制造",还是选择"中国智造"?威廉姆森的交易成本理论为我们提供了一个思路:"合纵",即通过塑造"中国品牌",与消费者结盟,共同抵御政治强权。

/第一篇/
稳 制 造

　　品牌的本质是消费者信任。消费者信任是一个双维度概念，其包含能力信任和善意信任。能力信任基于产品质量，善意信任基于品牌理念。消费者信任的形成基于这两种信任的二位一体。塑造"中国品牌"的挑战在于消费者善意信任的缺位。品牌的生命力在于塑造一种生活意境，即消费者幸福，这也是"中国品牌"追求的终极目标。

一、"中国制造"已渗透到美国家庭的每一个角落

　　中国成为"世界工厂"，是40多年前中国改革开放打开国门时的唯一选择。从1949—1978年的29年间，中国受到了美国和苏联两个大国的围堵挤压，实施进口替代政策。

　　1992年，笔者在加拿大留学读经济学博士。当在超市里看到琳琅满目的商品、在飞机上俯瞰加拿大的万家灯火时，内心触动很大。所以，从本质上来说，中国的改革开放是一个用资源、市场换取西方技术和管理过程的"惨烈"博弈。

　　2002年，笔者在加拿大维多利亚大学教书。在一个北美大型经济综合研讨会上，中国改革开放的"厨房模式"概念被提出。当然，这是一个比喻，就好比全村的人都到你家来做饭，用你家的米，烧你家的柴火，熏黑你家的墙，做好饭却连一块锅巴都不留给你，只给你一个烧火的工作机会，工钱还揣在人家的腰包。中国改革开放40多年付出的代价是极为昂贵的，但同时，收获也是巨大的，包括掌握了技术，懂得了管理，学会了运营，建立了世界上最为完备的工业体系，拥有了世界上最庞大、高效的技术工人，建立了全球化的生产供应链。如今，中国生产了世界上25%的产品，这一比例到2030年可能会上升至50%。在美国访问很多中产阶级的家庭时发现，几乎他们所有的家用电器、手里的电子产品、圣诞节的灯饰和礼品、跑步用的跑步机、后院的

割草机，甚至拴狗的链子都是中国制造的，"中国制造"几乎渗透到美国家庭的每一个角落。

二、中美贸易摩擦要遏制的其实是"中国智造"

中国改革开放40多年，历经艰难困苦，"中国制造"已经成了中国一张耀眼的名片。而"中国制造"向"中国智造"进步和提升，是今天美国遏制和围堵中国的原因之一。美国挑起的中美贸易摩擦是典型的"项庄舞剑，意在沛公"，其要遏制的不是"中国制造"，而是"中国智造"。

长期以来，中国在价值链的低端"挥汗如雨"，为美国提供廉价的产品和资本利润，尤其是在市场端，"中国制造"为美国人民提供了巨量的消费者剩余，极大地增进了美国人民的福祉。消费者剩余是美国人用远远低于心理价位的价格买到了高质量的产品，他们在享用产品效用的同时，也在享用着心理幸福。而在他们眼里，所谓中国的贸易顺差，也基本上成了美国政府提款和中国通货膨胀的来源，因为我们把大部分的贸易顺差都买了美国国债。什么是美国国债？就是我们对美国政府的投资，美国政府拿着这笔钱去支撑诸多的政治操作，乃至战争行为。

2002年，中国外汇存底约两千亿美元。在国际市场上买黄金和原油是比较好的选择，但最后，这些顺差还是变成了美国国债。那些回流中国的余额，变成了人民币发行的基础。这些钱是没有财富对应的，又成了中国通货膨胀的来源，所以"中国制造"对美国人的幸福居功至伟。但是我们预判不足的是，美国民粹泛起，逆全球化操作，并发生中美贸易摩擦。中国应如何应对，又如何摆脱美国的制约？回答这个问题以前，须先明确什么是国际化。

国际化从本质上来说，就是"福特主义"的国际版，用以提高国别生产效率。通俗来说就是，让每一个国家生产最擅长的产品，最后通过国际贸易提高大家的福祉。所以国际化的一个重要的理论支撑就是大卫·李嘉图[①]的比较优势理论。这个理论很"漂亮",但是他的几个假设前提似乎脱离了今天的现实。例如,大卫·李嘉图假定国际贸易是自由贸易,没有政治力量可以干扰或阻断市场,这后来被写进了《大西洋宪章》,以保证自由的国际贸易。同时,大卫·李嘉图还假定这种所谓的比较优势是动态的,各国可以通过学习和技术进步调整其优势领域,形成新的国际分割。但是,大卫·李嘉图没有意识到,这种国际分工其实意味着"专项资本"的投入。"专项资本"是奥利弗·威廉姆森[②]"交易成本理论"里面的一个核心概念,"专项资本"的投入会让每个国家选择固化,会让国别之间的依赖不均衡,从而为政治势力介入国际贸易提供机会。中兴在这方面有着深刻的教训。中兴生产世界领先的通信设备,同时为了生产这些产品投入了大量的"专项资本"。例如,专门的技术,专门的人力资本,还有营销渠道。因为中兴假定其所需的芯片,上游的企业像高通、英特尔会自动及时提供。但是中兴没有想到美国政府介入,2018年美国政府根据"长臂管辖"制度,给中兴下了七年限购令,也就是禁止英特尔、高通向中兴供应芯片。如今,华为也面临着同样的,甚至更为严峻的挑战。

三、中国最重要的盟友是全球的消费者

回到我们的问题,中国应如何选择,又如何摆脱美国的约束?是做"中国制造"的"前浪",还是做"中国智造"的"后浪"?威廉姆森的"交易成本理论"给我们提供了一个非常好的思路,就是两个字——合作。这个概念并不陌生,合纵连横,这是我们古代先贤的战略智慧。战国时代,南北纵向分布六

---

① 大卫·李嘉图(David Ricardo),英国古典政治经济学的主要代表之一,也是英国古典政治经济学的完成者。他认为限制政府的活动范围、减轻税收负担是增长经济的最好办法。

② 奥利弗·威廉姆森(Oliver Williamson),诺贝尔经济学奖得主、加州大学伯克利分校教授,被视作新制度经济学的创始人,其最主要的学术贡献是开创了"交易成本理论"。

国，楚、魏、燕、赵、韩、齐，它们被迫结盟，联手对抗强大的秦国。交易成本理论也有类似的智慧，威廉姆森将合作企业关系治理分为三种模式。一是合同治理，就是用法律约束合作双方行为，但合同治理对中美关系无效。二是关系治理，就是用友谊绑定合作双方关系，但美国人并不买账。三是网络治理，就是找到合作双方必须共同面对的第三方，和第三方结盟来摆脱对方的约束和制约。

有人说中国只有两个盟友，一个是工业，一个是农业。但是这句话漏掉了一个更重要的盟友，这就是营销学者熟知的一个对象——消费者。中国可以和消费者结盟，因为消费者是中美两国都必须在国际市场上面对的重要一方。消费者的选择可以决定一个国家的经济命运。那要怎么和消费者结盟？结论很简单，就是打造品牌，打造一个强大的"中国品牌"，让世界消费者喜欢它，热爱它，离不开它。这样的话，世界消费者就成了中国的盟友。

中国国际知名品牌稀缺，目前世界品牌排名前一百位中，只有两个中国品牌进入，均位列六十名开外，一个是华为，另一个是联想。打造品牌信任、实现品牌本质，必须回到品牌信任概念本身，品牌信任是一个双维度的概念，包括品牌能力信任和品牌善意信任。品牌能力信任就是消费者相信企业能够为他们生产高质量的产品。品牌善意信任就是消费者相信企业愿意为他们生产高质量的产品。品牌信任是这两种信任的二位一体，缺一不可。

消费者对"中国品牌"是有信任的。高铁、桥梁、道路，富士康代工的电脑、手机，乃至精密钟表都是在中国组装制造的。中国人勤奋聪明，善于学习，所以消费者相信中国人能够生产高质量的产品。然而现在的消费者不相信中国的企业愿意生产高质量的产品，所以，打造中国品牌信任面临的挑战就是品牌善意信任缺位。

商业之道是形成中国品牌善意信任的根本之道。让企业回归企业的本源，按商业原则来生产产品，这也是彼得·德鲁克的企业本源的思想。著名企业家江南春先生讲过一个很好的故事，他说有一年到中国台北，在一家小面馆吃了一碗牛肉面，他觉得这碗牛肉面是他吃过的最美味的牛肉面。吃完以后就问牛肉面老板，"牛肉面做得这么好吃，你为什么不开连锁店呢？"憨厚的老板抬起头来微微一笑说："开连锁店也许是我将来的梦想，但是我现在只想煮好这碗面。"煮好了这碗面，消费者爱吃，老板就有钱赚，消费者做口碑，客如云来，老板的生意就可以做得红红火火乃至基业长青。所以，消费者愿意相信这个老板愿意煮一碗美味的牛肉面。老板有利润，消费者有口福，这就是善意信任。这个故事和亚当·斯密在《国富论》里讲的另外一个故事有异曲同工之妙。《国富论》中描述了一位在墙根下埋头补鞋的手艺人，心里正想着中午如何能够让妻子和孩子吃上牛排和面包。故事很简单朴素，但听众会相信，这个埋头补鞋的手艺人一定愿意补好那双鞋，因为补好了那双鞋他就能够让妻子和孩子吃上牛排和面包，所以消费者愿意相信他，这便是符合商业之道的善意信任。打造中国品牌信任需要让顾客坚信，企业能够并愿意为他们生产高质量的产品。

四、品牌幸福是中国品牌塑造的终极目标

品牌的生命力在于塑造一种意境，让消费者感受到幸福。当品牌和消费者的生活融为一体，当品牌理念融入消费者的精神，成为消费者生活和工作的动力，消费者就会因为拥有这些品牌而感到生活幸福，这就是品牌幸福。

品牌信任是品牌幸福的基础，而品牌幸福又会进一步导致品牌崇拜，这是中国制造企业梦寐以求的目标。中国改革开放40多年艰难困苦，"中国制造"正在向"中国智造"迈进，这也让"中国制造"面临美国的逆全球化的围堵。

突破这种围堵的重要战略选择是通过打造强大的消费者品牌和全球的消费者结盟。一个能给消费者带来幸福、让消费者信任的品牌，可以为中国开辟广阔的全球市场，更能够让中国品牌在"一带一路"倡议的指导下，走进沿线各国，带来和平的信号。

第二篇
Chapter 02

强 实 体

/十一/
从芯片看内循环,是"去中化",还是"去美化"

> 作者:新望,中制智库理事长兼研究院院长。

以国内大循环为主体、国内国际双循环相互促进,这是中国的新发展格局。之所以以国内大循环为主体,是因为外部环境发生了变化。决定外部环境变化的一个关键因素是中美关系,中美关系发生了质变。

外部环境变化的一个直接结果是关键核心技术受制于人。2020年9月11日,科学家座谈会上列举了工业、农业、能源等受制于人的方面。工业当中最为典型的就是芯片,这是最依赖别人,也是最容易受制于人的产品。

中国制造业和信息产业要打通内循环,必须攻下芯片这一关。

一、中国芯片先天不足

这一轮信息技术革命发源于美国。1947年,美国人发明了晶体管,9年后,一位美国工程师杰克·基尔比[①] 和另一位美国物理学家共同发明了集成电路,把众多缩小的晶体管集中布置到一个半导体硅片上,即大型集成电路(又称为

---
① 杰克·基尔比(Jack Kliby,1923—2005年),2000年诺贝尔物理学奖获得者。

芯片）。半导体硅经过提纯成为高性能半导体材料，是芯片的母体。所以芯片产业也被称为半导体产业，又称为大型集成电路产业。

作为运算处理中枢，芯片奠定了现代工业文明的基础，也揭开了20世纪信息革命的序幕。可能当时人们并没意识到这些，因为芯片还比较初级。如今，芯片越做越小，性能越来越强大。"芯片"二字的中文翻译真是神来之笔，寓意心脏、引擎。未来，即使进入云时代、量子时代，芯片依旧不可或缺。

继芯片之后，美国进一步有相关发明问世，如计算机、因特网、移动电话、智能手机等，这些共同引导了信息技术革命。所以，这一轮信息技术革命，美国是先驱者和领导者，美国技术发源地的地位使其占据主动。在这条纵向产业链中，处在下游，必然受制于人。

芯片出现之后的第5年，也就是1963年，日本从美国引进了集成电路。那时日本正处于第二次世界大战后的恢复时期，美国对日本采取扶持政策和技术援助。日本充分发扬工匠精神，由此，日本半导体产业后来居上，而且大规模推向了民用消费领域。所以二十世纪六七十年代，日本是半导体产业的领头羊。

1965年，日韩实现了邦交正常化，日本开始在韩国设厂。韩国全盘掌握了日本从美国引进的技术，甚至在某些方面还优于日本。美、日、韩三国在二十世纪六七十年代，像浪潮一样，你追我赶，形成了国际性的芯片产业链。

1965年，中国意识到发展大型集成电路是一件非常重要的事，但由于历史原因，高新技术与发达国家处在断绝状态，芯片产业没有明显进展。

改革开放以来，1982年在国务院层面成立了电子计算机和大型集成电路领导小组办公室。近40年来，中国对芯片非常重视。但国产芯片在全球仍然处于相对落后的状态，尤其是高性能芯片，缺口巨大，全世界3/4的芯片市场在中国，但中国芯片80%左右仍依赖进口，芯片进口额超过石油进口额一倍多（石油进口额为1400亿美元，芯片进口额为3000多亿美元）。中国也有一些低端芯片出口至他国，约为1000多亿美元，但是贸易逆差还有2000多亿美元。

在全球芯片产业链上，中国处在中下游。上游的高端技术、核心技术、关键零部件、关键专利都未被中国所掌握。目前中国尚无一家全球芯片产业链条上的龙头企业。以最典型的内存芯片为例，美国约占全球市场的50%左右，韩国约占24%左右，日本约占10%，欧洲约占8%，中国约占3%。中国在芯片领域的市场地位边缘化十分严重。

回顾近60年来中国芯片的发展，中国错过了两次机遇。第一次是在芯片发明和发展的黄金阶段，美国、日本、韩国、欧洲基本同步，形成了全球产业链，而中国那时还相对闭塞。第二次是20世纪90年代后，"市场换技术"的路线遇到了1996年《关于常规武器和两用物品及技术出口控制的瓦森纳协定》（The Wassenaar Arrangement on Export Controls for Conventional Arms and Dual-Use Good and Technologies，简称"《瓦森纳协定》"）的阻碍，减缓了中国追赶的步伐[①]。

近10年来，中国芯片产业增长迅速，国家对芯片的产业政策更加密集，政策实施力度也在加大。中国已有超过2000家芯片厂商，可以量产14nm级的芯片，产业链逐步从中下游向中上游移动。

目前，中国和第一阵营的美国、日本和韩国的芯片技术迭代相差2～3代，目标是2025年与第一阵营缩小到两代或者一代半。这意味着，中国从现在的14nm量产，到2025年可以实现7nm、5nm量产。有报道称，台积电将在未来1年内，开始量产3nm芯片。当然，芯片不会无限小下去，按科学家推算，芯片的极限尺寸是2nm，这是由硅分子直径决定的。

---

① 1996年，西方42个发达国家签署《瓦森纳协定》，向中国封锁先进技术，重点就是半导体芯片。

二、发展芯片产业为什么这么难

芯片产业有其独特的内部结构和产业特性。芯片产业链分为5个子链，或者说芯片产业分为五大细分行业。

一是设计。使数亿条的线路集成在一起，首先需要设计。全球最大的芯片设计公司之一是英国ARM公司，而若论芯片设计软件中的翘楚，则属美国EDA软件。美国英伟达计划收购英国ARM公司，届时，美国在芯片产业上将更加具有强势垄断性。

二是制造。包括成品制造和半成品制造。半成品制造是指晶圆的制造，目前，高纯度晶圆基本由日本垄断。日本可以实现硅的超高冶炼精度，因此可以制成品质较好的晶圆。台积电代表着由晶圆制作芯片的最高水平之一。目前，中国的中芯国际芯片产量居全球第五名，但芯片等级较低、利润率也较低，主要由于其在专利技术上受制于人，同时受到美国严厉监管。

三是封装测试。封装测试是指将芯片封装到电路板上，进行合格性测试。因为芯片的线路和触点太多，一个地方有万分之零点几的差错，最终将导致相当大的差错，所以必须逐个测试。封装测试属于劳动密集型行业，在该行业，中国与国际水平差距不大，甚至处于领先地位。

四是设备。生产芯片的设备中，最精密的是EUV光刻机。EUV光刻机主要产自荷兰ASML，其他则产自美国。在生产晶圆的设备中，三菱、索尼等企业占优势。7nm工艺光刻机目前只有荷兰ASML能够提供，售价1亿美元以上且供不应求。中国企业中，上海微电子已经能够生产用于制作28nm芯片的设备。

五是辅助材料。辅助材料包括光刻胶、掩膜版、靶材、封装基板等，这些材料目前在中国仍处于瓶颈状态。

芯片制造是如此之难，却又是如此重要。芯片在整个国民经济中具有基础性、战略性地位，在民生、国防、工业、装备、航天等诸多领域有广泛应用。

芯片是一个全球充分竞争的行业，不仅进入的门槛高，周期长；而且具备资金密集、技术密集、人才密集等特点，其投资动辄数百亿美元，研发人员成千上万。由于芯片本身具有重要的战略价值，芯片的竞争不仅是市场竞争，而且是国家竞争，甚至成为国际贸易摩擦的有力武器，以及竞争对手之间限制和制裁的重点产业。

三、中美竞争背景下的芯片

中美贸易摩擦以来，芯片成为热词和焦点。2020年9月15日，迫于美国技术垄断的压力，台积电正式停止为华为麒麟芯片代工。华为花了600万元（据说是全体华为高管们集资的钱），从中国台湾包机运回了最后一批芯片。但即使这样，华为储存的芯片也只够支撑2021年半年的手机出货量。

美国国家安全战略和美国对华战略中，都将中国作为头号竞争对手，全面遏制中国已是美国国策。芯片领域的非对称精准打击，对美国而言，机会成本最低，对中国的"伤害"最大。中美之间，已由以关税为标的的贸易摩擦，上升为以芯片为武器的科技摩擦、产业摩擦。华为芯片断供，安卓许可证于2020年年底到期；美国商务部对华300多家实体清单中，华为独占60余家。究其根本，美国对华为的"恐惧"是因为，信息技术革命主要是由美国的通信企业发起，而华为是有通信产业基因的公司，不仅有移动终端，而且有世界领先的5G技术。这就如同当年美苏之间的太空竞争，在即将到来的数字时代、智能时代，芯片成为关键产业的关键环节，也决定着主导权的归属。

芯片之战，也是人才之战。高端制造业的一个特性是与科学和教育紧密相连，其竞争也是各国教育和科学力量的角逐。中国缺乏"从0到1"的颠覆式创新。华为的5G技术最早只是土耳其一位科学家的假设，最后被华为发掘并研发成为产品。这说明，先进技术先由科学家假设、实验室发明，随后由企业家和科学家共同将其产业化。中国工业化快速追赶西方，由于基础研究尚有差距，从而导致硬件、软件都有很强的依赖性，这是中国和西方发达国家的根本差距。

在高科技和高端制造领域，中国拥有芯片等高端制造业的巨大市场，因此，在这些领域持续受制于人，并非长久之计。一个产业的发展，除了资金、技术、人才，还应具有市场需求，市场需求带动足够的资金投入。华为每年的芯片需求量为800亿个，而这正是撬动产业的支点。

新冠肺炎疫情导致全球产业链重构，重构的趋势是产业链从长变短、由细变粗，向区域化、本土化发展。原来的产业链以成本为主，哪里成本低往哪里布置，而现在是哪里安全往哪里布置。产业链重构的同时，效率和利润原则也在起作用。在中美两国反复博弈中，逐步脱钩应是大趋势，中国科技界、企业界对此前景应做出最坏打算。

四、中国芯片的发展

1982年，中国成立电子计算机和大型集成电路领导小组办公室，这是在国家层面设立的产业领导组织。此外，针对芯片的发展，1990年有"908工程"，1999年有"909工程"，2000年国务院专门印发了18号文件，以推动芯片产业的发展。此外，"863计划"也向芯片重点倾斜。十大专项基金设立之后，01号、02号项目都与芯片有关。2014年，几十位院士给国家领导人写信，成立了专门扶持半导体产业的"大基金"，即国家集成电路产业投资基金，该基金第一期规模为1300多亿元；2019年开始募集第二期，规模为2100亿元，以股份制形式运营，包括财政部、中国烟草总公司等20多家股东。在十九届五中全会审议通过的"十四五规划"中，芯片仍是重中之重；在许多地方政策中，也把芯片列为重点发展产业。芯片的发展要充分利用产业政策，发挥举国体制优势，以企业为创新主体，避免"一哄而上"式的研发与制造，从基础端做强芯片产业链。

五、打通内循环的"卡点"

中国必须发展自己的芯片产业，这一点毋庸置疑。2010年，中国成为世界第一制造大国，但10年后，芯片仍是第一制造大国"不可承受之重"。必须承认，中国是制造大国，但远不是制造强国。世界制造强国分三大阵营，美国处在第一阵营，德国、日本处在第二阵营，中国处在第三阵营。如果把世界制造业比作一个巨人，那么，美国是头脑，日本、德国是心脏，中国是四肢。

中美贸易摩擦和新冠肺炎疫情使我们更深刻地认识到，中国处在全球价值链的中低端，世界对中国的依赖无法替代，但中国对世界的依赖也无法替代。"中国制造"有品种优势，无品质优势；有成本优势，无技术优势；有速度优势，无质量优势；有产品优势，无品牌优势。

特别是在芯片制造中，操作系统、新材料、精密设备这三大领域均受制于人。与芯片类似的受制于人的关键技术和核心零部件，还有航空发动机、传感器、离子隔膜、高压柱塞泵、环氧树脂等。制造强国战略中提出未来要大力追赶的十大领域，多数都受制于人。

因此，我们要逐步形成以国内大循环为主体、国内国际双循环相互促进的新发展格局。以国内大循环为主体的同时，要防止因外循环不畅，而导致与国外出现的新兴产业再次形成新的差距。与此同时，国内国际双循环至关重要，我们仍需加强国际科技合作，加入全球分工协作系统。目前受制于人的关键技术，其本质上都是基础科学问题，我们需要继续加大开放力度，内省科教体制机制。

/ 第二篇 /
强 实 体

/ 十二 /
中国经济是否有可能再创造一个奇迹

> 作者：刘俏，北京大学光华管理学院院长。

中国经济的本质问题是，在经过经济高速增长、工业化进程几乎已经结束时，如何继续保持全要素生产率（Total Factor Productivity，TFP）的增速。对全要素生产率未来增速的判断，在很大程度上决定了我们对中、长期中国经济的判断。历史上还没有任何国家在完成工业化进程之后还能保持3%左右的全要素生产率年均增速，中国有没有可能再创造一个奇迹？中国经济保持全要素生产率增速的关键在于有效释放四大经济增长新动能："再工业化"（产业的数字化转型）、"新基建"（实现"再工业化"所需的基础设施投资）、大国工业及更彻底的改革开放带来的资源配置效率的提升。

如何理性地讨论中国经济？大家在讨论中国经济的时候，比较容易产生对立观点，容易形成情绪化的判断，要么乐观，要么悲观。造成这种对立的原因在于，人们对于中国经济未来发展最重要的、第一性问题，在认知和理解上还有很多偏差。如果理性地讨论中国经济，我们更应该关心究竟何为中国经济目前面临的最大的结构性挑战。很多时候，提出正确的问题更为重要。中国经济目前面临的最大的结构性挑战是在工业化进程几近结束之际，未来能否继续保持较高的全要素生产率的增速？

一、中国经济高速增长可以用现代增长理论解释

"没有什么比正确地回答了错误的问题更危险的!"引用德鲁克的这句话是想表达,我们需要正确认识中国目前面临的第一性问题。为此,需要对过去40多年的中国经济发展进行理性的判断。过去40多年的时间,中国经济经历了一个高速增长的阶段,年均GDP增速达9.4%。主流经济学家对其原因做了仔细的研究和梳理,基本形成一个共识:中国经济发展历程其实并不特殊,完全可以按照现代增长理论来解释。根据美国经济学家罗伯特·索洛(Robert Solow)提出的"索洛模型",一个国家的经济增长最终可以归因于要素(主要包括资本和劳动力)投入增长和全要素生产率的增长。按照这个理论,可以比较合理地解释中国过去做对了什么,同时也能对中国未来真正面临的第一性的结构性挑战做出判断。

中国过去40多年的高速发展,一方面可以由要素投入增长来解释。要素投入方面,我们经常提到"人口红利"。过去40多年里,大量的劳动力源源不断地投入到工业化过程中,对中国经济增长起到很大的推动作用。资本方面,中国有重要的制度创新。在过去很长一段时间里,通过基建、房地产、土地等投资形成大量固定资产,再以这些固定资产作为抵押品形成银行信贷的模式,极大地推进了中国社会信用扩张,加速了中国经济"货币化"和"资本化"程度,为中国经济提供了非常稀缺的资本要素。例如,2000—2018年,中国广义货币供给量(M2)的年增速比GDP高出6.1%。正常情况下,中国的通货膨胀应该很严重,物价上涨会比较厉害,但事实上这种现象并没有发生。其主要原因在于经济的"货币化"和"资本化"——基建、房地产和土地等吸收并形成了大量的资本,同时带动了上下游产业的发展,极大地推动了中国的工业化进程。这是中国发展模式里很重要的一大特点。

这一特点也反映在中国经济微观基础(企业)的变迁上。以银行信贷驱动

的高投资迅速改变了中国经济的微观基础。改革开放40多年，中国现代意义上的企业逐渐"从无到有""从小到大"，实现了在规模上的崛起。2019年是一个具有标志意义的年份，《财富》杂志公布的全球销售收入最高的500家企业（即《财富》全球500强）中，中国共有129家企业入榜，数量超过了美国的121家。这是中国入榜企业数量第一次超过美国，反映了中国企业在规模上的崛起。中国企业规模上的崛起与通过社会信用扩张、通过信贷驱动的投资来拉动经济增长的模式是紧密相关的。换言之，从上市公司的结构来看，截至2019年6月，中国A股市场前10大市值公司与美国前10大上市公司相比，在构成上有很多差异性。中国A股市场前10大市值公司几乎都是提供要素的，包括7家金融机构（提供资金）、中石油和中石化（提供能源），以及贵州茅台（提供消费品）。上述公司全是提供要素的企业，这与要素投入驱动的增长模式高度匹配。

过去40多年，在工业化进程的推进下，中国的全要素生产率的增速保持极高的水平。中美间的比较更能够说明这一现象。美国1870—1970年的一百年间，全要素生产率的年平均增速（以下简称"年平均增速"）是2.1%；而中国过去40多年的表现非常出色，如1980—1989年，全要素生产率的年平均增速为3.9%，1990—1999年年平均增速为4.7%，2000—2009年年平均增速为4.4%，2010—2018年年平均增速开始出现下滑，大约降到2.1%，年平均增速在这个阶段下降与中国基本完成工业化进程有着密切的联系。

二、继续保持全要素生产率的增速并非易事

中国经济转型能否成功，能否完成从高速增长向高质量发展的转型，全要素生产率尤为重要。经过40多年高速发展，通过简单的要素投入来拉动增长已经变得越来越难。如今中国的"人口红利"几乎快没有了；在资本层面上，有利于大量资本投入经济活动的金融周期也基本结束。高杠杆和货币供给的高

速增长带来了很多"后遗症",最为显著的是金融体系风险的汇聚,即非金融企业的高杠杆率。中国经济现在最大的问题之一在于,在目前这个关键的时间节点,在高速增长阶段(工业化进程)结束之后,中国如何保持全要素生产率的增速?

经过改革开放40多年的经济高速增长,中国的全要素生产率水平已经相当于美国的43%。这是一项非常了不起的成就。然而,根据光华思想力课题组的测算,到2035年中国基本实现社会主义现代化时,中国的全要素生产率水平即使只达到美国的65%,也需要中国的年平均增速超过美国1.95个百分点。美国过去30年全要素生产率的年平均增速在1个百分点以内,这意味着在未来16年中国需要保持每年2.5%～3%的全要素生产率增速水平。在人类历史有统计数据以来,还没有任何一个国家在完成了工业化进程之后,还能保持3%左右的全要素生产率增速。美国、德国、日本等都没有做到,中国有没有可能再创造一个奇迹?这是推断中国经济的未来时,需要去直面的、最重要的第一性问题。而对这个问题的理解本身,基本上决定了对中国经济未来的判断。

中国依靠什么去提升全要素生产率?事实上,对于中国经济看法上的分歧大多与对这个问题的回答有关。

是否可以依靠科学技术进步?科技进步是推动全要素生产率提升的重要途径。有的学者或政策制定者把希望寄托在科学技术进步。索洛在二十世纪八九十年代的计算机时代曾说过:"计算机无处不在,但并没有反映在生产率的统计数字里面。"换言之,索洛对通过技术推动全要素生产率的提升是持怀疑态度的。事实上,美国过去30年,在高科技和基础研究方面保持全球领先,在互联网、生物科技、大数据和人工智能等方面展现出强大的领先优势,但是美国的全要素生产率年平均增速仅为0.7%～1%。从这个角度讲,技术进步可能并不是一个特别有说服力的因素。

是否可以依靠国民储蓄率和城镇化率的提升？很多学者认为中国经济还有广阔的投资空间，高国民储蓄率可以源源不断地提供固定资产投资所需要的资金，而投资拉动的增长又可以进一步提升全要素生产率。该论断中有一个明显的漏洞——中国的人口老龄化程度在加剧。几乎所有国家的经验都显示，人口结构变化会影响国民储蓄率，人口老龄化带来的是国民储蓄率的下降。此外，中国目前的资本回报率（ROIC）水平普遍不高，大量信贷驱动的投资在投资收益率不高时会导致泡沫金融的出现——"高杠杆"的影子将一直萦绕不散。

是否可以依靠消费？也有人认为，中国有4亿中等收入群体，是世界上最大的中等收入群体，这个数字目前还在不断攀升。因此，消费率上升和消费升级能让消费成为中国经济持续增长的动能。但我们的消费真的在升级吗？消费能够代替投资成为一个量级相当的推动经济进一步增长的动能吗？2018年，中国人均可支配收入只有28000元，平均每月不到2500元，而人均GDP超过6万元。收入在国家、企业、个人之间的这种分配结构是否有利于支持消费增长是不确定的。而且，中国目前对制造业产品的消费高峰期即将结束（如截至2019年11月，汽车销售已经连续15个月下滑），服务消费占比呈上升趋势，但新的具有同等量级的消费点还未涌现。另外一个事实是，目前中国服务业的GDP占比已经大幅超过第二产业的GDP占比，而在服务领域提升全要素生产率的难度要大很多。

所以，这些看似合理的因素经过分析后，带给我们的是不一样的结论。这让我们对未来中国经济能否保持一个适当的全要素生产率增速，产生了一个很大的疑问。中国经济面临的结构性问题需要从正反两方面去看，乐观者看到的是问题的A面，悲观者看到的是问题的B面。两者结合起来，或许才能形成一个真实的判断。

毋庸置疑，中国未来进一步提升全要素生产率的难度很大。如上文所述，中国现在第三产业的比重已经超过50%，未来服务业的占比还会继续扩大，但在服务经济主导的情况下，继续提升全要素生产率是非常困难的。

除了服务业，还要关注农业。目前，中国农业的GDP占比只有7%左右。但是，农业就业人口占劳动力总量的比例为27%。到2035年，中国农业的GDP占比将降至3%左右，农业就业人口占劳动力总量的比例不超过4%。这就意味着，未来16年，中国将有23%左右的就业人口需要从农业流向高端制造业与服务业，这么大规模的劳动力将重新配置，中国经济必然面临艰巨的挑战。

此外，还有人口老龄化带来的挑战。光华思想力课题组测算，到2035年，中国65岁以上的人口比重会达到23%，几乎每4个人里就有一位老年人。而日本在2004年，人均GDP为3.5万美元，跟中国2035年的预测值大致相当。日本在2004年65岁以上的人口比例约为14%，这意味着中国的人口老龄化程度未来会比日本的人口老龄化程度更加严峻。人口老龄化程度增加，将带来储蓄率的下降，同时带来消费结构的巨大变化，对产业会带来很大的冲击，也会影响中国投资拉动的增长模式。

投资效率不高也是制约全要素生产率乃至中国经济增长的重要因素。以上市公司为例，光华思想力课题组的分析显示，1998—2018年，中国A股上市公司的投资资本收益率平均为3%，即，一元的投资资本只能带来三分的税后利润。3%的投资资本收益率甚至低于银行的存款利率，在这种情况下，投入的资本越多，损失的价值也就越多，最后导致的结果是债务高企，企业杠杆率居高不下。这样的投资虽然也能贡献大部分GDP，但是包括资金和劳动力等在内的生产要素的使用效率显然是不高的。

再看另一个重要因素——城镇化率。到2035年，中国的城镇化率或能从目前的60%① 提升到75%，甚至80%。但光华思想力课题组在研究中有一个重要的发现：中国目前约有88%的地级城市人口规模是严重不足的，实际人口不到经济意义上最优人口规模的40%。换言之，实际人口比经济意义上有价值的人口数量要低很多。人口不足则很难发展服务业和新兴产业；更重要的是，大量伴随城镇化的房地产、基建设施、公共服务等投资效率有限，盲目的大量投资最终将变成无效投资。

收入分配不平等也会对全生产要素带来影响。中国收入分配不平等的情况近几年有所缓解，但是整体水平仍然偏高。以美国的情况为例，讨论收入分配不平等带来的负面影响。美国收入处于后50%的人群在1978—2015年间的实际收入的增长为零；而收入在中间40%的人群（即中等收入群体）在38年间人均收入的年增速仅仅是0.9%。这个数量庞大的人口群体并没有从全球化和经济发展中受益。在美国最近一轮的总统大选中，这个群体成为特朗普的票仓，他们对现状的不满是美国反全球化和民粹情绪上升的主要原因。这个问题在中国的情况会好很多，但如果我们未来的增长不能实现包容性和普惠性，如果我们不能让庞大的中等收入群体收入合理增长，让低收入群体从经济和社会发展中受益，我们对全球化的认知、对市场经济的认知能否在未来发生根本逆转，反全球化、反市场经济的情绪是否会逐渐泛滥？这个问题值得在讨论中国经济的下一步时去特别关注。

三、找到中国全要素生产率增速的源泉

中国经济本质问题是，在高速增长阶段、工业化进程结束之后，如何去提升全要素生产率？回避或是把中长期结构性挑战误认为是中短期宏观政策问题，模糊了对中国经济问题本质的认知。过往的经验和实证分析的结果都表明，任何国家都无法通过增加债务或是积极的财政政策去解决人口结构、生产

---

① 注：按常住人口而非户籍人口统计。

率、财富分配等带来的问题。从历史演进的视角看，全要素生产率是内生变量。全要素生产率能否提高取决于我们能否找到中国经济的新动能及如何有效释放新动能。

中国过去40多年的发展带来的启示在于：中国发展模式从来不是一个固定不变的概念或思维框架，而是随时间的变化而不断变化的思想探索和实践探索的集成。中国发展模式的普适性不在于提供所有问题的答案，而在于以开放的精神、实事求是的态度，直面发展中的第一性问题，并不断寻求以现实可行的方法去破解这些问题。

对于未来，我们仍然可以保持相对乐观态度。事实上，中国在推动全要素生产率增速方面仍有很多有利的结构性力量。

一是中国经济的"再工业化"，即"产业的数字化转型"。利用互联网大数据和人工智能驱动产业的变革，可以带来全要素生产率的大幅提升空间。

二是"新基建"所需的基础设施。产业变革、产业互联网配套的基础设施建设，如5G基站、云计算设备等。

上述两个新动能密切相连。"新基建"的内涵相较于传统基建更为丰富，而且包含"再工业化"。中国经济从消费互联网的"上半场"进入产业互联网的"下半场"，大数据、人工智能、物联网等会给大量行业带来数字化转型的契机，因此，"再工业化"跟全要素生产率的提升是紧密联系的。而围绕"再工业化"的"新基建"，涉及跟产业变革及产业互联网相配套的基础设施建设，如5G基站、云计算设备等。仅以5G基站为例，中国在未来7年将修建600万个5G基站，投资1.2万亿～1.5万亿元。"新基建"也涉及跟民生相关的基础设施投资，如旧城改造、租赁住房、城市公共设施的投资等。这些领域不仅投资规模可观，而且如果能够通过市场化的方式吸引民营资本投入，将有效提升投资效率和全要素生产率。

三是大国工业。虽然中国已建成全世界最完整的工业门类，但是在一些关键的零部件或技术上还无法形成"闭环"，中国的大国工业还有发展的空间。未来诸如民用航空、飞机发动机、集成电路等的发展也会带来全要素生产率提升的可能性。中国制造业的GDP占比已经降到30%以内，未来，为了保持全要素生产率增速，中国须把制造业的GDP占比维持在23%以上。保持一定制造业的GDP占比，有利于全要素生产率的进一步提升。

四是更彻底的改革开放带来的资源配置效率的提升。推动全要素生产率主要靠两点：科学技术进步和建立更好的激励机制。除科学技术外，更好的激励机制，如"制度改革"和"进一步改革开放"能形成一个庞大的制度红利空间，有可能会创造出"全要素生产率较高增速"的奇迹。这是中国经济全要素生产率保持一定增速的重要源泉之一。中国目前投资效率有限，如果将投资效率潜能释放出来，通过更彻底的改革举措，或竞争中性的原则实现资源的有效配置，中国有可能在未来再创造出一个新的奇迹。

激活促进全要素生产率增速的新动能需要以下几方面的改革举措：

（1）将国家战略和市场进行更有效的结合，坚定不移地推动产业结构升级，寻找提升全要素生产率的途径——以市场化的力量引导民营企业参与其中，并作为变革的主力。

（2）政府转变职能，改变行为模式，消除所有制歧视，建立真正的竞争中性原则。未来的增长将主要来自全要素生产率的提升，而全要素生产率的提升则与创新和企业家精神密切相关；政府应该减少在经济事务的参与程度，让市场在资源配置中发挥决定性作用。

（3）大力推进要素配置的市场化改革进程，主要体现在金融领域、数字资产，以及劳动力、土地等资源密集型领域。

(4)加大研发力度,增加基础科学研究投入,提升研发效率。

(5)减税降费、鼓励创业创新、明确民营经济重要性和定位是一项长期工作。减税降费能够增加消费意愿和投资意愿,提升企业盈利表现(投资资本收益率);降低个人所得税,提升消费和创新创业的积极性。

如果中国能创造"在工业化进程结束后,仍保持2.5%以上的全要素生产率年增速"的奇迹,那么我们对中国经济的未来应该是非常乐观的。大量的实证研究表明,全要素生产率的增速能够贡献至少一半以上的增长率。如果中国经济能够维持2.5%以上的全要素生产率增速,那么中国经济的长期增长率就可能保持在5%以上。创造上述经济奇迹的关键在于我们能否通过更为坚决的改革开放释放出推动全要素生产率增长的潜能。

四、2035年的中国经济和中国产业

展望2035年的中国经济,将呈现出令人期待的格局。光华思想力课题组做了很多研究,并刻画了未来的经济场景,可以反映为一些具体的数据。

到2035年,中国的GDP按2018年价格推算将达到210万亿元[①]。人均GDP将趋近3.5万美元(按2011年购买力平价),与韩国相似。居民消费率将从现在的38%增至58%,服务消费占总消费的比例将从目前的44.2%增至60%左右。到2035年,中国还将拥有接近6亿人的"90后"(即1990年后出生的人口),接近3亿人是受过大学教育的劳动力人口。中国拥有全世界最大的消费市场,"中国智造"将取代"中国制造"。与此同时,高质量的劳动力将为中国的产业升级提供创新和人力资本的保障。此外,还有一些数据值得关注:2035年,金融资产的总规模可能达到840万亿元人民币[②];居民消费达到122

---

① 注:按"十四五""十五五"和"十六五"GDP年均增速分别为5.5%、5%和4.5%来估测。

② 注:按金融资产相当于GDP的4倍来计算,目前该比例为3.9倍。

万亿元人民币，其中服务消费达到73万亿元人民币；医疗大健康增加值达到21万亿元人民币；金融行业增加值达到16.8万亿元人民币。

需求端的巨大变化将决定2035年的产业格局，未来的高速增长机会将在以下产业里出现：新兴工业（包括高端制造业、IT制造业和清洁能源行业）、新消费（包括电动汽车行业、娱乐业和教育业）；互联网（包括电商、游戏和金融科技业）、健康产业（主要包括医疗健康服务、医疗保险业）。需求端的变化将倒逼供给端发生变化，这个过程伴随着新动能的释放，未来，中国经济的转型过程虽然并非易事，但是值得期待。

可以预见，未来的10多年，在中国A股市场、在《财富》全球500强的排行榜上，我们会看到更多"不一样"的企业。事实上，有很多新兴行业会在中国崛起，很多企业会完成从"大"到"伟大"的超越。基础层面的变迁决定了未来的中国经济会与现在有不一样的格局。认识到这一点，我们就看到了中国经济的另一面，那很可能发生在未来。

以过往为序章，所有关于未来的答案隐藏在现在！

/十三/
实现内循环的关键之举是提高政府投资的有效性

> 作者：刘尚希，中国财政科学研究院院长。

在近40多年改革开放的过程中，中国主要依靠外向型经济逐步发展成为世界工厂和第二大经济体。但是在这个发展过程中，中国经济对外依存度很高，依靠外部市场和资源实现快速增长，但这样一种经济发展和循环模式实际上是脆弱的、不安全的，依赖于外部环境的高度确定性和稳定性。

在目前全球经济发展存在高度不确定和不稳定的情况下，中国发展的外部风险急剧上升，对冲这种风险就必须调整发展战略。这种情况下，中央提出加快构建以国内大循环为主体、国内国际双循环相互促进的新发展格局（以下简称"'双循环'新发展格局"），很显然是要调整中国原有的发展格局，应对当前国际风险的冲击，实现安全发展。

理解这种新发展格局，首先要理解内循环和外循环的含义，及其相互之间的关系。所谓内循环，就是依靠国内供给与需求之间的循环实现经济增长；所谓外循环，就是依靠参与全球的供给与需求之间的循环，实现国内的经济增长，同时也推动全球经济增长。这两者不是截然分开的，但是要区分主次。

新发展格局是根据中国发展阶段、环境、条件变化提出来的，是重塑中国国际合作和竞争新优势的战略抉择。未来一段时期内，国内市场主导国民经济循环的特征会更加明显，经济增长的内需潜力会不断释放。同时，新发展格局绝不是封闭的国内循环，而是开放的国内国际双循环。

在"双循环"新发展格局中，外循环是手段，内循环是目的。"双循环"新发展格局通过内循环提高人民生活水平，提升中国可持续发展的能力。在持续发展的过程中，投资具有关键性作用，而消费具有基础性作用。投资分为政府投资和市场投资。判断市场投资是否发挥作用的标准是：投资形成资本，资本带来回报，回报越高，投资效果越好。但判断政府投资是否发挥作用不能沿用上述标准。政府投资是公共投资，单纯遵循这一标准有违政府投资公共性的本意，政府投资应该从其他更广阔的方面考虑问题。

从现实来看，政府投资区别于市场投资，但是政府投资的导向目前尚不明确，在这种情况下，有时项目本身就变成了投资的目的，政府投资变成了"上项目"。是不是只要把资金投入项目，投资就真正落地、真正有效了？不一定。目前的实际工作已经暴露了不少问题，其中一个问题是项目储备不够，资金淤积。在当前形势下，要使资金尽早地投入项目，地方政府债券尽早发行，以便资金得以及时使用，更好地发挥效果。很显然，如果没有达到预定的政策目标，就谈不上投资的有效性。

此外，即使把资金支持到了项目上，项目的实效性也需进一步研究。通过调研发现，部分投资的项目建成后，其功能并没有真正发挥出来。例如，某个村修建了一条路，几年以后村子空了，这条路就没有人走了，实际上处于闲置状态；建了某个养老院，建造完成后的几年内都空置；某个村建立了图书室，但并没有人去看书、看报纸，订阅的报纸到了每年年底变成废纸，被当作废品卖掉了。这种投资的效果是很差的，有的甚至没有效果。当然，还有很多其他的大投资，如社会基础设施投资、城市公共设施投资等，这些投资分布于不同的领域，存在着重复建设、利用率低等问题，甚至几年后被拆除，这样的现象也不少见。

判断政府投资的有效性主要有四个视角。

一是经济视角。从宏观上看，政府投资就是要最大限度地发挥投资的乘数效应。若乘数效应较低，则说明政府投资的有效性不高。通过一些模型分析可以发现，近几年来，中国政府投资的边际效应正在下降，乘数效应也在不断下降。这说明通过政府投资来带动经济增长、实现稳增长目标的作用处于递减状态，政府投资的有效性与预期目标相比还有差距。

二是社会视角。除了考虑经济增长目标之外，作为公共投资，政府投资还应考虑社会目标，也就是社会价值。政府投资的社会目标应当在于促进社会公平。政府投资如何促进社会公平？有观点认为，目前中国应该改善的最大短板是政府提供公共服务，使近3亿名仍处于"漂泊状态"的农民工在城市里扎根落户。政府提供公共服务需要有公共设施，如解决农民工子女的上学问题就要有更多的校舍，解决农民工看病问题就要有更多医院等。也就是说，在人口自由流动的条件下，要让公共服务和公共投资"跟着人走"，人口流动到何处，公共服务和公共投资就到何处。这样才能实现人和公共服务的有机结合，以促进社会公平，发挥政府投资的社会价值。

三是生态视角。很多政府投资用于生态环保项目，有助于改善环境。所有的政府投资都应当具有生态价值，这是不言而喻的。

四是空间视角。通过政府投资可以促进空间布局的优化和要素的聚集，如道路连通，促进城镇化、城市群和都市圈的发展。以修路为例，在目前的投融资体制下，很多项目由中央做规划，然后由各级政府去实施，但在实际修路的过程中，一些能力强的地区能够完成任务，而能力弱的、经济较差的地区却迟迟修不起来，那么这一条路就难以打通。此外，有些时候，各个地区之间出于各自利益的考虑，导致出现了并不少见的"断头路"——一条路在区域的边界上只差了几千米，但却无法连通。这些"断头路"耗费了大量投资，只因为差了几千米，就无法发挥出一条路的完整功能。从空间视角来看，这条路的价值就大大降低了。这样来看，政府投资的空间视角，在于如何优化空间布局、提升空间价值。

因此判断政府投资的有效性，不只通过一个维度，而是多维度的综合，从而形成公共价值导向。综合起来讲，政府投资落到项目上，所有项目都应当服从于经济社会价值的评估。如果没有经济社会价值的评估，那么这些投资和项目很可能最终演变为"为了上项目而上项目""为了铺摊子而铺摊子"，政府投资的有效性就会大打折扣。

如何在构建"双循环"新发展格局当中发挥作用、财政支出结构如何调整、如何增强预算的宏观配置能力，这些问题都是直接相互关联的。目前，以年度预算为主、中期财政规划或者中期预算为辅的概念虽然被提出，但在实际操作层面尚有不足。编制中期预算，就是要用中期的视角，也就是从明天考虑今天，从未来考虑现在。相关财政部门要增强中期财政规划的能力，只有这样，财政的保障能力、促进能力、对冲风险的能力才能大大增强。从现在出发考虑未来，往往就是"见招拆招""打遭遇战"，很容易陷入被动的境地，很难真正防范风险。

面对疫情的冲击，财政有双重任务。其一是疫情对企业、经济造成不利影响，要应对收入下降的问题，就需要政府"过紧日子"，调整支出结构，保障财政可持续。其二是在财政面临很大压力的情况下，财政政策要更加积极有为，对冲经济社会领域的各种公共风险，保市场主体、保基本民生、保基层运转等。2020年中国采取了一系列积极的财政政策措施，如提高赤字率、发行抗疫特别国债、扩大专项债规模等，这是在特殊情况下采取的特殊措施，以积极对冲风险、实现经济稳定为目标。下一步，要考虑如何增强在疫情防控常态化条件下经济复苏的后劲。这要从中央、地方两个积极性,国企、民企两个力量,国际、国内两个领域相互促进的角度发力,促进国家发展的可持续性。

过去,我们对投资的重视总是远远高于对消费的重视。现在看来,应把二者统一起来,不能对立起来看。从目的和手段的统一性来看,公共消费可能比政府投资更加重要,因为消费是人的生产和再生产过程,也是人自身发展的过程,同时又是人力资本的积累过程。在创新驱动的新阶段,人力资本是创新的基础,没有高质量的人力资本是不可能有高质量的发展的。因此,把短期目标和长期目标结合起来,就是在人和人力资本积累上做文章。具体措施有以下四点。

一是提升政府投资有效性,要从"物本逻辑"转向"人本逻辑",即围绕人的就业、人的流动、人的能力、人的健康、人的教育、人的创新来实施政府投资。例如,在人口流动方面,政府投资是提供公共设施的基础。但是,现在大量的政府投资投向农村公共设施,但农村人口却往城市迁移;大量投资投向欠发达地区,但欠发达地区的人口却往相对发达的地区迁移。并非是反对扩大农村和欠发达地区的政府投资,但要考虑人口的流动趋势。所以,公共服务应当"跟着人走",投资应当"跟着公共服务走",这才有公平和效率可言。如今,政府投资在空间布局上也存在着同样的问题,这会导致政府投资与人的需求脱节,降低政府投资的有效性。

二是要从"经济效益最大化"转向"公共风险最小化"。高质量发展是多维度的,统一到一个尺度上,就是面对全球的高度不确定性,如何降低中国发展的不确定性,使公共风险最小化。风险的公共化使各种风险转化为公共风险,生产、生活成本由此上升,企业难以发展,百姓难以安居乐业。传统的社会福利最大化的理论,已经不合时宜了,这次新冠肺炎疫情风险充分说明了这一点。

三是要从"划政府边界"转向"政府与市场、社会合作"。传统的理论，尤其是公共产品理论，强调的是政府的边界，也就是政府和市场要划清边界。这种理论已经过时，与信息社会更是格格不入，应突破这种界域思维，实现不同主体行为的合作；应突破传统范式和理论，以行为为基准来处理政府与市场、社会的关系，而不是基于固化的边界去处理政府与市场、政府和社会的关系。不然，政府与市场、社会之间就无法形成合力，就会形成一种对立的关系。

四是从当前来看，要从"基于物的项目＋投资"转向"基于人的项目＋消费＋投资"。如今政府刺激、宏观调控对项目和投资的路径依赖严重，应当转向"基于人的项目＋消费＋投资"，这样既能促进当前扩大内需，也有利于增强长远发展后劲。

如果将政府投资的经济社会价值进一步延伸，其应当是人的价值，就是围绕"人"来做文章，这就需要把中央一再强调的"人民至上""以人民为中心"等新的发展理念落实到政府投资当中去。目前来看，这种"发展依靠人民，发展为了人民"的理念没能很好地转化成政府投资的一些准则或公共价值导向，这是我们需要加强的地方。

人的价值意味着政府投资要促进人的能力的提升、促进人的流动、促进人的公平、促进人的健康。总之，政府投资应以公共价值为导向，最终目的就是提升人的价值。只有回到这一点上来，才能真正清楚政府投资的评价标准，否则政府投资可能会被各个部门的具体评价标准所左右，最终导致政府投资项目在各个领域的评价、排序上难以统一，也可能导致政府在建立项目库时面临困难。项目入库评价要以公共价值导向为准则。在实际工作中，多多少少还存在着以项目本身作为目标的情况，"上项目"本身似乎就是为了投资落地。这是远远不够的，并未真正达到政府投资的有效性目的。

由此，应当对政府投资的项目建立一种公共价值导向的评估框架，对不同维度的价值进行综合，统一度量，最终将项目纳入项目库，体现到规划中。只有这样，才能使政府投资变得真正有效。想要真正做到这一点，还应做到两个结合。

一是要把政府投资和公共消费有机结合起来，不能就投资谈投资、就消费谈消费。作为公共投资，政府投资应该促进公共消费，通过公共消费促进人力资本的平等积累，以此缩小阶层之间的能力鸿沟，有助于形成国内大循环。如果政府投资不能把投资和消费结合起来，从长期来看，这种能力鸿沟可能导致贫富差距加大，进而致使内需收缩，那么，以国内大循环为主体的"双循环"新发展格局就很难真正建立起来。所以，从这个角度来讲，政府投资要和公共消费有机结合。就投资谈投资、就消费谈消费，这样分开讨论是缺乏整体性的。

二是要把政府投资和人的城镇化有机结合起来。中国发展到当前阶段，应当以城镇化作为平台，以此推动后工业化、数字化的发展。过去是工业化带动了城镇化，现在应当以城镇化推动后工业化、数字化。但需注意的是，城镇化应当是人的城镇化，所有的政府投资要和人的城镇化结合起来。

城镇化包括大、中、小城市，实际上都应围绕人的集聚来考虑问题，而不是把人固定在各个地域。换言之，我们不能静态地思考问题，而应以动态的观念来考虑城镇化。城镇化的过程既是一个经济过程，也是一个社会过程；既是劳动力流动的过程，也是家庭迁徙的过程。在这个过程之中，我们要改变一些传统的体制、观念，尤其是按照静态地域做规划的观念。长期以来，我们习惯于以人口不流动的静态假设来思考问题，习惯于以地域作为维度去设计体制和制定政策，而不是基于人口流动这个角度来考虑问题。基于此，政府投资要和人的城镇化有机结合起来，这对于提升政府投资的有效性、促进内循环非常重要。

/十四/
制造业背后的产品营销策略

> 作者：华杉，上海华与华营销咨询有限公司、上海华与华广告有限公司董事长。

发现商机需要有创新的眼光，需要能解决社会问题。下面通过足力健老人鞋的案例来介绍如何制造商业机会，该案例既"完整"，又"完美"。其"完整性"体现在，几年时间内经历了"从0到1"的过程，是完全从零开始的一次创业；其"完美性"体现在，该案例较为全面地展现了上海华与华营销咨询有限公司和上海华与华广告有限公司（以下合称"华与华公司"）在制造、创造品牌和创新等各个方面的思想。

以较为学院派的观点来审视这个案例，可以通过四个理论的方法论来分析。其一是约瑟夫·熊彼特的创新理论；其二是彼得·德鲁克的理论，即企业是社会的器官，是为解决社会的问题而存在；其三是迈克尔·波特关于竞争战略的"五力模型"；其四是迈克尔·波特的战略定位理论，即战略是一套独特经营活动的组合。

无论是"中国制造"，还是"中国创造"，首先，制造或者创造中国企业的形象并非是终极目标。建立品牌的最终目的是实现基业长青，获得品牌溢价和利润。要想获得利润或实现基业长青，借用约瑟夫·熊彼特的理论，即企业必须创新。

约瑟夫·熊彼特把企业分为两种，一种是利用创新获得利润（以下简称创新利润）的企业，另一种是所谓的"年年难过年年过"的企业，只有一点微薄的利润，在约瑟夫·熊彼特的理论里，称之为社会所支付的管理者工资。中国的很多加工类低端企业所赚取的制造环节的微薄利润，实际是在领取全球品牌订货商所支付的管理者工资，而非创新利润。

要获得创新利润就必须创新，约瑟夫·熊彼特定义了5种创新。一是创造一种新产品，或者赋予"老产品"一种新的特性；二是采用一种新的生产工艺，提高效率的同时降低成本；三是采用一种新的材料；四是挖掘一个新的市场；五是建立一个新的商业组合，并通过这种新的商业组合建立或打破一种垄断。在足力健的案例里面，就体现了上述第一、三、五种创新。

在彼得·德鲁克的理论中，一个社会问题就是一个商业机会，一个巨大的社会问题就是一个巨大的商业机会。当企业家想要创业的时候，并非其想发财，或是发现某种新的模式，而是其发现这个社会上有问题没有得到解决，需要创办一家公司去解决该问题。

足力健的创始人发现了一个什么问题？在2014—2015年，创始人张京康先生在春节期间回到老家，发现村里许多老年人都不愿意出门，甚至不愿意下床，其原因是鞋太硌脚。他这才发现老年人的脚很容易变形：前脚掌会变宽，脚弓会下陷。于是，他想到是否可以给老年人专门设计一种鞋。与此同时，他发现鞋子市场上几乎没有专门供老年人穿的鞋，于是下定决心做老人鞋，并从此开辟了一个新的市场。但是他在做老人鞋的时候，并非找到了一个简单的营销概念，而是进行了产品的创新。通过收集大量的脚型数据，甚至亲手测量几千位消费者的脚，最终他设计出足力健老人鞋。

足力健老人鞋的创新主要有以下几点。

一是加宽鞋头部位，使脚趾和前脚掌处的空间变大；同时在脚腰处增强固定性，确保鞋子既穿得稳，又不挤脚。选择在脚腰处固定，而非脚前后处固定，这是其独特的创新。二是针对老年人很难弯腰系鞋带的问题，鞋子设计了仅需"一拉一蹬"便可固定的鞋带。三是加长鞋跟部位，相当于自带鞋拔功能。

在上述创新的驱动下，足力健老人鞋被成功设计出来，并滚动销售。其款式非常少，在销量达到40亿双的时候，仅有7种样式，这意味着每一款足力健老人鞋的下单量都非常大。较少的款式和巨大的下单量增强了其对生产成本的控制，使生产成本压缩至极低。

在定价方面，足力健老人鞋的销售策略是直接采取低定价，即一双鞋只盈利3～5元。低定价的销售策略，起到了阻挡新的进入者的作用，小米手机、华为手机的经营中也有采用类似的销售策略。

迈克尔·波特说的"五力模型"，即竞争的目的并非是打败对手，而是获得利润，经营是和"5种力量"的博弈，包括同行业内现有竞争者的竞争能力、潜在竞争者进入的能力、替代品的替代能力、供应商的讨价还价能力与购买者的议价能力。

足力健老人鞋成功之后，如今市面上有100多种老人鞋品牌，但其余老人鞋品牌都无法以足力健老人鞋的成本生产出同样品质的鞋，因此在价格上无法与其竞争。足力健老人鞋由此获得了初步成功。

初步成功后，足力健老人鞋进一步开展创新。例如，生产了一款老年人防滑安全拖鞋。经过大量的研发试验，该鞋具有很好的防滑能力，鞋底抓地很牢，鞋内又不积水，这双鞋售价仅为99元。后续还研发了冬天穿的羊毛鞋、羊毛袜等，不断丰富产品系列，以持续的产品创新，建立了老人鞋的品类。

在整个经营活动方面，足力健老人鞋在中央电视台投放大量广告的同时，拥有低成本的大规模生产。得益于其品种少、大规模生产的特点，在5年时间里创立了品牌，建立了工厂，90%的足力健老人鞋都由其工厂自己生产。

足力健老人鞋发展的速度是不可思议的，短短几年时间，在全国形成了几千家的连锁店，而且是逐步以直营的模式建立；在科技上面加大投入，建立针对足部健康的研究院；提倡老年人购鞋应"先测脚型后选码"，改变了老年人买鞋的习惯。

上述足力健老人鞋品牌所带来的改变，无疑给消费者的购买理由提供了强有力的论据。壮大购买理由，使产品渗透到文化母体，并成为文化母体中的重要组成部分，使消费者更易接受。华与华公司充分发挥创意，为足力健老人鞋选用"专业老人鞋，认准足力健""老人要穿老人鞋"的"超级话语体系"。不仅在央视广告中成为脍炙人口的经典话语，也成为"符号"流传于消费者中。"老人要穿老人鞋"使老年人对号入座——"我是老人，我要穿老人鞋"；而"专业老人鞋，认准足力健"，则让老年人自然而然地走进店里，最终促成购买行为。此外，华与华公司还为足力健品牌创意策划服务，即以"极致服务七字诀——问拿跪摸试买送"为核心的服务体系，使服务变得标准化、可视化，也让全国几千家门店做到统一、可复制，极大地降低了企业培养人才的成本，将关爱老人的企业文化真正落地。

消费者在品牌设定的场景下进行有序消费，与产品进行有效沟通。另外，华与华公司还为足力健老人鞋打造"品牌引爆"活动，策划年度营销日历，打造文化现象。品牌不仅是商业思想，更是一种文化现象。品牌需要为消费者设置"消费议程"，通过打造营销日历，提升消费行为，将节点营销打造为文化现象。华与华公司设置了四大节点营销：春节、母亲节、父亲节，以及特别打造的老年人"特权日"——重阳节。"过重阳节，穿老人鞋"是华与华公司为足力健老人鞋创意策划的品牌活动，将品牌融入重阳节中，使消费者在足力健的门店里，感受到实实在在的福利。

在加强服务方面，足力健老人鞋形成了一套独特的经营活动，包括大规模生产、大规模投放广告、大规模运用自有连锁零售的系统、无微不至的服务，以及足部健康研究和用户脚型大数据收集，形成其独特的鞋楦（一种制鞋用具），才做出适合中国老年人的鞋。

在迈克尔·波特的理论中，战略定位不是一个简单的词语，而是一套独特经营活动的组合。这一套独特经营活动的组合带来三个结果：一是独特的价值；二是总成本领先；三是竞争对手难以模仿。

2019年，中央电视台《对话》栏目邀请足力健老人鞋的创始人张京康先生，讨论中国的养老制造业。参加这个节目坚定了足力健品牌进军老年人足部按摩器（简称"足部按摩器"）的想法。

同样是以用户思维将足部按摩器进行创新设计，使其对老年人更加友好，操作简单，按键清晰，老年人用一次就会操作；该按摩器根据老年人脚部特征来设计，还具有了移动刮痧、揉捏穴位和直接热敷等功能。由于品牌影响力大、广告投放量大、销售网络广，以及有竞争力的价格，这款足部按摩器上市仅一个月，就成为足部按摩器行业品类的销量第一名。

目前，中国制造的优势、中国供应链的发达程度，已经不需要企业自身建立所有的生产制造的环节。足力健老人鞋已经成为老年人消费者的流量入口，可以根据流量去服务这些顾客。可能后续发展是在原有消费者中，根据他们的老年生活提供更多的服务和产品。如果以前是为了解决老年人穿鞋难的问题，未来将服务于老年人的美好老年生活。

/十五/
工业互联网推动我国中小企业实现跨越式发展

> 作者：吴晓波，浙江大学管理学院教授，浙江大学社会科学学部主任，浙江大学"创新管理与持续竞争力研究"国家哲学社会科学创新基地主任；张武杰，浙江大学管理学院博士后；余璐，浙江大学管理学院博士生。

新一轮工业革命来临，全球制造业进入新的发展时期，世界各国都在积极布局新的发展战略以争夺新时期的制造业竞争优势。作为推动制造业转型升级的关键基础设施，工业互联网起到了至关重要的作用。我国正进入新发展阶段，又该如何抓住此次制造范式转变期的机会窗口，推动我国从制造大国走向制造强国？

一、工业互联网究竟是一张什么"网"

随着新一轮工业革命的兴起，众说纷纭的新词汇层出不穷，这既体现出新制造范式的研究热度剧增，也反映出这种新制造范式还处于发展初期、充满不确定性。准确辨别各个新词汇的概念和内涵是相关方追究根本、打破混沌、指导实践的前提和基础。

新一轮工业革命背景下众多核心词汇的相互关系，这也在一定程度上结构化地剖析了这些词汇间的逻辑关系。首先,当前所处的制造范式确定了这些词汇的使用语境。从十八世纪后期到如今,全球制造业从第一次工业革命走向第四次工业革命,即从机械化、电气化、信息化走到如今的智能化。因此,当下热门的词汇也多为对制造业智能化情境下的技术、理念等的描述。其次,第四次工业革命还处于发展初期,世界各国正在加紧制定新的制造业发展战略,以提高核心竞争力、赢得全球制造业的竞争新优势。可以看到,以美国、欧洲为主的多个制造大国、制造强国率先发布的新的制造业发展战略,这也催生了诸多热门词汇的诞生,更代表了这些国家和地区对于新制造范式的路径判断。以德国"工业4.0"战略为例,其实质上仅是德国情境下的制造业发展战略,但其精准的路径判断也得到了较多国家的认可,这也是"工业4.0"不再是德国"一家之言"的重要原因。再次,以数字化、网络化和智能化为典型特征的新制造范式实现的主要手段便是新一代信息技术与制造技术的深度融合。与前三次工业革命显著不同的是,当前的新制造范式强调新一代信息技术应用于生产经营活动的全场景、全价值链,这不仅会给生产方式带来颠覆性变革,也会给相关方的分工和协作带来显著的变化。其中,工业互联网是利用新一代信息技术将整个生产经营系统的人、机、物等互联互通的基础设施,也是支持实现数字孪生、信息物理系统等的前提。从次,智能制造是第四次工业革命的主方向,生产经营活动、产品、设备、生产系统等的智能化是此次工业革命的最终愿景。简单而言,智能制造就是相关要素具有自感知、自学习、自决策、自执行、自适应等功能的新型生产方式。它是先进制造过程、系统与模式的总称,而非狭义的智能制造技术。最后,随着科学、技术、产业革命的不断交融演变,在传统制造业的基础上也衍生了诸多高新产业,催生了数字经济新业态。一方面,这成为世界各国构建的新经济模式、抢夺的新市场,另一方面,也与新制造范式建立了密切的相互支撑关系。

工业互联网是实现智能制造的关键基础设施,那么其究竟是一张什么"网"?尽管当前还没有统一、标准的定义,但是从以下三个方面可以一定程度地认识工业互联网。第一，它姓"工"，不姓"互"。工业互联网是指由特定工业系统所构建的一张"网"，而并不属于因特网这类全球的信息基础设施。第二，它是一张按需构建、按需服务的"网"。广义上，工业互联网旨在实现制造系统的人、机、物等的互联互通，并在此基础上能够支持智能化设计、生产、服务等，但并没有规定哪些人、什么机器，以及何种物必须上"网"，这一切取决于利益相关方的构建目标和运作方式，因此，这张"网"在实施层面不会有标准化的架构、技术体系等。第三，它是一张实体"网"，更是一张数据"网"。表面上，工业互联网将人、机、物等连接起来形成一张覆盖全系统、全价值链的实体网络，但真正发挥作用的是其中无形的数据流，正是通过大量人、机、物等数据的不断采集、分析和反馈才得以实现智能化的生产经营活动。

二、工业互联网如何赋能新制造范式

如前所述，智能制造成为此次工业革命的主方向，也代表了当前全球制造业的新制造范式。作为智能制造的关键基础设施，工业互联网又是如何赋能制造系统走向智能化的呢？工业互联网主要通过"三化"来支持实现智能制造的"四重目标"。其中，工业互联网"三化"的含义分别是：标准化，即通过全流程的数据收集、分析、反馈形成一个标准化闭环，通过数据驱动的方式来实现各种业务活动严密但灵活的运行（例如，生产系统可以以批量化的方式实现个性化生产）；协同化，即将传统的生产关系打破，价值链网络的节点及相互关系会发生颠覆性变化，其外部表现便是更多的相关方以更灵活的方式参与在价值创造的各环节中；知识化，即改变传统生产活动中按照经验、遵循固有知识来指导实践的方式，通过大量、多维度、长时间的数据分析来形成能够支持决策的实时知识，通过科学、自动化的方式进行智能生产、运营等。

基于工业互联网标准化、协同化、知识化的三大功能特征，智能制造的"四重目标"便得以实现。第一，改进生产能力与质量。对于任何制造系统，不断提高其生产能力与质量（包括生产效率、产品质量、能效、交付期、生产成本、库存等一般的评价要素）是赢得竞争优势的基础手段，也是很多中小企业从粗放型走向高质量发展的核心路径（例如，当前先进的制造技术通过新一代信息技术的赋能可以实现制造工艺仿真优化、数字化控制、状态信息实时监测和自适应控制等）。第二，创新价值创造的方式。随着新一代信息技术的成熟和广泛应用，企业、行业、国家等的边界被打破，逐渐形成一个开放的网络化环境。这使信息不对称性大大降低，也使不同相关方的声音被放大。在这种环境下，更加容易出现新的商业可能（这包括数字产业化和产业数字化），也给相关方价值诉求的实现提供了诸多路径（例如，网络协同制造、众包众创共享、开放式协同创新等）。第三，创造智能产品与服务。随着诸多行业产能的饱和，仅满足用户的基本功能需求已很难形成制造企业的核心竞争力。智能制造会更加聚焦用户的个性化需求和终极需求，需要能够在恰当的时间、以恰当的方式满足用户的价值诉求（例如，产品智能化、制造服务化）。第四，改变人与系统的关系。随着新一代信息技术的深刻赋能，人在制造系统中扮演的角色也不断更新。一方面，大量重复、简单的工作会被自动化机器所取代，这也是如今逐渐增多的"黑灯工厂"带来的显著变化。另一方面，员工不再是产品生产的主要参与者，而是机器设备运行的监督者和突发问题的处理者，他们更多地从事高价值创造的工作，更便于实现自我价值、平衡工作和生活。

三、推动中小企业跨越式发展成为我国工业互联网统筹推进的重心

近七十多年来，我国制造业探索出一条从引进、消化吸收、二次创新到原始创新的成长之路。可以看到，越来越多的中国制造企业走到了"世界第一"，但我国制造业大而不强的局面还未全面改变。当前，我国正面临世界经济复苏乏力、局部冲突和动荡频发、全球疫情依然严峻等一系列外部环境的深刻变化。与此同时，我国经济发展进入新常态，正在向形态更高级、分工更优

化、结构更合理的方向转变。内、外部环境的变化共同促使作为我国国民经济支柱产业的制造业加快转型升级的步伐、切实实现高质量发展。

工业互联网是新一轮工业革命背景下制造业转型升级的关键基础设施。通常，工业互联网由网络、平台、安全三大体系构成，网络是基础，平台是核心，安全是保障，工业互联网平台便是其作为基础设施的外在表现。新时期我国工业互联网统筹推进的重心便是"我国各方协同推动中小企业工业互联网平台建设及应用，促进其实现跨越式发展"。这其中有两方面的客观原因。

一方面，我国已经有很多大型企业、龙头企业做到了行业领先甚至国际领先，其自动化、信息化水平较高，有着实现智能制造的良好基础，即"不需要做太多补课工作"。加之其具有雄厚的经济和人力实力，完全可以根据自身需求较快地建设并应用工业互联网平台。因此，对于我国大型企业、龙头企业，由其自主推进工业互联网平台建设及应用即可。这在我国的诸多企业中也得到了很好的验证，例如，海尔的COSMOPlat平台、三一重工的树根互联云平台、中国航天科工集团公司的航天云网、吉利汽车打造的智能工厂等。

另一方面，我国中小企业占我国企业总数的90%以上，其也为国家贡献了较高比例的GDP、税收、城镇就业和技术创新等，中小企业可以说是我国经济和社会发展的主力军。然而，与大型企业、龙头企业相比，我国中小企业还多处于价值链的下游，多从事劳动密集型和资源密集型的生产活动，多年来一直被诟病的"低小散"情况仍旧存在。随着劳动力成本的上升、部分制造业向海外的转移，我国中小企业面临着实现持续成长乏力的艰难困境。后疫情时代，我国中小企业自动化、信息化、数字化水平不足的短板也更加凸显，这既制约了我国相关产业链从大到强的建设步伐，也给我国形成以国内大循环为主体、国内国际双循环相互促进的新发展格局带来了挑战。为此，无论基于国情还是中小企业的实情，推动我国中小企业的跨越式发展都是建设制造强国的关键一环，而我国政府、高校科研院所、平台企业等协同推进中小企业工业互联网平台的建设及应用又是重中之重。

四、行业级工业互联网平台推动中小企业数字化改造的"新昌模式"

2017年11月,国务院发布了我国工业互联网发展的顶层设计文件——《关于深化"互联网+先进制造业"发展工业互联网的指导意见》。经过三年的快速发展,我国工业互联网平台建设及应用取得了显著的成效,典型的跨行业级、行业级及企业级的工业互联网平台不断涌现,也给应用企业带来了诸多方面的绩效改善。然而,当前主流的工业互联网平台提供商很少有针对中小企业(特别是特定行业的中小企业)开展的定制化服务,多为从上至下、从理论到应用的运营模式。这在一定程度上很难直接支持中小企业实现跨越式发展(因为大多数中小企业还没有补上自动化、信息化、数字化的"功课",很难直接采纳主流工业互联网平台提供商"高大上"的解决方案)。尽管我国工业互联网平台建设及应用的光鲜场景多被前文所提到的主流工业互联网平台所占据,但浙江省的新昌县却成功蹚出了一条行业级工业互联网平台推动中小企业数字化改造的创新之路(简称"新昌模式")。新昌模式的成功之处可以归结为政府与平台企业的协同推进,使中小企业敢用、愿意用行业级工业互联网平台。

新昌县政府在推动中小企业数字化改造过程中起到了关键的科学兜底作用。第一,新昌县政府是推动中小企业转型升级的"吹号手"。新昌县有着以轴承、胶囊、纺织、机械制造等为代表的优势制造产业,但中小企业比重超过96%,相关产业长期处于生产管理粗放、技术水平薄弱、企业利润较低的发展状况。鉴于中小企业面临的转型升级的压力和困局,新昌县自2017年便先后出台了百企提升行动、数字化改造活动、未来制造战略等一系列政策与措施,率先吹响了中小企业转型升级的号角。第二,新昌县政府是推动中小企业转型升级的"牵线人"。新昌县明确地将工业互联网定位为推动中小企业转型升级的重要抓手，这并非仅是口头上的号召，而是积极为工业互联网平台企业与中小企业牵线搭桥。一方面，新昌县采取培育本地工业互联网平台企业和引进工业互联网服务企业的两条腿走路方式，保证平台企业的水平和质量。另一方面，新昌县为每一行业仅科学地选择一家平台企业，支持其在全县范围内逐一推广，这也给平台企业提供了较多的客户和市场空间。第三，新昌县政府是推动中小企业转型升级的"出资人"。鉴于中小企业技术改造、平台企业服务成本均比较高的现实情况，新昌县采取直接出资设立工业互联网平台专项扶持基金、积极协调金融机构为中小企业提供专项信用贷款等多种方式，通过"平台降一点、政府补一点、企业出一点"的成本分摊机制，有力推进工业互联网平台真正应用落地。

平台企业在推动中小企业数字化改造过程中起到了切实的贴心服务作用。第一，推出工程总包来解决中小企业基础条件差、能力弱的问题。通常，新昌县培育或引进的平台企业通过蹲点式服务的方式挖掘中小企业的实际问题、数字化改造的难点、痛点，然后集中时间和精力为其制定可行的解决方案并快速交付。第二，引入小规模免费体验的方法消除中小企业的顾虑。中小企业可以短期试用工业互联网平台的部分功能，如果其能够看到效果、尝到甜头，则可以继续付费使用，否则可以选择不使用。一方面，可以帮助中小企业消除顾虑，实现从"要我改"向"我要改"转变；另一方面，可以激励平台企业"以客户为中心"，倒逼平台企业开发出高质量的工业互联网平台并提供好相关服务。第三，提供平台化服务解决中小企业集群的共性难题。一方面，通过应用工业互联网平台，中小企业的业务流程、管理方式都会发生显著变化，平台企业通过提供可视化、透明化和自动化的软件功能能够解决中小企业无专业人员管理、日常运维管理粗放和软件升级迟缓等难题，让企业可以轻松知道"有什么病、病因是什么，以及怎么治疗"。另一方面，在传统情境中，区域性的中小企业往往专注于内部生产，很难了解到行业的整体情况，也很难表现出整体的外部竞争力。通过引入工业互联网平台，新昌县中小企业集群形成了一系列的创新应用，例如，发布行业指数来支持中小企业判断自身所处的状态，协同金融机构利用企业实际生产经营大数据建立企业的信用风险评估模型以解决中小企业融资难、融资贵的问题，通过平台集中采购原材料，降低中小企业采购成本等。

五、工业互联网推动我国中小企业实现跨越式发展的挑战与建议

正如前文关于新昌模式的归纳与总结，在政府和平台企业的协同推进下，新昌县轴承、胶囊、纺织、机械制造等诸多行业的中小企业较高效率地实现了产业数字化。以极具代表性的浙江陀曼智造科技有限公司为例，其开发的工业互联网平台及解决方案已经帮助新昌县轴承行业有一定规模基础的200多家企业进行了数字化改造，其较早探索出的"数字化制造、平台化服务"的服务模式也得到浙江省政府的肯定并向全省推广。

然而，新昌县目前也仅在开展"产业数字化"的工作，还面临着实现"数字产业化"的艰巨任务，这也是全球工业互联网发展中普遍面临的现状。新时期以工业互联网为抓手，推动我国中小企业实现跨越式发展的挑战与建议总结如下。

第一，构建"政府—高校科研院所—平台企业"三螺旋，集中力量制定科学发展战略。工业互联网是新制造范式的关键基础设施，经过政府倡导、企业积极参与的规模化扩张，当前工业互联网平台在建设数量上已经有了大幅提升，但从工业实际中来看，还存在着缺乏战略引领、发展模式混乱、难以为中小企业带来显著绩效的问题。事实上，工业互联网作为一种新兴技术范式，其发展还处于初期，充满不确定性，一般要经历"S形"曲线的发展路径，这就需要社会各方的协同参与和推进。为此，我国应加快构建"政府—高校科研院

所——平台企业"三螺旋，汇聚各类异质性组织资源，通过扬长补短、互惠共赢的模式集中力量制定科学发展战略，从源头推动我国中小企业科学地进行工业互联网平台建设与应用。其中，政府需要起到强有力的引导、组织、支持和兜底作用；高校科研院所需要为政府、平台及应用企业提供科学的咨询建议和技术服务；平台企业需要以客户为中心，做好具体的工业互联网平台建设及服务工作。

第二，积极借鉴新昌模式的成功经验，加快推进我国中小企业的"补课工作"。如前所述，工业互联网旨在推动制造业的数字化、网络化和智能化，这基于在前三次工业革命中积累下的深厚的机械化、电气化、信息化基础。对于我国中小企业而言，由于没有良好的两化融合基础，也导致没法绕开这次的"补课工作"。此外，工业互联网建设初期，既要承担一定的成本投入，也要接受初期绩效不明显的困境。因此，为快速推动平台企业及中小企业打破建设及应用工业互联网平台的初期混沌，我国地方政府必须加快体制与机制的创新，联合平台企业及高校科研院所引导中小企业认识到此次补课的重大意义，并借鉴新昌模式中"政府兜底、平台企业让利"的成功经验，推动其抓住新一代信息技术的应用优势加快完成自动化、信息化、数字化的改造工程。

第三，前瞻性地研究工业智能化难题，加快推进我国中小企业的智能化改造。通常，中小企业的数字化改造很难带来直观的经济效益，这只是走向智能制造的第一步，也造成诸多中小企业踌躇不前、积极性不高的问题。平台企业往往擅长于新一代信息技术的推广应用，却缺乏深厚的制造业知识和经验，在助推中小企业实现智能化改造方面会力不从心。为此，平台企业亟须联合相关科研院所、制造企业前瞻性地研究工业智能化的难题（也即深层次的工业和商业机理，例如，如何使采集来的制造大数据其发挥价值，如何对工艺、设备、流程等进行自动优化改进，如何通过流程再造支持中小企业加强创新能力、走向价值链上游），平台企业只有这样才能够找到工业互联网的准确发展路径，获得竞争的制高点，也才能切实赢得市场的认可，摆脱对政府支持的依赖，推动中小企业的转型升级。

第四，激活不同层级企业的竞争与合作关系，加快推进我国产业链的整合与升级。当前，我国正加大力度提升产业链、供应链的稳定性和竞争力，畅通国内国际双循环，这给处于转型升级中的不同层级企业的竞争和合作带来一定的机遇。一方面，如前文所述，我国大型企业、龙头企业具备自主建设及应用工业互联网平台的意识和能力，但目前的大平台多为己用，虽向外部企业开放但准入门槛较高。这类大型企业、龙头企业应承担起引领和支持同产业链中的中小企业跨越式发展的责任，将本产业链的先进工业和商业机理通过工业互联网平台赋能给中小企业。这既可以打破其关键零部件、机器设备受制于国外垄断的困境，也能够推动我国产业链、供应链的优化升级。另一方面，我国中小企业占比极高且水平参差不一，部分落后企业严重制约了我国制造业的整体质量和水平。工业互联网是中小企业的"试金石"，通过集群内工业互联网的自主发展，应能有效淘汰一批前瞻性不足、产能过于落后的中小企业，进而实现区域内资源的重新整合和转型升级。

/十六/
金融如何支持实体经济

> 作者：黄益平，北京大学国家发展研究院副院长、教授，北京大学数字金融研究中心主任。

推动疫后经济发展，最主要的还是靠金融业在政策扶持下更好地推行普惠金融，下沉金融服务，促进经济内生动力的迸发和消费的转型升级。今后，在战疫保供、复产复工的基础上，需要央行与财政、金融机构一起为中小微企业提供多部门合作的风险处理预案。而在落实相关财政金融支持政策方面，金融科技将大有所为。

2020年9月1日，习近平总书记在中央全面深化改革委员会第十五次会议上强调，要加快形成以国内大循环为主体、国内国际双循环相互促进的新发展格局。这是根据我国发展面临的一系列国际环境、国内条件变化做出的科学战略部署，意味着我国改革开放40多年来，推动经济发展的重心将从实施了近20年的出口导向型发展战略、"两头在外"的国际大循环发展模式，调整至提高国内全要素生产率、"以我为主"的国内国际双循环模式，以满足内部需求为出发点和落脚点，以更深层次改革促进更高水平开放，决胜脱贫攻坚后全面进入小康社会、经济转向高质量发展的新时代。彰显了中国决策层对经济发展规律高瞻远瞩的准确把握，也为"十四五"规划提供了方向和指针。

实际上,在过去一段时期,经济政策的制定已经日益重视内需推动经济增长的作用。一方面,中国经济从改革初期的小规模经济成长为当前的大国经济,在国际市场上出现了"中国买什么,什么贵;卖什么,什么便宜"的现象,这就意味着中国很难像过去一样长期保持出口的快速增长,不然可能给国际市场造成持续调整结构的压力。另一方面,一些国家基于国内经济结构的原因,开始转向贸易保护主义。更重要的是,当前中国已经成为超大经济体,内需不仅可以帮助中国企业成长,甚至会成为一大批国际企业的目标市场。但国内国际双循环的政策思路并不仅仅是指内需变得更加重要,而且是指在内需与生产之间形成一种良性循环,同时与国际循环形成密切合作的关系。

金融业作为现代经济的核心、实体经济的血脉,于波谲云诡的国际经济政治和市场环境变局之中开新局,于不断上演的贸易摩擦和金融危机之中育新机,需要深刻了解当前金融环境和其衍变的客观规律。一方面,提高对科技创新的金融支持力度,促使重点领域尽快突破,核心技术不再受制于人,新技术新产业多点开花,为以国内大循环为主的发展格局提供科技支撑力;另一方面,扭住扩大内需的战略基点,将金融资源融入生产、分配、流通、消费多个环节,促使其更多依托国内市场,为形成需求牵引供给、供给创造需求的更高水平动态平衡提供"金融活水"。这都需要金融业更好地服务实体经济,更好地借助金融科技手段做好金融普惠。

一、目前中国金融体系的三大特征

改革开放40多年来,中国金融体系获得了长足发展,1978年经济体制改革刚刚启动的时候,中国的金融机构、金融体系结构都非常简单,规模也很小,当时主要有中国人民银行一家金融机构,它在全国金融资产中的占比达93%,而且同时承担着中央银行与商业银行的双重职责。改革初期的一项重要工作就是重建金融体系。40多年后再看中国的金融体系,确实已经发生了翻天覆地的变化，金融机构总资产超过300万亿元。与各国的金融体系相比较，我国目前的金融体系存在下面三个比较突出的特征。

（一）规模大

改革开放之前，计划经济体制下资金融通通过中央计划分配，经济对金融机构、金融中介服务的需求非常小。改革开放以后，市场经济的极大发展助推金融需求大幅增长。改革开放初期，我国先后恢复和组建了四家国有专业化银行——中国农业银行、中国建设银行、中国人民银行和中国商业银行（1984年中国人民银行一分为二，商业化运作的一部分成为了中国工商银行）。如今，中国金融机构的金融资产规模在全世界来看都比较大。截至2020年8月末，广义货币（M2）余额213.68万亿元，在全世界是最多的，M2与GDP之比也在全世界名列前茅。国有银行规模也很大，工、农、中、建四家银行几乎每年都排在全球十大银行之列。我国金融体系以间接融资为主，贷款与类信贷融资在社会融资规模中占比为69%，各类债券占比为25.6%，非金融企业境内股票余额占比仅为2.8%。但是从市值来看，股票市场在全世界排名第二，债券市场为全世界第三。总体而言，中国金融体系规模非常大。

（二）管制多

改革开放以来，中国经济体制从计划经济转向市场经济，这是一个循序渐进的双轨制改革。改革期间保留了政府对金融体系的很多干预措施，转型呈现不对称市场化，即产品市场基本上都放开，但在资本、土地、能源等要素市场中政府的干预依然较多，尤其表现在金融领域，金融抑制现象较为普遍。例如，商业银行的存贷款利率，商业银行有一定的自主权，但很大程度上还是受央行指导和监测的；央行对汇率市场也有一些干预，在贬值太多或升值太多时都会实行一些措施；政府对商业银行、资本市场的资金配置方向也有一些政策指导和方向性指引；对跨境资本流动有比较严厉的管制；大部分大型金融机构为国有控股等。但相较于改革开放初期，政府干预程度已经下降很多。因此，中国经济改革的过程是不断市场化的过程，只是市场化进程相对缓慢。斯坦福大学教授麦金农根据政府对利率、汇率、金融配置、大型金融机构和跨境资本流动等的干预，利用世界银行的数据，构建出一组金融抑制指数，从0到1，1意味着市场完全受政府控制；0则意味着完全市场化。这组数据显示着政府对金融的干预程度。金融抑制指数显示，中国市场金融抑制指数在1980年为1；在2015年下降至0.6，在当年有数据的130个国家中，中国金融抑制指数排名第14。这些数据表明，改革开放以来，中国金融体系确实一直在不断地市场化，但相比较而言，我国金融体系的市场化改革步伐比较缓慢，到目前为止，政府对金融体系的干预程度还相对较高。

（三）监管弱

改革开放40多年来，金融业的稳定建立在我国经济持续高速增长的基础之上，且在政府担保和刚性兑付下金融业显得比较稳定。2008年全球金融危机之后，在中国经济转轨的中高速增长阶段，商业银行不良率开始上升；与此同时，中国经济和金融市场与世界经济联系增多，受到国外市场波动的外溢性效应影响的风险加大。在国内外经济形势发生变化的情况下，金融风险急剧增多。2015年以来，包括股票市场、债券市场、影子银行、保险行业、数字金融、中小银行等领域均出现了或大或小的风险。这可能是因为近年来经济增长速度持续放缓，使一些金融风险抬头，同时政府全面兜底的能力不断减弱。从客观上看，我国这一套金融监管体系在识别和管理金融风险方面不是十分有效，所以近年来政府一直在努力处置各个领域的金融风险，尽量守住不发生系统性金融风险的底线。与此同时，国务院也成立了金融稳定发展委员会以加强监管政策的协调，并将过去"一行三会"的分业监管格局逐步过渡为"一委一行、两会两局"的统一监管大框架。

二、政府干预金融对不成熟经济体的必要性

政府干预可能导致金融体系效率相对低下,这是一个一般性的经济学共识,也是中国改革开放前的经济事实,所以才在20世纪70年代末走上市场化改革之路。但在改革开放期间,确实也出现了一个令人困惑的现象——一方面,政府对金融体系的干预依然比较多;另一方面,中国经济金融的发展在全世界可能是最为出色的。也就是说,抑制性的金融政策并未妨碍中国在改革开放期间创造"经济奇迹"。如何理解这个看起来矛盾的现象?实际上,政府干预金融体系可能产生两种效应:一种是所谓的麦金农效应,即基于斯坦福大学教授麦金农的分析所概括的,政府干预会降低金融效率,遏制金融发展,进而对经济增长产生不利影响;另一种是所谓的斯蒂格利茨效应,这是根据美国哥伦比亚大学教授斯蒂格利茨的分析所提出的。从1980年开始,新兴市场国家的金融危机变得日益频繁,原因在于从那时起很多发展中国家开始了金融自由化和金融国际化进程,在促进金融市场开放、提升金融效率的同时,也带来金融市场波动性加剧的问题。斯蒂格利茨效应的大意为,如果金融体系不成熟、金融监管框架不够健全,金融快速开放的负面影响将大于正面影响。例如资本大进大出带来金融业的不稳定,进而产生危机风险。因此,在金融体系、市场机制不够成熟的情况下,政府适度干预反而有利于经济增长。

在任何经济体中,麦金农效应和斯蒂格利茨效应应该是同时存在的,只是在不同国家这两种效应的重要性会不一样。对中国而言,在20世纪80年代和90年代,政府对金融体系的干预实际有助于经济增长。但是在进入21世纪之后,这种干预的负面影响便大于正面影响。在中国改革开放初期,金融体系不够健全,斯蒂格利茨效应起了主导作用,政府干预保护了金融发展。虽然有一定的效率损失,但在政府干预下,以间接融资为主的金融体系可以将储蓄迅速转化为投资,直接支持经济增长。在特定条件下,政府干预甚至能够支持金融稳定。在亚洲金融危机期间,中国银行业的平均不良率超过30%,但没有发生

银行挤兑现象，原因就在于大多数银行是政府拥有的，存款人并不担心存款的安全性。但是随着时间推移，政府干预对经济的负面影响就变得越来越大。也就是说，麦金农效应开始发挥主导作用，以至于在前些年金融业脱实向虚，产生了金融不支持实体经济的现象。这集中体现在金融业支持中小微企业力度明显不够上。

三、金融为什么不支持实体经济

从2007年到2018年，中国的边际资本产出率从3.5上升到6.3。也就是说，每生产一个单位的GDP，在2007年需要3.5个单位的资本投入，而到了2018年就需要6.3个单位的资本投入，这说明资本效率确实已经下降了。过去几年，中小微企业"融资难"问题一直未得到解决，另一个同样严重的问题是普通老百姓"投资难"。过去几十年，中国家庭已经积累了大量财富，但70%以上的财富都是房产，只有10%多一点是金融资产，而且在金融资产中，银行存款占70%以上。老百姓有很多可投资的资金，却缺乏有效的投资渠道。"融资难"和"投资难"两个问题如果不解决，不仅金融体系会出现很大问题，经济增长也会遭遇重大困难。

出现上述问题的一个根本原因在于经济增长模式已经在发生转变，但金融模式还没有转变。1978年中国改革开放之初，中国人均GDP约200美元，这意味着在1978年中国是全世界最贫困的国家之一，另外也意味着生产成本是很低的。所以在当时的情况下，经济成本极低，中国经济在改革开放初期依靠劳动密集型制造业的迅速扩张，大批农村剩余劳动力从农村进入城市，推动制造业快速发展。产品也因为成本低而具有价格优势，虽然质量不高，但在国际市场上有绝对竞争力，"中国制造"的品牌推动中国完成向世界工厂的转型。因此，过去40多年中，中国借鉴他国成熟技术、成熟管理、成熟产品的生产经验，实现了经济的大幅粗放式增长，依靠要素投入型增长从低收入国家发展为中等收入国家。2007年，中国人均GDP达到了2600美元，进入中低收入国家行列；2019年，人均GDP已经超过1万美元，已是中高收入水平。世界银行的标准是，人均GDP达12600美元就可踏入高收入经济体的门槛，这意味着中国离成为高收入经济体已经很近了。

在此期间，人民群众生活的改善是毫无疑问的。但是从另一方面来看，人民的生产成本也提高了，人均工资提高尤其是农民工劳动报酬水平提高。要消化这些成本，中国需要直面中等收入陷阱，需要通过产业升级来生产高附加值、高技术的产品，而非低端劳动密集型产品，要通过加大创新来跨越中等收入陷阱。中国自2001年加入世界贸易组织以来，变为世界工厂，制造业在全球快速发展，但客观而言，中低端产品较多，在全球市场面临替代性竞争，同时在贸易摩擦日益加剧的全球市场环境下，制造业增长日益疲软，也需要通过产业升级来实现竞争力的提升。因此，世界工厂需要在"中国创造"上下功夫。

世界银行数据显示，按现价美元测算，2010年中国制造业增加值首次超过美国，中国成为全球制造业第一大国。中国拥有41个工业大类、207个中类和666个小类，是全世界唯一拥有联合国产业分类中全部工业门类的国家。中国从而形成了举世无双、行业齐全的工业体系，能够生产从服装鞋袜到航空航天、从原料矿产到工业母机的一切工业产品。这成为中国竞争力的重要源泉，也是产业进一步升级所必需的基础和动力。

可以看到，我国工业在全球格局中整体呈现"大而不强"的局面，这与我国改革开放以来的粗放式发展相关。因此，进入"十四五"时期，要实现经济高质量发展与更高水平开放，更好地参与全球竞争与合作，产业升级迫在眉睫。鉴于此，中国应大力发展战略性新兴产业，提升产业创新能力，以筑牢产业链安全体系、破解产业链发展中关键问题为核心，集中资源开展重大科研攻关，打造世界级产业集群，引导互联网、大数据、人工智能、区块链等技术与实体经济相互融合。

这些对于金融业而言，就意味着金融服务模式、风险管理模式的转型。如何更好地支持经济转型和产业升级，便成为金融业发展面临的一道课题。正因如此，目前在经济增长从要素投入型向创新驱动型转变的过程中，也因为金融服务惯性而出现金融不能很好地支持实体经济的情况。前述中国边际资本产出率的上升说明金融服务效率的下降。因此，金融业需要因时因势迎接经济环境改变带来的挑战，改变传统服务模式，支持经济可持续增长。金融业如何更好地支持创新，完成好自身供给侧结构性改革的时代课题，迫在眉睫。

一方面，目前在以银行为主的间接融资金融体系下，在中国非金融企业外部融资之中银行信贷和影子银行类信贷占比为85%以上，资本市场融资约15%。这样的金融结构服务传统企业行之有效，但是当经济需要创新驱动的时候，可能产生的不确定性风险大幅增加，而风险和回报成正比，因此金融资源的投入需要相对更高的回报来覆盖其所承担的风险。在这方面，资本市场支持创新的能力更强，直接融资可以更为专业化地识别风险，甚至在股票市场上实现投资家和企业家的风险共担。这就对金融体系提出了创新的要求。因此，近年来我国也在不断推进直接融资市场的发展。对比国际金融体系，美英以资本市场主导的直接融资体系为主，而德国和日本则以银行间接融资为主导。对于目前的中国而言，资本市场应在多大程度上支持中国经济创新增长，如何借鉴两种金融体系的经验和优势，都需要做好衡量。总体而言，德国和日本的金融模式更应该是我们学习的对象。

另一方面，虽然大型集团创新研发较有实力，但更普遍的创新通常如星火般散落在中小微企业之中。同时，扩大内需战略也需要推动国内服务业尤其是生产性服务业大力发展。服务业企业大多数为民营和中小微企业。而融资贵融资难的问题一直困扰着中小微企业的发展，传统银行业风控体系制约了其对中小微企业等长尾用户的精准风险定价和服务。原因在于：第一，传统银行风控注重财务数据，包括资产负债表、利润损益表和现金流量表，而中小企业的财务并不规范；第二，银行要求抵押贷款，但并不是所有中小微企业都有房产可以抵押；第三，关系型贷款主要依靠人际关系、社会关系等软信息，但这在小规模的熟人社会才可行，成本也相对较高，需建立在有长期交往的前提下。

在这种情况下，盲目要求扩大贷款覆盖面，提升企业贷款可得性，鼓励金融机构多发放贷款，就会有更大风险。金融机构必须苦练内功，独具慧眼。

四、数字科技推动金融普惠中小微企业

为了更好地服务于创新创业和中小微企业，同时填补传统银行业服务上的空白，国内有了新的探索——新型互联网银行，如微众银行、百信银行、网商银行、新网银行等，它们都没有实体营业部，基于线上服务为客户提供贷款。总体而言，其特点在于：一是依托大型科技平台实现网上贷款。网络平台依靠其C端获客优势，可以很好地覆盖中小微企业、个人等长尾用户，且平台获客的边际成本几乎为零。二是依托广泛的用户数字"足迹"生成用户画像。互联网银行用户社交、支付、浏览等行为的大数据在中台计算之后，反过来能够反映用户信用条件和业务状况。三是大数据技术与机器学习技术相互融合，依托用户信用条件实现大数据风控和预警。

北大数字金融研究中心和国际货币基金组织联合做了一个研究，把利用网商银行后台金融科技和非传统数据构建的风控模型与传统银行依赖于财务数据和打分卡的风控模型进行比较，结果显示，对于小微企业而言，前者更为有效。原因在于：第一，互联网实时数据与行为数据动态化和交互性更强，比有滞后性的传统财务数据更具优势；第二，机器学习模型可以抓住很多非线性关系和变量之间的交互作用，最后做出来的对违约的预测比传统银行更准确。

因此，当前在经济转向高质量发展阶段，要迈过中等收入陷阱，我们直面

的问题是金融系统应如何支持创新和支持中小企业。在具体做法上，一方面，需要大力发展资本市场，促进直接融资市场在支持创新和中小微企业方面发挥更大作用；另一方面，传统金融业需要加大金融创新，需要"两条腿走路"，一条腿是线下中小银行利用软信息，一条腿是线上新型互联网银行利用大数据。目前，我国金融科技已经在一定程度上实现了引领性发展，普惠金融的发展与成就举世瞩目。这方面的经验可以继续推广，同时需要进一步提高风险管控能力。

突如其来的新冠肺炎疫情给实体经济和金融体系带来很大挑战，企业资产负债表迅速恶化。但同时也倒逼金融机构加大数字化布局，促进金融资源通过科技手段普惠更基层的领域。为了应对疫情，我国出台了一系列金融、财政措施，一方面，货币政策多次降准以确保流动性，在前期推出的3000亿元抗疫专项再贷款和1.5万亿元普惠性再贷款再贴现的基础上，进一步创设了普惠小微企业信用贷款延期支持工具和普惠小微企业信用贷款支持计划这两个直达实体经济的货币政策创新工具；另一方面，财政资金给予利息补助，在"六保""六稳"格局下推动二季度GDP实现正增长。一般而言，在危机情况下，政府对小微企业的救助包括提供补贴、失业救济与直接发钱，这也是很多发达国家和发展中国家在新冠肺炎疫情之中实施最多的三大财政政策。而中国的政策则不太一样，一是固定资产投资，二是减免税收，三是公共卫生开支。这三项都很重要，但是差异在于把钱直接送到中小企业和老百姓手上的渠道不多。因此，财政政策目前创设直达基层的手段，主要在保基层运转上下功夫。但推动疫后经济发展，最主要的还是靠金融业在政策扶持下更好地推行普惠金融，下沉金融服务，促进经济内生动力的迸发和消费的转型升级。

值得注意的是，虽然数据显示，从2020年3月开始，个体经营户的业务开始复苏，但是复苏到80%左右就遇到瓶颈，这意味着，要消除本次疫情的影响，恢复经济发展，是一个很缓慢的过程，而且仍有很多不确定性。因为新冠肺炎疫情还在全球蔓延，对于金融机构而言，这就意味着不确定性和不良贷款上升的风险。前期在货币政策和财政政策的配合下，中国加大了金融机构对受疫情影响的企业的支持，今后，在战疫保供、复产复工的基础上，需要央行与财政金融机构一起为中小微企业提供多部门合作的风险处理预案。而在落实相关财政金融支持政策方面，金融科技将大有所为，如精准支持、增强时效性、降低成本、大数据风险管控等。数字金融的发展，对全世界而言都将是一场创新性革命，但一定要做好风险管控和必要预案，并提前明确对不良贷款的分配与承担。

/十七/
新实体企业的自救与变革

> 作者：王广宇，华软资本集团董事长、华夏新供给经济学研究院理事长。

中国经济已进入高质量发展阶段，整个社会都在转型升级，新实体经济正在成为下一步转型的方向。下面我将从四个角度分享特殊时期实体企业应对困境的一些思考。

一、疫情当前的困境应对

当前形势下实体经济形势比较严峻，出现很多的困境。疫情蔓延，改革攻坚战仍要进行。疫情带来的挑战有四个方面：一是复工率过低，对生产秩序和供应链有一些挑战；二是疫情对物流和交通体系造成影响，进而影响物价，需预防通胀的发生；三是政策调整导致整个社会债务固化，造成社会经济结构变化；四是疫情令社会治理、应急管理和公共服务体系发生变化，令外部环境形成新的变化。

必须一手抓防疫、一手抓经济。在疫情蔓延、风险叠加的情况下，如何完成改革攻坚战的三大攻坚任务变得尤为重要。各地政府出台了各种各样的救助型政策，这在短期内对营商环境和企业有一定的帮助。但如果疫情蔓延更长的时间，救助型的政策需变为补偿型的政策，才有可能解决问题。政策的变化对企业来讲是营商环境的变化，最终发展还是要靠提高自身能力、优化资源配置，提升自身竞争力。

二、特殊时期深思"主导增长"的逻辑

特殊时期也要重新讨论一个话题：增长。成长性是衡量一个企业投资价值最核心的指标，抓住了成长性就抓住了企业未来价值最核心的指标。即使在这样特殊的时期，主导增长的逻辑是没有变化的，每个企业必须重视增长。

这个时候，我们要深入思考几个问题：我们从事的生意还是一门真生意吗？我们的团队和人力资源是否符合未来的发展要求？如何进行资源配置才能提高核心竞争能力？对于想实现转型、实现超越的企业来讲，怎样结合今天的形势并确定更高远的目标？这些都是未来主导增长的核心问题。

高成长企业的驱动力何在？企业成长性有一些驱动因素，第一类是技术驱动，谁掌握了核心的技术，谁掌握了最尖端的科研和最基础性的技术，就会得到更快速的发展；第二类是消费升级驱动，过去受消费升级驱动的企业，必须重新思考增长驱动因素；第三类是商业模式变化驱动，通过重构利益相关者的利益链条形成新的商业模式；第四类是政策型驱动。企业家必须思考自己的增长动力来自哪个源泉。

科技型企业估值非常难，不确定性因素很大，但未来的获利性高，使对科创型、初创型企业的估值成为非常有意思的话题。真正的创新是今天很多人看不懂的，特别是真正有核心技术和初创型高价值的公司，很难得到很多人的认可，这是科技型、初创型企业面对的挑战。要将更多的精力投入在专业、行业、技术评估上，才能真正发现最有价值的投资标的。

企业生命周期与估值是密切相关的。每个新技术的出现都会经历若干轮变化。最开始是概念的导入期，在此阶段应意识到导入的技术离应用和成熟期有很大距离，到高峰期后又很快会进入衰退阶段。但是进入衰退阶段，可能又会受到很多微看好，到了底层就无人问津。要避免投资方进入衰退阶段，不能片面追求热门，将行业和企业的生命周期的基本面结合在一起做趋势投资，对很多投资者来讲是非常关键的。

企业家要学习与权益金融从业者共舞。过去实体经济的企业家都研究技术、产品和核心资源配置，我想给今天的所有企业家提一个建议：企业家要多学习金融和财务知识，要有与投资者和权益金融从业者共舞的意识。中国的经济、金融进入了高质量的时点，需要重新思考企业资源配置方式。同时，金融从业者一定要从理解实体经济、理解技术的价值、理解企业发展的生命周期、市场运作等角度，提升金融服务质量。我们也一直提倡中国发展直接融资，特别是发展权益金融，权益金融能够使企业的股东和企业家共担风险。权益金融能够支持科学研究，支持企业的创业行为，因此有更多的风险投资和股权基金出现，帮助企业实现更快的发展。

三、新实体经济是未来

新实体经济是经济高质量发展的推动器。中国经济经过40多年的发展之后，传统企业全要素生产率在急剧下滑，工业企业全要素生产率的增长率在2010年前后到达底部后始终在低位徘徊。中国工业企业资本收益率也非常低，实体经济经营者相当于都在给银行打工。传统企业运作方式是全要素生产率太低，造成投资在里面没有边际效益，回报率不及预期，使金融资本、企业家很少投实体企业，传统实体企业的运营模式需要转变。

实体企业还必须面对社会"多赢"的期待。传统的实体企业产能过剩，同时造成很多环境污染，直接带来负面的外部影响。合规性方面，很多企业依靠不合规的运营方式提高自己的利润率。这些形式和负面的外部影响在这个时代难以适应环境变化，也不能满足企业发展壮大的要求。

最近几年笔者一直在研究"新实体经济"，总结有四个特点：一是新实体经济必须有新产品新服务，能够推出有效满足客户真实需求、高性价比、高质量的商品服务；二是新实体经济必须掌握和突破核心技术，做科技密集型的企业；三是新实体经济必须容纳新型的人才就业；四是新实体经济必须能够做到生态环保可持续。当然，发展新实体经济，必须出现新一代的领袖级新实体企业家，因为企业家精神对于整个社会和企业发展都是至关重要、不可替代的。

下一阶段，更多传统产业在转型，只有一大批的新实体企业的出现，推动中国的制造业、现代工业、高端工业向新实体经济转变，中国经济结构调整才能实现。

在当前面临去全球化、贸易自由化脱钩的挑战的时代，中美贸易摩擦使美国对中国的科研发展、核心技术及有竞争力的企业形成非常多的遏制。我们只能靠自己发展，涌现出来更多有竞争力的新实体企业，掌握更多的核心技术，创造更多有竞争力的产品，才能在全球范围内提高中国经济的力量。具体怎么做？

第一，新实体经济企业一定要把突破新技术当作第一动力。新型技术都是面向未来的竞争力，新型技术包括新能源电池、机器人、新材料、高端制造装备、数字技术、生命科学技术等，在这些方面核心技术上取得突破，才能使行业得到非常快的发展。

第二，建立、迭代并发展自己的商业模式。每个企业都要不断迭代和升级自己的商业模式，找到自己的发展逻辑。建立全新的商业模式对每一个实体企业未来的发展都极其重要。

第三，每个新实体企业都要努力适应走全球化的道路。今天许多企业天生就是全球化的，企业怎么样适应全球化的竞争，在全球配置资源，是对新实体企业提出的重要挑战。

四、关于自救与变革的几点思考

（一）深入思考，做好预案

对每个企业来讲，要做好自己在特殊形势下的预案。凡事预则立，只有做出了预案的企业，才能想出应对的措施。在做预案时，我们要思考几个问题：我们真实的情况到底是什么样的？下一步疫情的性质如果发生变化，自己的企业所处的行业是否会变化？在这个过程中，采取什么样的关键措施？

每个企业的资源配置不同，增长逻辑不同，所以措施需量身定制，转型也需要量身定制。只有企业家在当前形势下冷静深入思考，做好预案，才是最重要的自救决策。企业家不能将命运依赖于政策的变化，政策总体上影响的是营商环境，企业的发展不能仅靠政府救市。

（二）要学习重新瞄准

每个企业都在思考自己的商业模式和发展逻辑，通行的商业模式，是在一个行业市场中间找到自己的微笑曲线，争取进入微笑曲线的高附加值领域。

今天是快速变化的时代，未必"先瞄准再开枪"，也可以先"开枪"再发现机会。在特定的形势下，只有在行动中间，在"开枪"的过程中，才能发现自己的问题，开一枪才发现林子里哪里有鸟，从而用更多的力量、用更多的资源攻克，才可能获得更大的成绩。

对企业家来讲，重新瞄准的举措包括什么呢？第一，企业要尽可能用各种方式提高自己的现金储备，作为下一步发展的动力。第二，优化精简供应链，要发现供应链最牢靠的力量来自哪里，供应链最薄弱的环节在哪里，不断优化自己的供应链。第三，广泛应用信息技术，把信息技术和自己的业务流程和企业运营逻辑更深入更紧密地结合在一起，精简流程，节省成本，改变过去交流沟通的方式，提高协作的效率。第四，发现企业真正的关键岗位和人才、组织模式。第五，企业需想清楚如何平衡利益相关者的权益，未来的利益相关者不仅是股东和管理层，还包括员工、客户以及社会的方方面面。新实体企业只有把所有的利益相关者的定位都想清楚，找到平衡点，企业才能得到好的发展。

（三）挖护城河、打持久战

对新实体企业来讲，要把提升竞争力当作最核心的问题。对投资者来讲，意味着要找到那些挖更长、更深、更有价值的护城河的企业。

在此分享一个案例，公司名叫吉利德科学，其有一款药品，就是在疫情暴发初期被寄予厚望而被网友翻译成"人民的希望"的瑞德西韦（Remdesivir）。这家公司在此之前并不出名，根据相关资料，笔者把它成功的要素分为五点：使命谨慎、快速扩张、重视研发、产品专注和资本助力。

使命谨慎：瑞德西韦在国内引起很多的媒体关注，人们的初衷是希望这个药有用，并能尽快投入临床治疗。然而在国内媒体把瑞德西韦在新冠肺炎治疗上寄予高度期望的时候，吉利德科学在其网站上发了一个声明，说得通俗一点像"泼冷水"：通篇意思是瑞德西韦还处于研发阶段，有效性是未知的，而他们还没有拿到专门针对新冠肺炎病毒的研究数据，疗效不确定，应用有风险。这表明该企业在践行使命上是非常慎重的，抱着对健康和生命负责任的态度，考虑自己的每一项商业行为。这是企业成功非常重要的一点，也许是最重要的一点。

快速扩张：吉利德科学在1987年成立时是一家很小的公司，但在2019年美国财富500强企业中排到第139位，收入约为220亿美元，有55亿美元的净利润，已经变成一个大的跨国企业。30多年的历史，即进入美国财富500强，我们看中国的制药企业距此还有很长的对标路程。

重视研发：在2019年医药创新指数排行榜中，吉利德科学打败礼来、辉瑞、默克、赛诺菲、诺华、葛兰素史克等大型知名制药企业，排名全球第一。其在全球有11000名员工，6000名研发人员，市场销售人员只有不到3000名，对比中国很多医药公司60%~70%的市场销售人员占比，可以看出其在研发方面投入的重视程度。吉利德科学在2019年前九个月研发投入70亿美元，最近几年60%的收入都来自新药。

产品专注：吉利德科学主要研制抗病毒药物。为了做好抗病毒药物，其把自己发展的另外一些产品卖给了同行，而专注在艾滋病、乙型肝炎等各类传染病领域开发产品，并提供了十几款非常重要的药物。具体来讲，他们努力让艾滋病变成慢性病，让患者寿命几乎不受影响；推出的第二款新药，让乙肝病毒控制在非常低的水平，并且几乎不会产生耐药性；推出的另一款新药直接把丙肝消灭了；推出的长效艾滋病药物，使患者能够以一个月或者更长时间的用药周期抵抗病毒；推出了重要的抗流感病毒药物达菲。此外，他们正在进行新药临床试验，争取攻克乙肝。应该说吉利德科学在研发上超级专注，这正是其保有持久竞争力的原因。

资本助力：吉利德科学不仅是科学家创造的企业，还是投资者创造的企业。其创始人迈克尔·瑞沃丹在华盛顿大学拿到化学学士学位，在霍布金斯大学拿到医学博士学位，后来在哈佛大学读了MBA。他读完书去了风险投资公司工作，几年后才创办了吉利德科学。1992年，在新药还未问世时，他就推动公司在纳斯达克上市,融资八千多万美元,用这笔钱撑着这个企业持续发展。从1999年开始公司完成十几次重要的并购:1999年收购NeXstar;2003年收购Triangle,拿到艾滋病畅销药Truvada;2009年花费14亿美元收购CV Therapeutics,收获心绞痛药Ranexa;2011年收购丙型肝炎病毒治疗药生产商Pharmasset;2015年收购两家公司;2016年、2017年分别收购不少实验室和研发型企业……得益于一系列的资本运作和收购,吉利德科学才完成了重要领域的布局,有了今天的成功。

总之,这个案例给我们非常重要的启发,不管我们做生物医药,还是做其他的领域,一家企业必须要找到自己成功的核心因素,打造核心竞争力,市场才会给出回报。

(四)提升自我、再造梦想

每个企业家都是有梦想的人,也是最想把梦想实现的人,但企业家的发展路径必须进化,才能够实现和迭代自己的梦想。我们很难看到任何一家有价值的企业是仅靠外部环境的支持发展起来的,企业的长期战略、资源优化配置以及企业家带领团队长期不懈的努力,是企业成功最重要的因素。

对企业家来讲,不要放弃自己的梦想,努力把自己的理想、策略、发展思路、企业资源、合作伙伴和团队结合在一起,将思考变成行动。只有自我变革才能够保护实力,并且增强"免疫力",才更有机会在竞争中成功。

投之以资本,报之以科技,成之以人文。笔者认为,金融和资本应该说是新实体经济最好的朋友。著名经济学家熊彼特讲,所有的长期增长都来源于技术创新。英国经济学家希克斯讲,任何工业革命都不得不等候一场金融革命。科技和金融资本是相得益彰的。美国有全球最为发达的科学技术,同样也有权益金融资本市场最为发达的体系,这两者紧密结合在一起,权益金融资本可以追逐和推动科研创新,企业能够重新配置资源,促进落后产能升级,投资者给予新兴技术型企业更多的估值。

面向认知科技,面向未来,只有打造出更多的新实体企业,中国真正走向新实体经济的时代,才会让老百姓过上更美好的生活,消费者得到更多的福利,劳动者得到更多的收入,中国崛起于世界民族之林才有更清晰的前景。

/十八/
防疫防控常态化下的劳动用工

> 作者：杨志明，国务院参事室特约研究员，人力资源和社会保障部原党组副书记、副部长，中国劳动学会会长。

百年来每次疫情危机、经济危机、金融危机都导致经济萎缩以至衰退，疫情有1918年的西班牙大流感，经济危机有1929年的经济大萧条，这都是历史的借鉴，我们亲身经历的是2008年的国际金融危机，不仅使华尔街资本大鳄资产大幅缩水，造成经济衰退，而且直接造成大批劳动者失业、工资收入急剧下降、贫困者迅速增多。

而突如其来的新冠肺炎疫情对世界经济造成巨大冲击，尤其对劳动者冲击之大，前所未有。

一、新冠肺炎疫情对"保就业"的启示

新冠肺炎疫情对我国经济的反复冲击使一些复工后的企业遭遇"断单"后又产生下岗失业增多的风险。中国劳动学会和新华社经济信息社联合对全国500家左右有代表性的行业企业、130多家有代表性的外向型企业和一些小企业集中进行快速调查。调查发现，防疫下的复工有许多创新和变化，也创造出

前所未有的闪光点。

第一，制造业中的大企业是复工复产的骨干力量，也是吸收农民工就业的主阵地。我国制造业大约容纳7600万名农民工就业，很多制造企业现在正处于快速补链、扩链，建设国际国内双循环产业链的过程中，2020年4月多数企业已经恢复或接近上年同期生产水平。其中，生产防疫物资的企业产值一直处于持续增长状态，有益于健康的食品加工企业疫情期间恢复，增长势头好。

第二，建筑业吸纳大量农民工等劳动者，是复工复产的支柱产业。我国建筑业约容纳5000万名农民工就业，部分重点工程在2020年元宵节之后就已经复工，其余大多在2月底后陆续复工，由于建筑业工期一般都是一至两年，受国际疫情蔓延冲击小，资金充足、员工稳定，原材料大部分在国内有保障，成为2020年下半年巩固复工复产的稳定力量，当前国内建筑业企业正在加班加点弥补疫情冲击所耽误的工期。

第三，服务业是复工复产中大容量吸纳就业的产业。我国餐饮、住宿、批发零售、文化旅游等行业能吸纳大量中低端劳动者，疫情期间营收出现"断崖式"下滑，是受损严重的"四大"困难行业。2020年春节假期约有2000万名农民工值守岗位，3月下旬至4月随着市场整体的恢复，陆续复市复业，但复工不能复产、复产不能复销的情况仍然比较普遍，线上订餐、线上销售、线上预约旅游等借势兴起。疫情期间的消费疲软是遏制餐饮业复苏的最重要因素，此外，还有原材料价格高且损失率高、员工就业成本高、防疫成本高等多重经营压力。疫情防控中的蔬菜副食品市场恢复快、回升大，基本恢复到上年同期水平，甚至还略有增长。

第四，现代服务新业态的快速复工复产为大量农民工提供了就业岗位。现代服务业受国内经济恢复影响较大，受国际疫情蔓延的新一波冲击较小，整体上回暖较快，保障了广大群众的正常生活，成为保就业、保民生、保市场的新兴力量。其中，快递业较早全面复工，保障了广大居民的居家生活物资配送；外卖企业在春节期间仍有开工，单位订餐量下降，但居家需求上升；网约车业务初期下滑较为明显，司机收入受到严重影响，但随着管制解除，网约车业务又快速回升；网络直播带货服务有报复性的增长。

第五，家庭服务业的刚需促进复工复产。我国家庭服务业吸纳3000多万名农民工就业，疫情期间产生强大的刚性需求。快速调查发现，杭州三替集团有15000多名农民家政工，2020年2月上旬复工率约40％，随着国内疫情转稳，4月下旬回升至80％；北京爱侬等骨干家庭服务业企业，2020年上半年复工复产率都已接近上年同期水平。

第六，中小微企业处于急待抢救的"重症区"。中小微企业竞争力相对较弱、资金积累不足，受市场急剧下降、人们较长时间居家生活的严重影响，很多已经处于歇业、半歇业状态，只有少部分正在艰难复业。酒店餐饮、文化旅游等行业的中小微企业受影响非常大，短期恢复困难较大，随着全国大部分地区成为低风险地区，营收出现一定程度的反弹，但要恢复到上年同期水平仍然需要较长过程。

第七，人力资源服务业链接劳动者与企业的作用正在显现。人力资源服务企业与其他企业相比有一定的特殊性，一手牵农民工等大量的劳动者，一手牵用工企业，因此，人力资源服务业企业复工一方面取决于自身恢复情况，另一方面受客户企业复工需求影响。疫情期间，人力资源服务业复工恢复较快，接近九成已在2020年2月底前复工。特别是线上人力资源服务需求较大，普遍采用远程办公方式，复工复业率较高。

第八，外向型企业，特别是中小型外贸企业员工面临的失业风险高。国际疫情蔓延给国际市场带来许多不确定因素，断单、断链使有些复工的外贸企业出现订单"吃不饱"、人员"岗不稳"的困难，企业承受国内外疫情冲击叠加的压力，外贸收入大幅下滑，用工需求萎缩。

第九，农民工返乡创业企业复工复产风景独好。农民工返乡创业呈现复工复产新天地，带动农民工就近就地就业，有力支持贫困地区农民工精准脱贫。农民工返乡创业大多落地在中西部边远地区，受疫情冲击小，主要吸纳当地农民工，除疫情冲击订单减少外，基本没什么大的影响，自2月10日复工后，大多数保持正常发展。

第十，"一带一路"项目出现人力资源空档期。海外项目的农民工大多数于春节前回国过年，因驻地国防疫管制，无法按时回到项目所在国，复工复产只能靠原准备春节后回国轮休的员工加班加点和就近招聘技工。

从以上十个典型行业和企业可以窥见劳动者复工复产全貌。劳动者从部分先行军到"大部队"陆续返城返岗，构成中国特色的复工图景，显示出中国亿万劳动者在特殊时期迎难而上、不畏风险、艰苦劳动的优良品质，为战疫提供源源不断的物资供给，又持续创新生产、创新经营，为步入正常生活秩序、全面恢复经济贡献活力和韧性。

二、疫情期间，企业在疫情防控中的实践创新

我国从自身实际出发进行防疫与复工双兼顾的实践创新，复工复产在防疫防控条件下展现出新的特点，从农民工逆势而上的防疫与复工中折射出被越来越多国家认可的中国特色的实践创新。

第一，错峰返城、分批复工有合理性和科学性。面对疫情冲击，区分不同行业错峰返城、根据地域风险级别不同分批复工是因企施策、因地制宜的重要举措。错峰的合理性在于防疫防控条件达到要求的行业先行复工，分批的科学性在于选择低风险甚至无疫情地区先复工。实践证明这些举措是从我国实际情

况出发的，实现了人力资源的充分利用。

第二，取消影响复工复产的种种限制，使亿万劳动者快速有序复工。农民工输出地大多是中西部等疫情低风险地区甚至无疫情地区，如果采取简单的"一刀切"的"封村""封路""限行"等过度管控措施，会造成农民工返城复工难。根据中央决定，从疫情暴发按下延长假期的"暂停键"，到防疫积极向好时按下有序复工的"转换键"，再到疫情基本得到控制时按下全面复工复产的"加速键"，审时度势、果敢决策所起的作用至关重要，是快速有序复工的重要保证。

第三，去除过度防控障碍，农民工输出地与输入地点对点链接服务。中央要求取消限制复工的种种障碍，劳动者输出地与输入地联手打通复工的"堵点"。农民工出村复工开健康证明或扫健康码从跨省互通到全国互认、数据共享，消除劳动者跨地区流动的诸多不便；针对所在地区无疫情发生或属于疫情低发区，出村时测体温后已有"无症状"通行证的农民工，取消其返城到超特大城市隔离14天的规定等，这些措施实现了农民工输出地与输入地的点对点链接，确保复工复产有序进行。

第四，两千万名劳动者值守岗位的实践给防疫与复工"双兼顾"提供现实案例。面对疫情冲击，防疫防控必须以局部先行复工的付出来保障全局所需要的防疫物资生产和城乡流通服务，五类劳动者逆势而上：一是生产防疫防控物资的人员；二是保障防疫及生活必需物资的物流供应人员；三是保障城市蔬菜交易市场正常的服务人员；四是快递、外卖、网约、寻呼服务、家庭服务业人员；五是火神山、雷神山和方舱医院等重点工程的建设者等。案例说明只要防护措施到位，保障生产服务和个人健康安全是可以同时做到的，也为加强返城农民工防疫和复工提供了现实依据。

第五，政府和企业出资实现点对点安全复工，农民工成为复产复工的宝贵人力资源。在农民工相对集中的地区,人社部会同公安部、交通运输部、卫生健康委、国铁集团,采取"点对点"对接农民工返城,通过"包车、包机、专列"等有效办法实现"出家门上车门,下车门进厂门",安全复工,便捷复工,使快速复产的企业用人基本得到满足。政府和企业出资,让劳动者实实在在感受到了体面劳动、尊严复工,体悟到自己是宝贵的人力资源。

第六,外向型企业加快补链、扩链,出现"国内为主兼顾国际的供应链和产业链的双循环"的新转机。疫情的"时空转换"给防疫与复工的实践创新提出新的课题,当国内疫情高峰过去,防疫与复工"两不误"前行中,国际疫情大流行给复工造成猛烈冲击,复工中又遇下岗问题,稳岗保就业成为当务之急,"头部"企业率先从国内供应链中选优"补链",带领中小企业"扩链""共享",老板员工抱团取暖,不裁员、以训代工,打通"堵点",构建以国内循环为主、国际国内互促发展的双循环供应链,成为新的实践创新。

第七,"四小"企业在艰难中努力复工复产、寻找新机遇。餐饮、住宿、零售、文旅四大特困行业和众多小店铺、小工厂、小工程、小文旅等"四小"企业仍处特别困难期,复工难复市、复市难复销仍是急待攻克的难点,也是防疫与复工实践创新的发力点。在政府救助与企业自救合力攻克难点的过程中,一些小企业顺应新的变化,善于捕捉危机中的机遇,发挥"船小好掉头"的灵活性和善于应对的韧性,积极转型。

三、新冠肺炎疫情之下,产生的新经济业态

改革创新最大的活力蕴藏在基层、企业和劳动者中间,新事物、新动能、新做法在特殊时期应对困难中纷纷出现。

第一,先进制造业企业迅速投产口罩机和口罩,满足瞬时爆发的海量市场需求。疫情暴发初期,我国一些大型制造业企业迅速投产口罩机和口罩等防疫

用品，破解原有定点工厂开足马力生产也不够用的难题、突破只能统收统分的传统思维模式，目前国内企业拥有每天生产上亿只口罩的能力。全球战疫中，我国成为世界最大的医用口罩出口国，并致力于打造占领世界口罩高端市场的国际品牌。这说明防疫中不能仅靠国家物资储备，大国要有"战时"的特别组织制造能力。战疫中，人智融合，还产生了人工智能训练师等新职业。

第二，建筑业装配式、模块化板式住房快速发展。从建设火神山、雷神山模块板房医院，到中建山东投资公司高铁项目投建万名农民工模块板房宿舍，既有效完成了重点工程建设，又解决了农民工返城隔离问题，改善了农民工住宿条件。当前，我国大力建设城市多元化租赁住房，包括适应现阶段外地务工经商人员的小户型方舱宿舍，这成为解决农民工住宿条件简陋问题的创新模式。新型建筑业中产生了装配式施工员的新职业，吸引新生代农民工学习新技术、新技能，有效改善了建筑业大龄农民工作业的状况。

第三，现代服务新业态中创出无接触配送和网络直播营销服务。当前，我国平台经济快速发展，特别是使用线上订餐、线下机器人送餐、无接触供餐等新型服务模式，使餐饮业在创新服务中复工复产。快递业较早全面复工，疫情期间，大型物流企业"不打烊"，保障了广大居民居家生活物资的配送，网上购物及快递业务迅速增长；外卖行业率先复工复产，吸纳很多未就业人员。新业态的加速发展产生网约配送员和健康照护师等新职业，促进家庭服务业吸纳大龄女性农民工就业。

第四，线上活动进入活跃期。新冠肺炎疫情引发世界范围的网络在线活动热潮，疫情后几乎不再有纯粹的传统行业，或多或少都融入数字化、网络化的因素，智能科技将数据这一新的生产要素嵌入传统产业升级的全链条中，产生许多超乎想象的新事物。疫情期间，山西网络面食节应运而生，仅仅一个多月的时间就在线上集结近千家面食名企进行智慧展示，获得百商万企的青睐和近千万次的点击量，面食技艺各有特色、面食营销精彩纷呈、面食文化别具一格，引领健康饮食的新风向，充分彰显了创新则盛的市场经济定律。

第五，新型用工方式提高了劳动的精准配置。从就业方式多元化到实现高质量就业，需要用工从工业化时期形成的劳动合同制度规范走向后工业化时期、网络化时代的新劳动管理方式。疫情防控中出现弹性就业、零工经济、居家办公、共享员工、综合工时制等，有效解决了阶段性用工难问题，也初步实现精准就业。华晨宝马集团调剂整条组装生产线技工到天津汽车制造厂、盒马鲜生等借用餐饮企业员工，以及一些地方政府搭建共享用工平台，都提高了劳动力的精准配置，提升了复工率。

第六，创新政府服务方式，成为中国体制优势和战疫中的亮点。政府、企业、劳动者正在为全面复工复产而努力，科学防控中，各级政府人员切实下沉，跟踪防疫物资的发放和落实供应，体现出政府"爱人、护人、服务人"的服务思维。一切防疫举措都需要在实战中接受检验，体现在防疫中其是否发挥作用、复工复产中其是否见效。习近平总书记亲自部署、亲自指挥防疫，举国行动出击，树立起中国新形象，让国人信服、世人折服。

总之，我国从自身实际出发采取防疫和复工两条腿走路的独特方式，其中有许多经验值得总结和研究，防疫中创新发展的新经济、新管理将迎来上升机会，阶段性特殊政策的大胆尝试将有选择地转换成中长期制度安排，为国家卫生防疫治理能力现代化补上短板、增添特殊时期应对之策的亮点。

四、防疫防控常态化下的就业政策

千方百计稳岗保就业是2020年经济工作的第一目标，中央以有力的宏观政策对冲企业和劳动者受到的影响，将疫情带来的损失降到最低程度，将恢复和发展经济的潜力释放到新的高点。这对于疫情常态化下的经济发展，有着重要的启示。

第一,想方设法开拓复工复产新岗位。建议通过政府购买和多方努力协同开发新岗位,加大就业投入,新增百万公益性岗位,补充公共卫生防疫基层人员,延迟大学生毕业分配期至两年,延迟复退军人转业期一年,继续扩招百万职业技术学校学生,将一部分农村初、高中毕业生吸收到职业技术院校,关注贫困地区农民工就业和职业技术学校毕业生就业,增加灵活就业人员使用宽松度,开发数字经济、平台经济新职业岗位等。

第二,千方百计复工稳岗,稳住劳动者就业岗位基本盘。以避免发生大批工人大规模失岗为底线,稳住农民工就业也就稳住劳动者就业基本盘。建议将稳岗补助与返还失业保险金、就业补助金结合起来,尽最大努力将劳动者稳定在企业。针对未参加失业保险的700多万名下岗农民工,纳入城市最低生活保障范围内,发放低保生活补助,建立以常住地为主的低保政策创新,推进农民工市民化。扩大上年失业保险金稳岗返还范围,根据失业率变化情况,动态调整申领标准,根据企业困难情况和稳岗人员规模,研究建立阶梯式方案,提高返还比例,尤其对贫困地区农民工给予稳岗特别补贴,助力脱贫目标实现。

第三,建立各级政府在企业供应链上补链和优化布局上扩链的专项扶持。面对国际贸易环境变化,积极拓展国内供应链,建议财政、金融、就业政策综合发力,所需资金纳入复工复产援企政策"总盘子",以优惠贷款扶持补链,以创业政策扶持扩链,双创扶持政策在特殊时期应有合乎时宜的新内容,尤其要加大对民营困难企业补链稳岗的支持力度。开展国内市场补链、扩链的同时,也在国际复工复产中注重恢复国际供应链,形成外向型企业可持续发展的国内国际产业链畅通的优化布局。

第四,加大对中小微企业量身定制的政策扶持力度。制定小微困难企业特别救助计划,减免税收。对特困行业企业给予定向救助,减房租,减网租,发放消费券,采用共享用工、特殊工时制等非常之策帮助企业渡过难关。低风险地区逐步放开对"四小"企业的营业限制,恢复企业活力,落实对因受疫情影响经营暂时出现困难的小企业不抽贷、不断贷、不压贷的政策，对到期还款困难的，可实行展期或续贷等有效的救助政策措施。降低担保费率，支持融资担保机构对疫情防控重点保障企业免收或降低担保费，加大再贷款再贴现支持力度。积极发展新就业形态和灵活用工方式，出台灵活就业稳就业政策。对于受疫情影响长时间未能就业的灵活就业人员，给予一定的生活补贴，社会保险费缴纳有困难的，可以缓缴或补缴，避免出现断保。

第五，对下岗职工大规模开展新职业、新技能培训。集中资金、集中时间、集中培训，将网约配送员、健康照护师、无人机装调检修工、铁路综合维修工和装配式建筑施工员等16个新职业的职业技能作为转岗培训内容，将培训与职业技术教育改革相结合。对因种种原因错过上职业技术学校，但在劳动岗位实践中勤学苦钻并实际掌握一定技能的新生代和中生代农民工，经过速成培训和技能鉴定给予高级工、技师等相应职称；对培训期内在职业技术院校联办学校学习专业技术知识并经考核达到要求的，给予职业技术教育中专、大专学历，激发一大批新生代农民工的技能提升热情，在特殊时期提升技能，为产业升级、经济高质量发展储能。

第六，防范困难企业劳动关系风险，推动劳动关系稳定和劳资两利。强化劳动关系风险防控机制，对可能引发集体劳动争议的企业进行重点监测。要及时研究适应新型用工的养老、医疗、工伤和失业保险新办法，建立线上劳动争议调解平台。针对当前特殊时期劳动关系运行中出现的突出问题，要发挥人社部门牵头，会同工会、企联工商联"三方"协调劳动关系的作用。重视复工复产中劳动关系协调和延长假期中的工资发放等问题，注意新型劳动用工中劳动纠纷和没有劳动合同后怎样缴纳养老、医疗、工伤和失业等社会保险的问题。在稳岗保就业维护劳动者权益和维护企业恢复生产经营之间寻找新的共识和平衡，保护企业家精神，融合劳资两利。

第七，特殊时期注重劳动管理的创新。数字驱动与平台支撑下产生大量新型用工方式，同时也对劳动管理提出创新需求。建议加快研究现代服务新业态的新型用工管理暂行办法，研究新型用工参加养老、医疗、失业保险新办法，将依据劳动合同企业出大头、个人出小头，转变为平台按单出小头、个人出大头的专账管理办法，建立按单提成的职业伤害险，将过高的商业保险费降下来，试行网上调解劳动争议，探索劳动监管的智慧监察，助力弹性用工、零活用工、共享用工等新型用工方式发展。

第八，营造防疫与复工双兼顾、保就业的良好氛围。主流媒体连同新媒体共同发声，引导各地在做好疫情防控的前提下积极复工复产。加强对援企复工政策的宣传解读，让更多企业和农民工等劳动者知晓国家出台的新政策，提高政策覆盖面和普惠性，帮助企业渡过难关。制订农民工返城防疫手册和图解，明确防疫行为规范，及时总结疫情防控与复工复产的新鲜经验和可复制的有效做法。

第九，依靠改革应对变局、开拓新局。去除复工复产种种障碍要靠改革，应对断链、保供应链要靠创新，应急救助与中长期优化结构相结合，将复工复产有效做法升华为着眼长远的政策创新。从长期发展看，加快推进农民工市民化尤为重要和迫切，让越来越多的农民工融入城市，为其提供稳定的工作机会和良好的生活环境，减少城乡间大规模流动。大力发展城市适应农民工特点的租赁住房，小户型、低门槛，眼下可允许城市空置的商品房进行一门多户改造，租期可顺延，也可租售结合，在基本完成"城中村"改造任务后，可将小户型租赁住房列入"十四五"城市保障房建设重点。

五、培养高素质劳动者，支撑中国经济的高质量发展

加强劳动教育对支撑中国经济高质量发展，建设知识型、技能型、创新型劳动者大军也非常重要。中国经济的转型发展需要一大批优秀的技术人才、技能人才支撑。中央和教育部的相关文件中都提到了职业院校的劳动教育问题，指出中等职业学校要"增强学生职业荣誉感，提高职业技能水平，培育学生精

益求精的工匠精神和爱岗敬业的劳动态度",这个提法很准确,导向很重要。

针对加强和创新职业技术教育的问题,这几年,我国的技能型劳动者在世界技能大赛的舞台上表现得非常出色,一跃超过了在世界技能大赛中保持前列的韩国、瑞士等传统技能强国。上海在成功申办第46届世界技能大赛时,习近平总书记通过视频向大会致辞,他指出,世界技能大赛在中国举办,将有利于推动中国同各国在技能领域的交流互鉴,带动中国全国民众尤其是近2亿名青少年关注、热爱、投身技能活动,让中国人民有机会为世界技能运动发展做出贡献。世界技能组织主席西蒙·巴特利认为,世界技能大赛能够向全世界的老师、家长、雇主展示"工匠精神"和职业技能培训的价值,让家长和老师意识到,通过职业教育、技能教育,自己的孩子或者学生也可以找到满意的工作,与受过大学教育的毕业生没有差别。

在弘扬工匠精神的热潮中,人们也越来越感觉到,要使职业院校师生和技能人才受到社会尊重,就要弘扬工匠文化,建立工匠制度。底气是工匠文化,基石是工匠制度。弘扬工匠精神,要有工匠文化支撑才更有底气,要有工匠制度支撑才更加持久。倡导工匠文化,就要尊重和奖励工匠,优秀技师可以实行年薪制、股权制和期权制,使技师和工程师享有同样的社会认可和待遇。建立工匠制度,就是要建立凭技能技术得到使用、凭业绩贡献确定收入的制度,让广大技能人才想干事有机会,能干事有平台,干成事有回报,干大事可出彩,让更多青年看到学技术的红利,走上技能成才的道路。所以,在职业技术教育中加强劳动教育,增强职业荣誉感,提高职业技能水平,培育工匠精神和敬业态度确实很重要。当然,劳动教育不光是上职业技术学校,其他学校也要有劳动教育,从而培养各级各类的高素质劳动者。另外,加强劳动教育也不只是学校教育的责任,与之配套的社会文化和制度的建立也很重要,社会各界也要加大宣传,组织各类技能大赛,带动广大青年走技能成才之路,为人才发挥作用、施展才华提供更加广阔的舞台。

/十九/
新生物是疫后经济发展的产业新方向

> 作者：王宏广，全国政协参政议政特聘专家，北京大学中国战略中心执行主任，科技部生物中心原主任。

生命比网速重要。"震后经济"的重点是盖房子，"疫后经济"的重点应该是补上生命安全的短板。新基建、新信息、新农业、新金融、新补贴、新就业等建议都很好，渴望增加"新生物"。

防控新冠肺炎病毒，保障"生命安全"，所有国家都捉襟见肘，我们要补短板。急需高效诊断试剂、疫苗、特效药物、移动医院、防护设施，急需改变90%高端医疗器械靠进口、90%化学药靠仿制、90%医药前沿技术靠引进的局面。保障"粮食安全"，我国粮食进口量相当于租用别国9亿亩耕地，差不多是我国耕地面积的一半。保障"能源安全"，我国进口石油量占石油用量的70%，还会不断增加。保障"国土安全""生态安全"，珍稀生物灭绝、水土流失、土地沙化、空气污染、草原退化等问题都要逐步改善。保障"进出口安全"，靠什么技术与设备把病毒、病虫彻底挡在国门外？保障"国防安全"，小小新冠病毒让全球经济瘫痪，重视应对恐怖分子可能发动的"生物战"。保障"经济安全"，其前提是保障生命安全，没有生命安全的保障，谈何生活与发展？

为此，建议"疫后经济"的重点应是"新生物"，把"生物经济"作为当前经济的重点、未来经济的增长点、引领世界经济的分界点。没有生物安全就没有国家安全。要有底线思维，做到高线防备，一旦逆全球化，去全球化，粮食、石油供应链断裂该怎么办？若发生更大疫情，甚至生物战该怎么办？

一、谁抓住生物经济，谁就引领世界经济的未来

目前对生物经济，国内外还没有公认的概念。笔者认为，生物经济是以现代生物技术与生物资源为基础，以生物产品与服务的研发、生产、流通、消费、贸易为基础的经济，是继农业经济、工业经济、数字经济之后的第四个经济形态。

人类经历了三次科技革命，机械化、电气化替代了体力，信息化、智能化正在替代部分脑力。前三次科技革命主要是改造自然世界，第四次科技革命将改变人类自身，生物经济对经济社会的推动作用也将远远超过前三次科技革命。

新冠肺炎疫情引发各国加速发展生物技术与生物经济，生物技术引领的新科技革命、生物经济引领的新产业革命将会提前到来。未来的"生物化"（新科技革命）将延长人类寿命。

2000年，"生物技术将引领新科技革命，生物经济将催生第四次浪潮"的观点被提出。2005年，首届"国际生物经济大会"组织召开，同年，著名智库兰德公司也提出"信息技术将让位于生物技术，生物技术将引领新科技革命"。这种判断得到越来越多国家政府与科学家的认同。

生物技术不仅能够改变自然世界，而且能够改造人类自身，生物经济市场规模将是数字经济的10倍左右。谁引领生物经济发展，谁就将引领未来世界

经济发展，这必将引发世界科技格局、经济格局、安全格局、军事格局和文化格局的重大调整。

笔者连续20年对近30个国家、31个省市区的生物技术、生物经济进行跟踪研究，结果表明，生物经济是疫中的短板、疫后的重点，是未来经济的增长点，是未来谁引领世界的分界点。

为此，建议"疫后经济"发展调整健康、经济、民生、生态、国防等政策与规划，把"生物经济"作为当前经济的重点、未来经济的增长点。

二、世界生物经济发展呈现十大趋势

新冠肺炎疫情之后，生物经济呈现更加明显的发展态势。

第一，保障生命安全，催生第四次医学革命，延长预期寿命。新冠肺炎疫情暴发以来，各国都在加速疫苗、药物、防护装备、检测手段的研发，新一轮国际生物技术竞争日趋激烈。未来的生物技术将会使人类预期寿命大幅度提高，基因编辑技术能够"剪除"有害基因，防止疾病发生；癌症疫苗将利用自身免疫杀死癌细胞，部分癌症将不再需要手术、化疗；干细胞与器官再生技术有望使人类像更换汽车零件一样，更换衰老的器官；抗衰老、健康管理等技术将使人类健康寿命延长10年左右，人活到90岁成常态……

健康产业不但能够保障生命安全、延长预期寿命，而且还将是巨大的朝阳产业。美国医疗卫生支出占GDP比重高达17%，发达国家一般都在11%以上，世界平均水平已达到10%。谁拥有一流的医院，谁就拥有了未来的"印钞机"。谁拥有一流的生物医药技术，谁就拥有了生命安全的"金钥匙"。

第二，保障粮食安全，催生第二次绿色革命。全球还有10亿人口营养不良，未来三十年全球还要新增20亿人口，要想所有人摆脱饥饿，根本出路在于发展农业生物技术。

分子育种技术有望将粮食产量提高20%左右；细胞培养技术能够在培养皿中直接长出肉；防御农业生物灾害可以减少约10%的损失；生物肥料、生物农药逐步替代化学肥料、化学农药，减少农产品与环境的污染……人类要吃饱、吃好，必须依靠生物技术。

第三，催生第三次化工革命，秸秆成原料，细胞成为"新工厂"。工业生物技术将推动继机械化、电气化、信息化、智能化之后的第五次工业革命。发酵工业不但能生产酒类、酱油、醋、味精等大宗产品，而且能够生产抗生素、维生素、生长激素、抗衰素、生物材料、人造肉等高端生物制品，形成细胞工厂制造业。

第四，保障能源安全，发展生物能源，将荒山、草地变为"绿色油田"利用荒山、荒坡、荒地种植能源植物，发展燃料乙醇、生物柴油、生物燃气，进行生物发电。初步测算，我国发展生物能源，相当于开发7个大庆油田。

第五，开发资源领域，使生物资源变为金山银山。我国是世界上生物资源最丰富的国家之一，现代生物技术将利用生物资源开发药品、食品、能源、化妆品等产品，培育生物资源产业。

第六，保障生态安全，修复生态环境，保护生物多样性，再造秀美山川。合成生物技术能够使部分灭绝的生物获得再生，保护生物多样性，修复生态环境。耐盐碱、抗旱生物能够使荒山、沙漠变绿洲，部分盐碱地变粮田。仅袁隆平教授的海水稻技术，就有望多产半个湖南省的水稻产量。

第七，保障进出口安全、生物安全和国防安全。构建新时代万里长城，把病毒、病虫挡在国门之外，防御外来物种入侵，防御生物威胁，打赢准生物战和生物战。

第八，探索生命规律，催生新的科技革命。自从1953年DNA双螺旋结构被发现以来，生物技术已经从认识生物，转向改造、创造生命。基因测序成本已降至最初的300万分之一，科学家已经能够使动物寿命延长2倍以上，基因编辑、器官再生、合成生命等新技术不断涌现，生命起源、生长、发育、衰老、死亡的奥秘不断被揭示。

第九，发展生物服务业，培育新业态。包括药品与医疗器械安全性评价、临床有效性评估、食品与药品安全检测、知识产权评估与交易等。

第十，改变传统伦理观念，防止生物技术误用。像核技术、信息技术一样，生物技术很可能被"谬用"，要防止克隆技术、干细胞、基因编辑等技术的不正当应用，也要防止人类遗传疾病基因等隐私被泄露。

三、疫后经济发展重点

根据"疫后经济"补产业短板的急迫需求，以及未来国际生物技术、生物经济竞争的重点与方向，我们必须抓好以下重点。

（一）生命安全必须握在自己手里

新冠肺炎疫情蔓延，暴露了我国医疗资源不足的短板。我国人均医疗支出仅为美国的1/17。疫后经济应该重点发展健康产业，把生命安全的钥匙握在自己手里。我们测算，2030年健康产业有望超过20万亿元规模，成为新的经济增长点之一。具体来说，要重点发展三个方面。

一是发展健康建筑业，特别是补上"防疫设施"的短板，健康建筑业规模有望达到3万亿元。

建议中央政府立足防御重大、特大疫情，做好顶层设计与部署。根据防御生物恐怖与生物战的重大需求，建立健全具有防御50万～100万人感染的防御体系，包括预防体系、检测体系、医疗体系、技术体系、物资保障体系、指挥应急体系、国际协作体系，等等。

建议地方政府像当年修建"防空设施"一样，切实补上"防疫设施"的短板。避免临时、战时再造"小汤山""雷神山"，力争实现每个县有传染病定点医院，乡镇卫生院有传染病科，社区与村有"医体文"多功能室，具备传染病隔离区的功能，机关、学校有临时医务室、观察室。

建议广大民众把锻炼自身、提高自身免疫力作为日常活动。重大疫情发生时，有钱没用、抗体有用。建议有条件的家庭像设置书房一样，逐步增设保健房，购置健康器械，提高身体素质与免疫能力。

二是发展健康制造业，打造12万亿元高端制造业。

提高新药创制能力，使我国由原料药大国向生物医药强国、中医药强国转变，形成10万亿元生物与医药产业。

启动"医疗器械创制"重大科技专项，加速医疗器械弱国向医疗器械技术强国、产业大国的根本性转变。重点开发医疗器械、可穿戴设备、移动负压医疗车、滴滴医院、医疗船、医用飞机、负压病床，以及医、体（育）两用体检与健康器具，尽快扭转高端医疗器械90%以上依赖进口的被动局面，打造2万亿元医疗器械产业。

启动"中医药振兴计划"，夺回中药材被国外企业抢占的国际市场，严防中医器械市场被国外企业抢占，打造万亿元中医药制造业，加速使我国成为中医药科技强国、产业强国。

要加强保健食品创制与管理，力争形成万亿元保健食品、保健用品产业，目前保健食品的市场潜力远远未被挖掘。

三是发展健康服务业，打造中西医结合、能够保障14亿人口生命安全的健康服务业体系，健康服务业的规模将在10万亿元以上。

补齐传染病预防、治疗体系，增加医院，配齐设备，培训医生，普及知识，建立全民参与的传染病防控体系。

促进医疗资源合理布局，尽快解决农村7亿人口医疗资源严重短缺的问题，真正建立健全覆盖14亿人口的疾病预防、治疗、康复为一体的疾病防治体系。

建立覆盖全民的健康管理体系，提高全民身体素质。农民体检进入医保，形成健康体检和慢病控制为一体的健康管理体系。完善国际化高端医疗服务体系，为高收入人群提供高质量健康服务，同时防止大量医疗费用流向国外。

发展医疗旅游，把旅游、休闲、医疗、养老有机结合起来，培育医疗旅游新业态。

大力发展老年医疗服务，着力培养一批全科医生、家庭医生，建立养老、护理、家政有机结合的老年养护体系，切实解决养老难、年轻人就业难的难题。

（二）中国人要端稳饭碗须多维发力

首先，最重要的是粮食安全。

我国小麦、水稻等口粮能够自给，但口粮只是食物消费的一部分。2019年，我国进口大豆8851.1多万吨，相当于海外8.4亿亩耕地为我国生产大豆。新冠肺炎疫情已使国际粮食供应链发生异常，我国要保障14亿人口粮食安全，必须防患于未然。

怎么做？推动第二次绿色革命。力争杂交水稻、杂交玉米、杂交油菜、杂交大豆、杂交小麦（也称"五杂"）技术水平达到国际领先，提高粮食单产20%左右。推动农产品品质革命，大力发展有机米、水果、蔬菜等无污染、无公害高端农产品，形成2万亿元高端农产品产业。提升农业资源利用率，开发抗干旱、抗盐碱植物品种，大幅度提高10亿亩旱地、5亿亩盐碱地的生产力。发展生物肥料、生物农药，减少化肥、农药用量。做好土地整治，结合新农村建设，做好进城农民宅基地等土地的整理工作，力争增加1亿亩左右的耕地面积。做好应对粮食危机的技术储备，开发动物生长激素、生长调节剂、人造肉、大厦农业等技术，做到一旦出现粮食危机，仍然能够从容应对。

另外，发展工业生物，打造3万亿元发酵工业体系，加速我国由发酵工业大国向强国转变。要大幅度提高酒类、酱油、醋、味精、乙醇、乙烯等大宗发酵产品技术水平与产业规模。大力发展高端发酵产品，加强工业生物技术开发与应用，使细胞变成"新工厂"，在抗生素、维生素、生长素、氨基酸、人造肉等高端发酵产品开发上取得重大突破，并加速产业化。

其次，防御生物威胁，促进能源安全。

建议根据防御生物恐怖、生物战的特殊需求，尽快出台生物安全法，建立健全生物安全法规体系、技术体系、防控体系、物资保障体系、指挥体系等，修建新时代"生物安全的万里长城"。

我国石油对外依存度已高达70%，保障能源安全，需要多管齐下。利用荒山、荒坡、荒地种植能源植物，利用农作物秸秆，开发燃料乙醇、生物柴油、生物燃气，有望形成相当于开发7个大庆油田的"绿色能源"。

最后，加强生命科学、生物技术基础研究，抢占新科技革命制高点。

国情决定我国必须引领或参与引领新的科技革命、产业革命，必然要在生命科学、生物技术基础研究方面率先进入世界先进行列。建议采取新型举国体制，以人才引进、仪器设备开发、研发基地与平台建设为突破口，切实攻克一批生命科学、生物技术领域的颠覆性技术难题，研制一批生物领域的"国之重器"。

此外，我国有12000多种中药材资源，利用丰富的生物资源开发药品、食品、能源、化妆品等产品，有望形成万亿元生物资源产业；发展生物环境技术，将大幅度改善生态环境；利用合成生物技术有可能恢复已经灭绝的生物，其中抗盐碱、抗旱生物可以使荒山、沙漠变绿洲。

（三）抓住推动民族复兴的战略产业发展机遇

当前，我国防疫工作已进入下半场，从现实看，新冠肺炎疫情必将引发新一轮生物技术、生物经济的国际竞赛，生物技术引领的新科技革命、生物经济引领的第四次产业革命浪潮可能提前到来；从历史看，世界第一经济大国都引领过一次经济形态，我国领跑了农业经济，英国领跑了工业经济，美国领导着数字经济，未来生物经济将由准引领？

我国曾经错失机械化、电气化两次工业革命机遇。当前的信息科技革命，我们是使用者、推广者，还不是引领者，5G技术刚刚领先，就遇到美国及其盟友的联合遏制。我们没有任何理由与资本再次错失生物技术引领的新科技革命。我国要保住第二经济大国地位，并成为第一经济大国，必然要引领或参与引领一次新科技革命，要把"生物经济"提升到作为推动民族振兴之战略产业的高度来重视。

首先，建议调整卫生健康、经济、科技、生态、国防等政策与规划，把生物经济作为"疫后经济"的重中之重，做好顶层设计，在第十四个国民经济和社会发展五年规划、第十四个科技创新五年规划等规划中，加大对生物经济、生物技术的支持力度，调动全社会力量，共同推动生物经济的发展，尽快补上生命安全、生物安全、经济安全乃至国家安全的短板。

其次，建议企业、金融机构准确把握国内外科技、经济发展，以及民生需求的重点与方向。瞄准生命安全、生物安全、粮食安全、经济安全、能源安全等巨大的市场需求，引进大专家，开发大产品，培育大产业，占领大市场，加速培育新时代科技、经济发展的龙头企业，满足社会新需求，使我国生物经济的发展迈上一个新台阶。

最后，建议广大公众树立新的健康理念，一心一意做工作，全心全意保健康。把健康管理、体育锻炼作为日常生活的重要内容，把健康产品作为新的消费重点，不断提高身体素质和免疫力，提高生活质量与幸福指数。

/二十/
企业家做什么

作者：张维迎，著名经济学家，北京大学国家发展研究院教授。

人类过去两百多年的经济史，其实就是企业家创业和创新的历史。企业家不仅为我们创造了物质形态的新产品、新技术，而且从根本上改变了人类的交往方式和价值观念。今天我们享受着两百年前的人们无法想象的产品和服务，世界变成了地球村，地理上的距离已不再是人类交流的屏障。据一些经济学家统计，两百年前人类所能消费和使用的产品总数不过 $10^2 \sim 10^3$，而今天的产品数量已达到 $10^8 \sim 10^9$。想想吧，从飞机、汽车、高铁，到电视机、电脑、手机、网络、刮胡刀、遥控器，哪一件产品不是企业家创新的结果？没有这些产品，今天的生活将是什么样子？

人类的进步来自合作。两百多年前，主导人类生活的是"强盗逻辑"，是战争、掠夺和强权。今天，全世界大多数人口都生活在"市场逻辑"中，分工和交换成为人类合作的主要形式，尽管"强盗逻辑"仍然不时干预"市场逻辑"的运作。而没有企业家，这样大范围的合作是不可能实现的。

一个国家和地区的经济是否在发展，人们的生活水平是否在提高，社会是否和谐，最关键的是这个国家和地区的企业家精神是否能得到有效发挥，企业家是否在从事创造财富的工作。中国过去三十多年之所以能取得举世瞩目的经济成就，大量的农村劳动力转移到城市和工厂，最重要的因素是改革开放激活了中国人的企业家精神，让潜在的企业家变成现实的财富创造者。

一、企业家的两个基本功能

企业家究竟在做什么？简单地说，企业家就做两件事：第一是发现不均衡，第二是创造不均衡。所谓均衡，是指所有资源都得到最有效的利用，货已畅其流，物已尽其用，人已尽其才，已经没有赚钱的机会，每一个企业得到的收入全部要支付成本，包括土地成本、资金成本、人力成本，没有经济利润可言。当然，可以有会计利润，可以不给自己付工资，把自己本来应得的工资变成会计利润，但是没有经济利润。

当然，现实的经济通常不可能处于这样的均衡状态。所谓"发现不均衡"，是指能发现还有赚取经济利润的机会，然后通过利用盈利机会，纠正市场不均衡，使资源得到更好的配置。随着这种机会被越来越多的企业家利用，利润和盈利机会慢慢消失，以后又发现新的不均衡。所谓"创造不均衡"，是指某个市场已经饱和，但是通过创新，创造一个新的不均衡；也就是通过创造新的产品、新的技术，打破原来的均衡，找到新的市场，找到新的客户。当然这两个功能经常混在一块，不是截然分开的。由此出发，可以理解中国企业家过去做了什么，未来应该做什么。

二、企业家的三种"套利"方式

不均衡意味着有盈利的机会，因此，发现不均衡就是"套利"。所有不均衡大致可以归结为三类：第一类是跨市场的不均衡；第二类是跨时间的不均衡；第三类是产品市场和要素市场之间的不均衡。

1. 跨市场的不均衡

所谓跨市场的不均衡，也就是同样的产品在不同的地方价格不一样。例如，1斤橘子在四川卖0.5元，在北京卖2元，找到这样的机会就可以赚钱。

要想发现市场的这种不均衡，需要很多有关不同市场供求关系的知识，过去发现市场的不均衡大多缘自旅游。例如，《货殖列传》中讲孔子的学生子贡，就是利用贱买贵卖的方法在曹国和鲁国之间经商赚大钱的。又例如，"红色资本家"阿曼德·哈默，本来是作为一名医学院的学生参加对苏联的人道主义救助的，但到苏联之后，他发现那里有那么多稀有的动物皮毛和宝石，但苏联人没有粮食吃，而美国人有大量粮食要倒掉，所以他给哥哥发一个电报——"你给我收购多少万吨粮食运到圣彼得堡，我给你在这里收购多少吨的皮毛"，结果就赚了许多钱，由此走上了企业家道路。

中国改革开放最早的私人企业家许多就是这样的商人，这些企业家发现跨市场的不均衡，并由此赚钱。像牟其中这样的企业家，用中国的纺织品换俄罗斯的飞机。这种套利行为对经济发展是非常重要的。其重要性就在于企业家在市场中传递信息，使资源得到更好的利用，纠正了跨市场的不均衡。但是我们注意到，当跨市场的不均衡被发现后，赚的钱越多，就会有越多的人跟进，随着时间的推移，赚钱变得越来越难，最后达到均衡时，就无钱可赚了。

2. 跨时间的不均衡

所谓跨时间的不均衡，也就是同样的产品在不同的时间价格不一样，借此可以跨时套利。具体的，预测某种东西未来会出现稀缺，价格会上涨，而现在这个东西很便宜。此时，购买这些东西，囤积起来，到未来卖掉来赚钱。

跨时套利在很大程度上取决于企业家对未来的判断，如果判断失误，不仅不能赚钱还会亏损。设想在春天，你预测由于病虫害或气候因素会导致小麦夏粮减产，那么，就可以选择现在以较低的价格购进小麦，等秋天以较高的价格出售。如果判断是正确的，就可以赚钱。历史上有很多这样的例子，如《货殖列传》中的西周人白圭，善于观察市场行情和年景丰歉的变化。当货物过剩市场价格低廉时，他就收购；当货物不足市场高价索求时，他就出售。谷物成熟时，他买进粮食，出售丝、漆；蚕茧结成时，他买进绢帛棉絮，出售粮食。他了解，太岁在卯位时，五谷丰登，转年年景会不好；太岁在午宫时，会发生旱灾，转年年景会很好；太岁在酉位时，五谷丰收，转年年景会变坏；太岁在子位时，天下会大旱，转年年景会很好，有雨水。太岁复至卯位时，他囤积的货物大致比常年要增加一倍。他捕捉赚钱的时机就像猛兽捕捉猎物那样敏锐。因此，他说："吾治生产，犹伊尹、吕尚之谋，孙吴用兵，商鞅行法是也。"

《货殖列传》里还讲到计然告诉越王勾践如何套利："知斗则修备，时用则知物，二者形则万货之情可得而观已……贵上极则反贱，贱下极则反贵。贵出如粪土，贱取如珠玉。"勾践用这种方法治国十年，越国富有了，灭了吴国。范蠡用这种方法治家，成为当时最富有的人。还有宣曲任氏的祖先，本来是督道仓的守吏，在秦朝败亡的时候，所有豪杰都储存珠宝，只有他储藏粮食，最后楚汉两军相持于荥阳，农民无法耕种田地，米价每石涨到一万钱，任氏卖谷大发其财。这些都是企业家跨时套利的例子。

如今，最主要的跨时套利发生在金融市场上，跨时套利对平稳市场非常重要。套利行为使预期价格的上升变成现实价格的上升，鼓励人们节约消费，这样也就增加了未来的供给，使未来的价格比没有套利活动时低。投机者承担了风险，利用自己的比较优势赚钱。

3. 产品市场和要素市场之间的不均衡

如果你发现市场上好多人没事情干，大量资本没有用处，而市场上好多东西供不应求，你只要把这些要素组织起来生产出供不应求的产品，就能赚钱。

这就是利用产品市场和要素市场之间的不均衡套利。这样套利的企业家就是生产的组织者。

这种套利模式在中国改革开放之后，很快就出现。乡镇企业家一开始做的就是这样的事情。一些企业家将国外的二三手设备买过来，雇佣农闲时的农民，聘请退休的工程师，就可以赚钱。如今，更大的套利就是VC和PE的套利，是国际市场之间的要素套利。例如，中国一些企业家有好的商业想法，但他们没有钱，美国投资者把美国的钱拿来投资他们以此套利。这样的套利同样是创造财富的，但利润也随时间的推移而递减，竞争到最后，产品价格都化解为要素成本，无利可图。

三、用创新打破均衡

企业家的第二个功能是通过创新打破均衡。在英国工业革命时期，约翰·凯发明"飞梭"之前，棉纺织业从纺到织全是纯手工的，"纺"与"织"之间是平衡的。但"飞梭"的发明，加快了织布的速度，打破了平衡，出现了严重的纱荒。这样，纺纱工序的革新和新的生产节奏的产生就成为必要。1738年，约翰·怀亚特和刘易斯·保尔合作发明了第一台纺纱机。1768年，理查德·阿克赖特发明了水力纺纱机。1779年，塞缪尔·克朗普顿发明了走锭精纺机，与埃德蒙·卡特赖特的机械动力织机结合，现代工厂制度诞生了，完成了纺织工业的革命。

经济学家约瑟夫·熊彼特在1911年出版的一本书——《经济发展理论》，首次提出企业家的功能是创新。他把企业家创新分为五类：引入新的产品、引入新的技术、开辟新的市场、发现新的原材料、实现新的组织形式。这五类创新模式也可以包括现在讲的商业模式创新，核心是创造新的组合，改变生产函数。

无论哪方面的创新,最重要的是一个问题:人们为什么买你的产品而不是别人的?这可以分解成两个方面:一是如何提高你给消费者创造的总价值。消费者不会购买没有价值的东西。创造价值需要劳动及其他投入,但价值不是由投入的成本决定的,而是由边际效用决定的,消费者愿意支付的价格绝不会超过其获知的产品的价值;二是如何降低成本,因为只有降低成本,才能降低价格。通俗地讲,一是物美,二是价廉。消费者喜欢买的东西,无非就是这两个方面的原因。如果不能做到"物美",至少要做到"价廉"。当然,最能赚钱的是既"物美"又"价廉"。所有的创新都应该围绕这两个方面进行。

四、企业家的分类

第一类企业家能够看到消费者自己都不明白的需求,这是创造市场的企业家,是最伟大的企业家。他们不仅创造产品,其实也在创造产业,可以说人类历史上,特别是过去两百多年里,对商业和经济的发展做出最大贡献的就是这类企业家。他们一定是在创造消费者没有想到东西。例如,现代的包括微软的比尔·盖茨、苹果的史蒂夫·乔布斯,一百年前的包括爱迪生、福特等,都是这样的企业家。

第二类企业家满足现在市场上已经表现出来的需求,如人们喜欢吃可口的东西、喜欢经济实用的车等。如果能更好地满足人们的需要,就可以赚钱。

第三类企业家按订单生产,技术规格都是别人规定的,将产品保质保量地生产出来即可。这类企业家通常是第一类和第二类企业家的供应商,并不直接服务于消费者。

全世界第一类企业家是极少数的,第二类、第三类企业家居多。在中国,第一类企业家更是凤毛麟角。未来可能会不一样,其实现在中国已经出现了第一类企业家,他们创造出消费者没有想到、而拿到以后高兴得不得了的产品,腾讯的微信就是这样的产品。而要做到这一点，最重要的是对人性的理解。企业家要对人性有深刻的理解，市场调研是需要的，但这只对一般企业家而言。我们必须认识到，最伟大的企业家做的事，市场上还不曾存在过，你根本没有办法做市场调研。

创新是连续的过程，而不是突然跳出来的。从这个意义上讲，创新也包括模仿，或者说模仿与创新之间并没有严格的界线。中国企业家过去所做的创新基本是模仿式创新。但真正的创新是没有可模仿的对象的，只能靠想象。所以，企业家的想象力很重要。创新的利润曲线是这样的：一开始利润是负的，所有新产品一开始都是亏损的；但如果成功，随着市场扩大，到某个节点就开始赚钱了，利润不断上升，但到一定节点后，由于模仿者越来越多，赚钱的能力就越来越小。所以，只有不断创新，才有持续的利润。会创新的企业家总在产品还在赚大钱的时候，就开始投资下一个可能赚钱的创新。以马化腾为例，在QQ市场仍然火热的时候就推出了微信，微信在一定程度上可以替代QQ，甚至打败QQ。企业家拥有这种意识就拥有持续的创新能力。有一些企业在产品销售最好的时候满足于享受利润，以为可以"一招鲜吃遍天"，结果过一段时间就可能消失了。

五、创新就是把一个想法变成一个市场

所有的创新最初都只是一个想法而已，但这个想法一定与众不同，也就是大部分人不会想到；即使你把这个想法说出来，大部分人也不会认同，认为完全不可能。这是创新的第一步。问题是，你有这样与众不同的想法，有没有可能将其变成消费者愿意买单的产品？有些人有这种想法，但是他们没有把想法变成消费者愿意买单的产品，这不是创新，只是发明。发明申请的专利可以放在那里给人看，企业家创新不是给人看的，最后一定要有人愿意买单。

/第二篇/
强 实 体

前面提到，两百年前人们消费的所有产品的数量是 $10^2 \sim 10^3$，今天是 $10^8 \sim 10^9$。这么多的新产品都是由企业家的想法转变而来的。有些例子大家可能觉得都过时了，但是其所揭示的真理并没有过时，所以我觉得今天的企业家，仍然有必要看看两百年前英国工业革命是怎么出现的，当时的企业家是怎么创新的；再看看三十年前企业家是怎么做的，这些案例对我们同样有启发。

例如，一次性婴儿尿布在1956年只占1%的市场，因为价格太高，人们只有在外出旅行时才使用。宝洁公司的想法是，一次性婴儿尿布应该变成日常使用的产品，让普通人家都用得起。要把这个想法变成市场，关键是要降低价格。如果价格降不到6美分以下，这个产品就没有市场。宝洁公司花了十年时间才使一次性婴儿尿布投入市场，不是因为技术上难以生产，而是因为需要大量的创新才能降低成本。花十年时间把成本降低到3美分，市场价格卖到5.5美分，这个产品就普及了。

130多年前，胶片照相技术只是乔治·伊斯曼的一个想法而已，要让这个想法变成市场，关键是让普通消费者都买得起，而且不需要专业技术知识就可以使用。柯达公司生产出了这样的照相机，把胶片预装在相机里，消费者拍照后把相机寄回去，柯达公司负责冲洗照片，再把装好新胶片的相机寄回。柯达公司的广告里说"你只要按下快门，其他事情都由我们替你做"，由此，家庭照相机就普及开来。当然我们知道，数码相机出现以后，胶卷被替代了，柯达本身也被替代了。这就是约瑟夫·熊彼特所谓的"创造性破坏"。

1956年，索尼公司生产出第一台录像机时，其售价为2000万日元（约合55000美元），否则就无利可图，所以只有专业公司才能使用。索尼创始人盛田昭夫想把录像机变成普通人都能使用的产品。怎么实现呢？就是降低成本。盛田昭夫要求生产出价格为200万日元（约合5500美元）的录像机。但成本降为原来的十分之一的时候，盛田昭夫又要求生产出价格为20万日元（约合550美元）的产品，最后他们做到了，家庭录像机普及开来。把价格降低到原来的1%，这就是盛田昭夫的想法。

剃须刀很早就有了，但100多年前人们使用的剃须刀都是折叠式的，价格高，用起来既不方便又不安全。推销员出身的金·坎普·吉列想到应该生产这样的剃须刀：既使用舒适，成本又很低，用一次就可以扔掉。他找技术专家咨询的结果都是不可能，但他努力十几年做到了，现在吉列公司仍然是剃须刀市场的主导者。

100多年前，没有人想到汽车会是普通人消费的产品，福特有一个想法，一定让汽车变成大部分人买得起的产品。他将汽车零部件标准化，引入自动装配线，生产出廉价的T型车，不仅改变了汽车业，而且改变了整个制造业。

弗雷德·史密斯创办联邦快递公司时的想法是：任何一个东西能不能今天寄出，明天就送达？当时物品邮递需要一个星期的时间，他的想法从技术上不太可能实现，所以，他那篇在耶鲁读书时的课程论文，被老师评级为C，也就是刚及格的分数。然而就是凭借这篇论文里的思想，后来他创立了联邦快递公司。

40多年前，没有人想得到每个家庭、每张办公桌上都会有一台计算机，只有比尔·盖茨想到了，于是他创造了软件产业。

这样的例子还可以列举许多，包括国内的阿里巴巴、腾讯、百度、奇虎360等很多优秀的公司。总的来说，创新就是一个想法而已，问题是有没有办法把这个想法变成消费者愿意买单的产品。

六、从"套利"到创新

企业家一定要赚钱，不赚钱就不是企业家，但企业家做的是具有很大使命感的事情，而不仅仅是为了赚钱。创新型的企业家比套利型的企业家快乐得多，因为他为改变这个世界所做的贡献更大。

做到创新，要有敏锐的嗅觉和丰富的想象力。对未来的判断很重要，凡是成功的企业家都是看未来看得比较远、比较准的。现在市场上畅销的新产品，是三十年前想都不敢想的产品；同样可以说，今天根本不敢想的产品，恰恰会变成二十年以后市场上的主流产品。这就是企业家要想的问题。

综上所述，过去三十年中国企业家做的主要是套利和模仿，未来套利模式不会像以前那么奏效，因为套利空间越来越小，模仿空间也越来越小。未来只能依靠创新，来创造新的产品、新的市场、新的技术，这就是中国企业家面临的挑战。

七、对未来经济增长的预测

从改革开放到现在，中国经济的发展主要靠模仿和套利带来的资源配置效率的提升，这就是所谓的"后发优势"。如今中国企业所使用的技术，很少是原创的，任何西方企业创造的技术、产品，只要拿过来"模仿"一下，就可以在中国找到市场。过去三十年，我们走过了西方两百年走的道路，其主要原因是，人家在前边你在后边，人家在修路你在走路。但随着西方积累的技术逐渐被利用，差距变得越来越小，后发优势越来越小，意味着我们的增长会越来越慢。

2009年之后，为应对全球金融危机，中国政府实行强刺激的宏观经济政策。这种由政府主导、国有企业主导的投资，靠大量贷款支持的经济增长，是没有办法持续的。企业家应该认识这一点：我们生产的任何一个产品，最后都是由终端消费者付款的。也许你生产的只是一颗螺丝钉，但是安上螺丝钉的那个商品如果没有人付款，最后螺丝钉也卖不出去，你就会亏损。2009年后为刺激经济所做的投资，大部分是由信贷支撑的，而不是为消费者创造价值，以及为未来价值增长、财富增长的投资，这种模式是没有办法持续的。

当然，无论趋势性问题还是周期性问题，都是事在人为的。中国经济增长还有巨大的潜力——市场规模。没有一个国家在经济工业化、城市化时具有这么大的国内市场。两百年前英国工业化时，其人口只占世界人口的1%多一点；一百年前美国人口只占世界人口的5.8%。而中国现在的人口占世界人口的21%，这是一个巨大的市场优势。过去我们利用这个市场优势，但是利用得不充分。如何挖掘中国国内市场，是未来发展的关键点。如果利用得好，中国仍然会有比较高的经济增长率。

核心问题是，开发国内市场靠什么？不是靠政府政策。开放市场不等于扩大总需求，开放市场要靠企业家和企业家精神，只有企业家精神才能使中国国内市场潜力得到真正的开发。始终要记住：市场是企业家发现和创造的！

市场有广度和深度之分。市场的广度取决于人口规模，市场的深度决定于人均收入水平。中国企业家过去主要关注市场的广度，我认为未来市场的深度更为重要。中国是人口大国，其市场的广度很大，但与此同时也要注意开发市场的深度，也就是做大每一个产品的附加值。

第三篇
Chapter 03

开　新　局

/二十一/
在大变局中加快构建开放型经济新体制

> 作者：迟福林，中国（海南）改革发展研究院院长，研究员；郭达，中国（海南）改革发展研究院院长助理，副研究员。

中央全面深化改革委员会第十四次会议强调，依靠改革应对变局、开拓新局。深圳经济特区40多年的发展实践表明，改革开放是坚持和发展中国特色社会主义、实现中华民族伟大复兴的必由之路。当前，在国际政治经济格局深刻复杂变化、经济全球化面临严峻挑战的新形势下，建立高水平开放型经济新体制是适应新时代我国高水平开放新要求的重大任务，是以开放促改革、促发展的重大举措，是以改革应对变局、开拓新局的现实路径，是以实际行动支持经济全球化，积极参与全球经济治理体系变革的重要基础。

一、处于大变局中的全球经济

当前，新冠肺炎疫情影响全球经济走向。在此背景下，加快建立高水平开放型经济新体制，既具有迫切性、战略性，又凸显严峻性、挑战性。

（一）疫情为全球经济发展带来严峻挑战

1. 疫情逆推全球化思潮，阻碍全球自由贸易进程

根据全球贸易预警信息网数据，2019年，全球新增不利自由贸易措施619项，达到2008年国际金融危机以来的最高点，是2009年的近14倍。在疫情蔓延的大背景下，孤立主义、单边主义和贸易保护主义抬头，有可能使经济全球化进程出现倒退。

2. 疫情冲击全球供应链、产业链

当前，国际分工已深入到以产品的不同价值增值环节为基础的全球价值链分工，全球价值链参与度已由20世纪90年代的47.6%提高至2018年的56.5%。疫情蔓延对全球供应链、产业链产生系统性冲击，有可能造成全球供应链大范围中断。一方面，疫情在美国、德国两大供应链中心的蔓延，将对航空航天、光学医疗、信息设备等全球供应链上游产生冲击；另一方面，随着全球疫情影响的逐步扩散及长期化，对全球供应链中游和下游的影响逐步显现并增强，同时对全球粮食安全等带来严峻挑战。

3. "零关税、零壁垒、零补贴"有可能成为美国、欧盟、日本等发达经济体推进经贸规则变革的基本框架

美国、欧盟、日本之间已经就零关税贸易展开谈判，欧盟、日本之间已经达成共识，美国、欧盟"零关税"谈判加速推进。在疫情对全球生产网络产生严重冲击的情况下，欧美等发达经济体很有可能加速这一趋势，在引领新一轮全球经贸规则、保持自身国际竞争力的同时，将许多发展中国家排除在外。

（二）疫情冲击全球经济

1. 疫情导致全球经济陷入衰退

根据联合国贸易和发展会议相关数据，2020—2021年全球国际直接投资（FDI）将缩减5%～15%，与此前预测的5%的正增长相比降幅明显。贸易与投资的下降将直接导致全球经济衰退。根据国际货币基金组织（IMF）最新修订的《世界经济展望》数据，2020年全球经济增长率下降4.9%。

2. 疫情加大全球经济危机的可能性

2008年国际金融危机以来，全球大部分国家普遍以刺激性财政政策与量化宽松货币政策替代结构性改革，由此使全球经济负债率持续上升。截至2019年9月底，全球非金融部门债务率达到221.4%，比2008年年底提高了49个百分点。当前，为有效缓解疫情对本国经济的冲击，各国政府和央行纷纷采取更大力度的救助、刺激政策，全球债务风险明显上升，世界金融脆弱性进一步增强。

（三）区域经济一体化的趋势和作用日益凸显

1. 全球产业链、价值链及供应链区域化、本土化布局趋势明显

疫情后，无论是各国政府还是企业，都将改变以往基于低成本、零库存导向的全球产业链、价值链、供应链布局，而更加重视供应链安全与可控。一方面，宏观政策将更加强调内向发展和自主发展，关键技术与核心环节技术与服务管控力度将进一步加大；另一方面，全球价值链与服务链本地化、区域化、碎片化趋势日益明显，全球区域内贸易份额不断上升将是长期趋势。

2.区域自贸协定成为各国参与新一轮国际经贸规则制定的重要平台

在全球多边贸易体制面临挑战，全球产业链、价值链、供应链逐步区域化、本土化的双重驱动下，区域自贸协定成为各国参与全球治理、推动经贸合作的一个重要选项。一方面，发达国家依托其市场体系相对成熟等优势，签署高标准、广覆盖的贸易与投资协定，以此在新一轮全球经贸规则重构中占据主导地位；另一方面，越南等部分发展中国家也积极参与双边、区域自贸协定，以期增加其在全球经贸格局中的地位与规则制度话语权。

（四）疫情将加速全球数字经济发展

1.疫情加速线上经济发展

一方面，疫情严重冲击旅游、运输等传统服务业。据国际航空运输协会分析，2020年全球航空运输客运收入下降约2520亿美元，同比下降44%；2020年全球航空运输客运需求同比下降38%。据世界旅游及旅行理事会（WTTC）预计，全球旅游业将有多达1亿人面临失业，损失将近2.7万亿美元。另一方面，疫情加速线上经济发展。2018年，全球电商B2C市场规模达到6750亿美元；到2020年年底，规模达到9940亿美元，年均增长30%左右。

2.疫情催生新兴产业

根据麦肯锡测算，疫情时期线上消费每增加1个单位，61%为替代原有需求，39%为新增需求。新增需求不断影响现有业态，同时激发大量创新业态，促进生产、生活朝着数字化、智能化方向发展。估计疫情后，全球将加速进入数字时代，并重塑全球产业分工格局。

3.疫情后，国际间以数字技术为重点的科技竞争将日趋激烈

疫情后，主要科技大国将进一步加强出口管制，并强化技术转移、投资、

移民等管控力度，全球科技并购、高科技贸易以及以跨国公司为主导的科技价值链网络扩张将出现停滞甚至下降趋势，科技"逆全球化"趋势可能全面凸显。

二、以制度型开放为重点，加快建立我国高水平开放型经济新体制

由商品和要素流动型开放向规则等制度型开放转变，符合全球经贸规则重构新形势，符合我国新阶段高水平开放新要求，体现了开放与改革的内在融合。以规则、规制、管理、标准等与国际通行做法对接为重点，推进制度型开放进程，是加快建立高水平开放型经济新体制的重大举措，是促进我国更深度融入全球经济体系的战略选择。

（一）适应全球经贸规则重构新趋势，以规则对接进一步融入世界经济并增强话语权

改革开放以来，我国商品要素开放进程不断加快，开放型经济体制不断建立完善，商品和要素流动型开放取得巨大成就。当前，作为新型开放大国，制度型开放成为我国扩大开放的鲜明时代特征与重要标志，加快推进制度型开放已成为我国建立高水平开放型经济新体制的重大任务。

1.以制度型开放形成国际合作竞争新优势

加快推进"零关税"进程，对于推动我国消费结构升级，降低企业成本，提升对全球产业链、供应链、价值链的掌控能力和全球化运营能力，降低边境内市场壁垒，改善投资环境，在公平竞争中增强企业竞争力，具有十分重要的意义。

2.把握疫情冲击下国际经贸规则重构新趋势

一是货物贸易朝着"零关税"规则演进。日本与欧盟签署经济伙伴关系

协定（EPA），自2019年2月1日起开始生效，日本将逐步对从欧盟进口的约94%的产品实施零关税，欧盟将逐步对从日本进口的约99%的产品实施零关税；全面与进步跨太平洋伙伴关系协定（CPTPP）等相关成员国也将逐步取消98%的农业和工业产品关税。二是服务贸易成为全球自由贸易规则重构的重点。2007年年底前签订的区域双边自由贸易协定中，涉及服务贸易内容的仅有56个，占比为33.9%；2008—2020年签订的区域双边自由贸易协定中，涉及服务贸易内容的增加至998个，占比为71.7%。三是数字贸易规则成为全球经贸规则重构的新兴领域。2019年达沃斯全球经济论坛上，欧盟28国和其他47个世贸组织成员决定启动谈判，以制定全球电子商务规则；2019年G20财长会议也提出，将针对大型跨国信息技术企业制定全球统一的"数字税"课税规则。四是规则措施由"边境上"向"边境内"转移。从最新签订的区域贸易协定内容看，不仅涵盖传统的关税、配额、数量限制、海关监管等"边境上"措施，还强调知识产权、国有企业、政府采购、劳工标准、环境标准、竞争中性等"边境内"规则。

3. 主动适应并对接全球高标准经贸规则

要按照把握主动、补齐短板、强化优势的基本思路，分步推进与全球高标准经贸规则对接。

一是持续降低关税。争取到2025年，我国关税总水平由7.5%下降至4%左右；其中，零关税商品占比由7%左右提升至20%以上。二是大幅降低以服务业为重点的边境内市场壁垒。争取到2025年，在进一步缩减外商投资准入负面清单限制措施数量的同时，推动"负面清单"相关配套措施与国际接轨；强化竞争政策基础性地位，各类市场主体平等参与市场竞争、平等享受政策待遇；营商环境排名进入全球前10位；商事制度改革取得重大进展，基本实现企业"准入即准营"；建立与发达国家相衔接的知识产权保护制度；以混合所有制为重点的国企改革全面推开，基本形成以"管资本"为主的新格局。三是推进补贴政策向普惠化和功能性转变。争取到2025年，建立并实施补贴"正面清单"管理制度，清理清单之外的中央各部门、地方的产业补贴与扶持项目；对标WTO规则建立补贴审查机制；推动财政补贴政策向公共服务、技术研发、支持中小微企业创新、绿色生态、基础设施、人才培养等方面转变。

（二）加快形成以服务贸易为重点的全面开放新格局

2010—2019年，全球服务贸易额由7.8万亿美元增长至11.9万亿美元，年均名义增长4.8%，是货物贸易增速的2倍；服务贸易额占贸易总额的比重由20.3%提高至23.8%，提升了3.5个百分点。估计到2040年，全球服务贸易占比将达到50%。

1.尽快补齐服务贸易发展滞后的突出短板

一是大力提升服务贸易比重。争取到2025年，服务贸易占外贸总额的比重由目前的14.6%提高至20%以上。二是进一步优化服务贸易结构。争取到2025年，我国知识密集型服务贸易占服务贸易的比重由32.4%提升至40%以上。三是明显提升服务贸易国际竞争力。争取到2025年，我国服务贸易逆差占服务贸易额的比重由27.7%下降到15%左右；在保持制造服务、建筑服务、计算机与信息等优势基础上，大幅提升我国知识产权、金融等生产性服务贸易及旅游等生活性服务贸易的国际竞争力。

2.形成数字贸易国际竞争新优势

一是形成数字服务出口新优势。争取到2025年，在进一步扩大电信、计算机、信息等服务贸易优势的基础上，实现知识产权与数字技术等服务贸易顺差；进一步提升数字相关服务贸易的出口比重，由23.5%提升至30%左右。二是构建数字贸易大网络。对"一带一路"倡议沿线的国家和地区，实施数字旅游、数字医疗、数字健康、数字教育、数字基础设施等的自由贸易政策；对俄罗斯、巴西、印度等数字服务贸易规则态度与中国较为接近的国家，加快数字服务贸易协定谈判，形成关于跨境数据流动、数据本地化、消费者保护等一揽子协定。三是积极参与全球数字贸易规则制定。依托中国数字经济规模优势，积极参与WTO、G20等多边数字贸易规则制定，主动提出有利于维护多边贸易体制、维护发展中国家利益的数字贸易规则；更加重视双边、区域自贸协定中的数字规则内容，提升中国在全球数字贸易规则制定中的话语权。

（三）适应产业链、供应链区域化、本土化新趋势，推进区域经济一体化，拓展国际合作新空间

1.进一步推进区域合作

面对产业链、供应链发展新趋势，要以产业链、供应链的调整为抓手，以加强同东北亚、东南亚的区域合作及推进区域全面经济伙伴关系协定（RCEP）、中日韩自贸区作为区域经济一体化的重点，形成合理分工、有竞争力的区域经济一体化布局，并为疫情后有效应对单边主义、民族主义、贸易保护主义等提供重要条件。

2.加快形成立足周边、辐射"一带一路"、面向全球的高标准自贸区网络

一是争取到2025年，实现对亚太、东北亚、中欧等区域自由贸易安排的重要突破。二是显著提升现有区域自贸协定服务贸易与数字贸易自由化、便利化水平。在我国已签署的自贸协定中，仍有部分未涉及金融服务、电子商务等新兴领域。争取到2025年，以"负面清单"为主要模式，尽快实现现有区域自贸协定升级，涵盖金融服务与电子商务议题的区域自贸协定数量占比提升至50%左右。三是显著提升区域自贸协定对贸易的实际带动作用，进一步拓展涵盖议题等。争取到2025年，我国与已签署区域自贸协定对象国（地区）间的贸易额占贸易总额的比重，由2019年的35.2%提升至50%以上；加强边境内

措施与制度的对接与协调,积极推动与自贸伙伴的贸易投资管理体制的对接合作,在政府监管制度协同与合作等方面取得重要突破。

3.以"一带一路"倡议为载体,尽快形成"陆海内外联动、东西双向开放"的全面开放新格局

统筹国内区域经济一体化与周边区域合作进程,与"一带一路"倡议支点国家和地区共建灵活多样的双边多边自贸区。如中国东北地区要利用与东北亚地缘和经贸联系更加接近的条件,在对接东北亚中促进东北振兴;以海南自由贸易港为平台,打造国内市场与国际市场的连接点。

三、加快推进双边、区域自由贸易进程

在区域经济一体化趋势与作用日益凸显的背景下,加快实现中欧、中日韩及亚太区域贸易投资自由化、便利化安排的实质性突破,有利于加快形成国内国际双循环相互促进的新发展格局,是应对单边主义、贸易保护主义严峻挑战的重大举措,是积极参与全球经贸规则制定的有效途径,将进一步提升我国参与全球经济治理的影响力和制度性话语权,并在规范影响国内规制方面发挥重要作用。

(一)尽快实现中日韩经贸合作的新突破

1.推动形成中日韩制造业分工合作新机制

中日韩产业互补性强,制造业产业内的分工协作紧密。在全球疫情蔓延给中日韩制造业供应链带来冲击的背景下,中日韩应以共同维护制造业供应链安全稳定为重点,推动形成三国制造业分工合作新机制。例如,推进公共卫生领域的医药、医疗设备、重要物资等行业形成分工合作新机制,共同维护区域医药医疗产品和公共卫生物资供应链的安全稳定;构建跨境电商、线上零售等领域分工合作新机制,共同打造制造业跨境网络销售平台和跨境网络服务平台

等，加强三国间供应和销售网络安全监管协调机制建设，促进三国制造业产品在彼此市场的流通和消费。

2.建立中日韩制造业供应链安全稳定三方协调、联合评估及风险预警等机制

一是建立中日韩制造业供应链安全三方信息沟通和协调机制。建议中日韩政府相关部门或相关行业协会牵头，建立维护中日韩制造业供应链稳定的三方信息沟通与协调机制，重点提升三国在汽车制造、电子通信、机械设备、工业机器人等重点领域的贸易投资自由化和便利化水平。

二是建立中日韩制造业供应链安全三方联合评估和风险预警机制。建议中日韩政府相关部门或相关行业协会牵头，对中日韩制造业供应链安全稳定进行定期联合评估，形成供应链安全报告，及时向政府、企业发出供应链中断风险预警，并及时向政府提出防范供应链安全危机的建议报告，为三国政府决策提供参考。

三是务实推进中日韩自贸进程。应对经济新变局，务实推进中日韩自贸进程，是东亚区域经济一体化进程的重大战略选择。建议采取灵活的方式实现中日韩自贸区谈判的突破。如以服务贸易为重点打造中韩自贸区升级版，在医疗、健康、养老、环保、旅游、电子商务、研发、工业设计和数据处理等领域实现双边开放的重要突破。同时，启动中日贸易投资协定的可行性研究，力争早日达成全面自由贸易与投资协定。

四是务实推进"中日韩+"合作。充分发挥三国各自的比较优势，以能源、旅游、制造业、绿色技术等为重点，积极开拓面向东北亚的第三方市场合作，在进一步拓展三国合作空间的同时，带动东北亚经贸合作进程。

（二）以中欧一体化大市场为目标形成中欧经贸合作新格局

1. 坚定维护多边原则是中欧经贸合作的战略选择

疫情正在深刻改变中欧经贸合作的内外环境与条件，如果再次引发欧元区债务危机，那么欧盟一体化将有可能陷入危机；疫情已对中国扩大开放进程带来严峻挑战，并对中国的经济转型与改革进程产生影响。在这个历史关头，中欧坚定维护多边主义原则，合作应对疫情加剧的经济全球化逆潮，是中欧经贸合作的战略选项。

2. 以一体化大市场为目标是中欧务实的战略选择

欧盟总体已进入后工业化时期，中国正在进入工业化后期。2018年欧盟人均GDP接近中国的4倍；欧盟整体服务业比重（78.8%）比中国服务业比重（52.2%）高出许多。中欧经济结构的互补性远大于竞争性，中欧间贸易投资需求潜力特别是服务贸易潜力远未释放。未来10～15年，中国人口城镇化与产业转型升级蕴含中欧经贸合作的巨大市场空间。自2010年来，中国已是欧盟服务出口增速最快的市场，随着中国服务消费需求的快速释放，以一体化大市场为目标推进形成中欧经贸合作新格局将极大地释放中欧贸易投资需求潜力。这既可以刺激欧盟经济复苏从而为欧盟的稳定发展提供助力，又将释放中国巨大的消费潜力。

3. 加快由投资协定谈判转向自贸协定谈判进程，是中欧深化经贸合作的战略选项

中欧一体化大市场需求潜力的释放，取决于双方接下来的自由贸易的制度安排。客观来看，中欧贸易投资潜力的释放越来越受限于双方缺乏自由贸易的制度安排。立足实现中欧一体化大市场，尽快推动中欧投资协定谈判转向中欧自贸协定谈判，对中国、对欧盟均是现实的战略选项。建议中欧双方在完成投

资协定谈判的同时，启动中欧自贸区可行性联合研究，这将向全球释放世界两大主要经济体推进自由贸易进程的强有力信号，将为受疫情严重冲击的世界经济注入新的信心和能量。

（三）以区域全面经济伙伴关系协定为基础，推进亚太经济一体化进程

1.推进亚太经济一体化具有全局影响

亚太自贸区是全球覆盖人口数量最多、发展前景最广阔、包容性最强、体量最大的区域性多边自贸区，对维护以世贸组织为核心的多边贸易体制，促进全球经济平衡增长，探索形成更加包容普惠的经贸规则都将产生重要影响。例如，建成亚太自贸区，2025年将给亚太经合组织（APEC）成员带来2万亿美元的经济收益。

2.在区域全面经济伙伴关系协定基础上推动建立亚太自贸区进程

考虑到发达国家与发展中国家的开放水平差异较大，亚太自贸区可建立多层次的自贸协定，不同的层次对应不同的开放标准，使亚太地区经济发展水平不同的经济体可以在其中选择适合的层级加入，并明确过渡期，以加快协商进程。

高标准：除深化货物贸易、服务贸易、投资和知识产权等传统议题之外，在海关监管与贸易便利化、政府采购、透明度与反腐败等新兴议题方面，实现与高水平自贸协定大致相同标准的制度安排。

中标准：进一步深化货物贸易、服务贸易、知识产权保护等传统议题，提升货物贸易中零关税商品覆盖率，以区域内规则对接为重点，提升服务贸易自由化、便利化水平。

低标准：在区域全面经济伙伴关系协定谈判的基础上，实行制造业、服务业及能源、基础设施、旅游、环保等的自由贸易政策，在不要求全面降低关税、全面开放市场的基础上，实现在重点领域自由贸易与投资的实质性破题。

3.争取在服务贸易自由化、便利化方面实现重要安排

2017年，亚太区域服务业占比为57.2%，大部分国家仍处于工业化前中期，蕴藏着巨大的服务贸易与投资需求。从近年来的实际看，2005—2018年，亚太经合组织国家服务贸易额由1.9万亿美元增长至4.5万亿美元，年均增长6.7%，高于全球平均增速0.5个百分点，占全球服务贸易额的比重由36.8%提升至39.9%。从服务贸易自由化、便利化的需求来看，目前只有4名区域全面经济伙伴关系协定成员加入了世贸组织服务贸易协定。为适应全球服务贸易快速发展的大趋势与亚太区域大部分经济体推进工业化的现实需求，要力求在服务贸易自由化、便利化方面实现重要制度安排，为未来达成亚太自贸区奠定重要基础。

（四）构建"一带一路"倡议产能合作与服务贸易发展新模式

在疫情蔓延的背景下，发展中国家产业链和供应链遭受严重冲击，一些"一带一路"倡议的沿线国家和地区有可能经受不住疫情的冲击。例如，很多"一带一路"倡议相关国家和地区的商业、工厂和建筑工地关闭，导致一些投资项目推迟或搁置；石油等国际大宗商品的市场需求减少、价格大幅度下跌，旅游业和外汇收入减少，以及国内经济活动放缓，大部分发展中国家将面临财政和国际收支"双赤字"与经济衰退。

1.加快构建"一带一路"自由贸易大网络

在经济全球化的新形势下，以构建自贸网络为重点，在基础设施、产能合作、服务贸易等领域形成一系列制度性、机制性安排，这不仅有利于提升疫情冲击下产能合作的稳定性，而且有助于在服务业国际分工中占据主动，并对促

进全球经济一体化和改善全球经济治理结构有重要影响。

2.统筹产能合作与服务贸易,形成"一带一路"产业链与供应链新布局

(1)推进国际产能合作与服务贸易协同发展。当前,我国开展国际产能合作,要更加注重同时推动工程承包、研发设计、相关咨询、第三方认证、金融、保险、物流、采购等服务业企业"走出去",以服务贸易合作提升产能合作水平,带动关联产业的上下游国际市场需求。

(2)以统筹产能合作与服务贸易进一步建立健全区域合作的供应链、产业链和价值链。通过技术服务贸易,促进制造业同信息技术密集型服务业高度融合,以服务型制造为核心的新业态参与全球产业链的结构再调整和价值链重构,把生产要素的国内合理配置提升到全球范围配置,促进形成制造业的全球布局,提升我国制造业的国际竞争力。

(3)促进"一带一路"倡议沿线国家和地区间的优势互补。依托中国的基建技术、工程能力、工业和价格结构等优势,结合西方发达国家企业在国际基建项目可行性论证、规划实施、风险管控、后期整合运营等方面的经验,合作开发第三方市场。

四、以高水平开放带动深层次市场化改革

当前,"开放与改革直接融合、开放倒逼改革、开放是最大的改革"的特点十分突出。适应全球经济新形势和我国制度型开放新要求,全面深化改革要推进相关政策转型与深层次体制机制变革,以在国内国际规则对接融合中建立高水平的开放型经济体制,进一步提升我国经济的国际竞争力。这就需要加快形成公开市场、公平竞争的市场环境,以充分发挥市场在资源配置中的决定性作用,建设高标准市场经济。

（一）加快推进服务业市场开放

1. 把服务业市场开放作为释放服务型消费需求的重大举措

释放我国巨大的消费潜力，不仅是疫情冲击下短期宏观政策调整的任务，更是供给侧结构性改革的重大任务。从现实情况看，服务型消费"有需求、缺供给"的矛盾突出，这需要加快推进服务业市场全面开放，有效解决服务型消费供给短缺的状况。

2. 加快推进服务业市场对内对外开放进程

一是推动服务业市场向社会资本全面开放。按照"非禁即入"的要求，凡是法律法规未明令禁止进入的服务业领域，全部向社会资本开放，大幅减少前置审批和资质认定项目，实施"准入即准营"；鼓励引导社会资本参与发展服务业，并在打破服务业市场垄断方面实现实质性破题。

二是加快推进服务业对外开放进程。在加快服务业市场化改革的基础上，大幅缩减外资准入负面清单内服务业限制性条目，降低措施的限制强度。按照外商投资的相关法律规定，基本完善外商投资的服务体系。争取到2025年，在运输、保险、法律、研发设计等重点领域全面对接国际高标准开放水平。

3. 以标准对接为重点，形成扩大服务进口的政策与制度体系

在有条件的地区率先引入日本、美国、欧洲等国家和地区在医疗药品、旅游娱乐、体育养老等重点生活性服务业的管理标准，并实现资格互认；全面推广跨境服务贸易负面清单，破除跨境交付、境外消费、自然人移动等服务贸易模式下存在的各种壁垒，给予境外服务提供者国民待遇，逐步在人员流动、资格互认、市场监管等领域实现与国际接轨。

（二）以高水平开放促进深层次市场化改革进程

以高水平开放带动并促进改革的全面深化，建立并完善以公开、规范为主要标志的开放型经济体系，在主动对接国际通行经贸规则中形成深化市场改革的重要推动力。

1. 以高水平开放推动形成市场决定资源配置的新格局

推进制度型开放与建设高标准的市场经济，核心是充分发挥市场在资源配置中的决定性作用和更好地发挥政府作用。

2. 以高水平开放加快推进要素市场化改革进程

适应制度型开放的趋势，需要着力在土地、户籍、金融等相关领域实现深层次市场化改革的新突破，由此释放强大的市场活力，以形成高水平开放的重要基础。

3. 以混合所有制为重点推进国企改革

第一，加快从"管企业"走向"管资本"，形成以"管资本"为主的国有资本管理格局。明确国有资产监管机构的职能主要是优化国有资本布局和实现国有资本保值增值；加快建立"管资本"主体的权责清单，尽快形成全国统一的国有资本投资、运营公司权责清单；进一步理顺财政部、国资委、国有资本投资及运营公司之间的关系。第二，以发展混合所有制为重点鼓励社会资本参与。率先在能源、运输、民航、电信等一般竞争性领域，支持鼓励社会资本控股，注重发挥民营企业家作用，实现国有资本保值增值。同时，推进公司治理结构、内部运行机制等配套改革，进一步增强社会资本信心。第三，加快推进国有资本的战略性调整。尽快形成"关系国家安全和国民经济命脉的重要行业和关键领域"的目录与标准，加快形成与之配套的投资清单。新增国有资本投资重点向教育、医疗、养老、环保等民生领域和基础设施领域倾斜,一般不再以独资的方式进入完全竞争领域和市场竞争较充分的领域;加快推进国有资本划拨社保进程,为进一步降低企业缴纳税费比重拓宽空间。

(三)不断完善市场化、法治化、国际化的营商环境

1. 强化竞争政策基础性地位

这有利于充分发挥市场在资源配置中的决定性作用和更好地发挥政府作用,是处理好政府与市场关系的关键与重点。在以数字技术为重点的新科技革命兴起的背景下,产业政策和产业补贴的正面效应逐步减少。要全面清理妨碍公平竞争的产业政策,在要素获取、准入许可、经营运行、政府采购和招投标等方面,对各类所有制企业平等对待。

2. 完善"准入前国民待遇+负面清单"管理制度

一是进一步提升"负面清单"的透明度与可操作性。建议参照国际经贸谈判负面清单模板,详细列明"负面清单"管理措施与相关描述,建立健全外资投诉机制;管理措施描述尽可能细化到具体业务,以提高"负面清单"的可操作性;更多地采取比例限制、岗位限制、差别待遇等方式,降低负面清单的行业限制强度;完善"负面清单"的附件体系;为关键领域及未来新业态预留空间。

二是开展"负面清单"外无审批试点,实现"准入即准营"。在自贸试验区、海南自贸港等便于管理、企业相对集中的区域实行负面清单外无审批试点,率先在商贸物流、批发零售、交通运输等开放风险较小的领域实行企业"自由生、自主营、自由死"等政策,最大限度地提高企业自主权;对必须保留审批的事项,由监管部门向申请企业提供责任承诺书和审批要件清单,企业法人签署对材料真实性负责和对虚假材料承担责任的法人承诺书后,审批部门

可当场或当天发放批件和许可证。事后，监管部门定期或不定期组织现场核查，如发现企业造假，即对其进行严厉惩处。

三是明确并细化国民待遇标准。进一步细化准入阶段的管理权力、要素供给、融资方式、进出口权、税收政策、法律保护、司法救济等一系列待遇标准，给内外企业明确预期。

3.统筹强化知识产权保护与产权保护

一是依法保护企业家的财产权和创新收益。严格规范行政机关和执法机关的执法行为，完善赔偿与救济机制，形成防范以公权侵犯私权行为的制度约束。二是出台《中华人民共和国知识产权法》，实现知识产权保护与国际对接。将现有的《中华人民共和国专利法》《中华人民共和国商标法》《中华人民共和国著作权法》等纳入《中华人民共和国知识产权法》中；参考《建立世界知识产权组织公约》与《与贸易有关的知识产权协定》，尽快实现知识产权保护规则与国际接轨。

4.降低企业制度性交易成本

一是加大减税降费力度。进一步下调或取消广义税负中的各种费用、土地出让金和社保费用，切实减轻企业税费负担。逐步推进由以间接税为主向以直接税为主转变。二是全面实施企业自主登记与简易注销制度。尽快建立全国统一的企业自主注册登记网络平台，充分运用大数据，推行"注册易"一站式服务；加快推进企业简易注销制度改革，尽快形成全国统一的企业简易注销方案，最大限度地提高企业自主权，实现企业"自由生、自由死"。三是全面推行"最多跑一次"。全面推广浙江"最多跑一次"的经验，着力推进"一窗办、一网办、简化办、马上办"，拓展告知承诺制适用范围，大幅提升政府办事效率。

五、打造开放型经济新体制的"深圳标杆"

40余年来,深圳弘扬敢闯敢试、敢为人先、埋头苦干的特区精神,始终在我国改革开放进程中扮演重要窗口与试验田的特殊作用,成为最能代表改革开放形象的地区。当前,中央赋予深圳经济特区建设中国特色社会主义先行示范区的重大战略使命,要求在更高起点、更高层次、更高目标上推进改革开放,形成全面深化改革、全面扩大开放新格局。这就需要深圳继续发扬特区精神,在破除体制机制弊端、调整深层次利益的格局上再啃下一些"硬骨头",为全国深化改革开放继续探路开路。

(一)以规则对接为重点打造我国制度型开放新高地

1.围绕贸易投资自由化、便利化,主动对接国际高水平经贸规则,提升区域性、全球性影响力

主动适应国际经贸规则重构新趋势,率先探索"零关税、零壁垒、零补贴";强化竞争政策基础性地位,实质性打破市场垄断与行政垄断,全面实现在要素获取、准入许可、经营运行、政府采购和招投标等方面,对各类所有制企业平等对待;以广东自贸试验区前海蛇口片区为载体,先行试验CPTPP、USMCA等最新经贸协定的某些核心议题,在关税缩减、服务贸易标准对接、政府采购、电子商务、金融服务、监管适用、争端解决机制等领域开展更大力度的探索与压力测试。

2.积极探索以数字贸易为重点的全球新兴贸易规则

深圳已初步成为中国乃至全球数字经济发展的领先者。为此,依托深圳数字经济发展优势与全球数字贸易规则制定的时间窗口期,加大在数据安全、有序流动等方面的先行探索,积极促进数字领域的产品与服务出口,探索高水平

经贸协定中跨境数据流动、数据本地化、消费者保护等领域的规则标准，探索构建一套能够反映发展中国家利益和诉求的数字贸易规则体系。

（二）以服务贸易开放为重点，强化制度集成创新

1.以制定跨境服务贸易负面清单为重点，推进服务贸易自由化、便利化

争取中央支持，制定并实施更加精简透明的跨境服务贸易负面清单，实现"既准入又准营"。结合深圳产业调整的现实需求，大幅降低金融、教育、医疗、电信等领域的准入门槛；借鉴国际经验，探索形成以跨境服务贸易负面清单为核心的附件与政策体系，并在告知、资格要求、技术标准、透明度、监管一致性等方面，进一步规范影响服务贸易自由便利的国内规制。

2.全面推行服务贸易项下的自由贸易政策

制定服务贸易"认可经济营运商"认证标准，对符合条件的境内外服务贸易企业所需的货物给予包括减少或优先接受海关查验等优惠；以现代服务业与高新技术产业为重点，制定深圳职业人才单向认可清单，清单内的人员经备案后即可开展相关业务，最大限度地降低人员流动壁垒；积极发展与服务贸易相配套的资金支付与转移业务，探索在服务贸易企业跨境支付领域实行法人承诺制，推广跨境人民币结算在区域内服务贸易中的使用，打造便捷的服务贸易支付通道；在个人跨进交易领域，进一步放开汇兑环节，逐步满足居民个人投资和用汇需求。

（三）以推进粤港澳深度合作为重点，形成深圳制度型开放的突破口

1.在推进粤港澳深度合作中拓展深圳发展空间

目前，深圳制造业优势与港澳现代服务业优势仍具有较大的互补性。提升

深圳现代服务业发展国际竞争力与全球影响力，最直接、最有效的途径就是依托港澳国际自由贸易港的突出优势，打造成为连接港澳市场与内陆市场的连接点，集聚全球优质创新要素，更好地参与全球经济竞争与合作，深度融入全球经济体系，提升在全球创新链、产业链、供应链中的地位和管理水平，在进一步拓展自身产业发展空间的同时，不断深化探索和丰富"一国两制"新实践。

2.加快推进深港、深澳服务业深度合作

在《内地在广东省向香港开放服务贸易的具体承诺》《内地在广东省向澳门开放服务贸易的具体承诺》等框架下，推动旅游、金融、教育、研发、医疗健康等重点服务贸易领域更大的开放度。

3.加快推进深港、深澳创新体系的全面对接

全面实现创新人才、企业在三地的资格互认；以港深创新及科技园为载体，加快推进重大科技基础设施、交叉研究平台和前沿学科建设；在明确标准的前提下，全面取消深圳对港澳高校、科研机构申请科技项目的限制；对标国际最高标准，打造深港澳科技成果转化一体化市场；加快推进深圳产权保护制度化、法治化，逐步实现粤港澳产权保护规则与司法规则的对接。

（四）赋予深圳更大的改革开放自主权

当前，深圳在推进制度型开放、促进粤港澳服务贸易一体化中仍面临某些政策与体制的突出矛盾。从支持深圳建设中国特色社会主义先行示范区的大局出发，从法律上赋予深圳在数字贸易、服务贸易开放及投资制度、贸易制度、金融制度、人员流动制度等方面先行探索的自主权，将使深圳继续扮演新时代我国全面深化改革开放鲜明旗帜的重要角色。

/ 二十二 /
关于新时代深圳改革开放再出发的若干思考

> 作者：李罗力，中国（深圳）综合开发研究院副理事长。

一、成为新时代发展民营经济的样板和示范

深圳重要的成功点在于很好地发展了民营经济，深圳的民营经济甚至超过了北京和上海。深圳的龙头民营企业如华为、腾讯、比亚迪、大疆创新等，不但在全中国甚至在全世界都有行业地位。可以说，强大的民营经济创造了深圳的经济发展奇迹。

为什么深圳的民营经济能够发展得这么好呢？

（一）解放思想，敢于创新

深圳经济特区从建立开始，就是要在原有的计划经济体制中"杀出一条市场经济的血路"来。因此，几十年里从全国各地来到深圳的领导干部、劳动者和各种专业人才，都知道来到深圳就是要新事新办、特事特办，要改革要创新。正因如此，深圳在思想观念转变和解放思想上，比国内其他许多城市都要强得多、好得多。可以说，对于必须突破过去长期的计划经济体制的思维惯性

和行为惯性，在深圳已经成为普遍共识。此外，由于深圳是新建的经济特区，没有内地老工业城市或老中心城市所长期形成的计划经济体制的桎梏，比较容易突破和创新原有的体制，就像是在一张白纸上更容易创作和书写新的制度框架及产业发展的蓝图，这些都为民营经济在深圳的"大发展"创造了一个根本前提。

（二）政企关系良好

在深圳经济特区发展的历程中，始终建立和维持了良好的政企关系。在深圳四十余年的发展历程中，政府基本上遵循市场经济的基本原则，坚持做政府该做的事，给民营经济充分的发展空间，让企业按照市场经济发展的规律去发展。尽管20世纪90年代后，深圳也出现了一定程度的"体制回归"问题，但深圳政府始终还是尊重市场的，较好地划清了行政干预和市场边界。从这点来说，深圳无愧是中国市场经济改革的典范和先锋，为深圳的民营经济发展创造了良好的营商环境。

（三）法治环境优越

深圳在四十余年发展的历程中发展成为一个比较注重法治的城市。这里有两个重要的原因，一是因为深圳毗邻香港，很容易受到香港这个国际大都市的影响，由于香港具有非常成熟的法制环境，所以必然会对深圳形成内地相对先进的法治环境发挥引领和推动作用。二是深圳是改革开放后国家引进外资的最大的成功典范和标杆之一，而要大力引进外资，就必须注重法制环境的营造和完善。一个成功的对外开放城市和引进外资城市，如果没有很好的法制观念和法制环境，是不可想象的。在这点上，深圳也走在了全国各城市的前列，同时为深圳形成很好的民营经济奠定了坚实的法治基础。

（四）注重社会诚信

深圳的社会诚信发展得比较好，社会诚信度是比较高的。在深圳，政府讲政府的诚信，企业讲企业的诚信，已经形成了一种良好的社会生态和氛围。众所周知，只有在诚信度比较高的地方，民营经济才能得到健康、良性的发展。如果一个地方的经济和社会发展主要是靠人脉关系去维持和推动的，那么这个地方的社会诚信度必然会很低。例如，不少地方政府为了引进项目和资金，开始会答应投资者很多事情，但到了把企业、项目和资金引进后，却失信了，不按照原来承诺的去做。这样的地方就无法建立良好的社会诚信，民营经济就会发展不起来。

正因如此，深圳经济特区要在未来继续发挥中国改革开放排头兵和示范地的作用，就要继续大力发展民营经济，要为深圳的民营经济创造更好的政策环境、营商环境、金融环境、法制环境和诚信环境；要充分利用深圳的地方立法权、日益完善的市场机制和日益成熟的金融及法制诚信环境，解决目前国内民营经济特别是中小微民营经济发展的痛点和难点问题。不仅如此，深圳还要把搞好民营经济的做法和经验进一步推广到国内其他地区，从而推动中国民营经济的发展，推动中国社会主义市场经济的发展。

二、成为新时代中国创新的基础研发基地

众所周知，深圳已经是中国乃至世界的创新中心之一，深圳在创新方面的发展成果和业绩举世闻名。但是我们一定要注意到，深圳的科研机构和科研人才还是远远不够的。就中国原有的科研布局来讲，著名的科研机构和科研类大学几乎都部署在北京、上海、广州、天津、武汉、西安等城市，深圳作为一个从小渔村发展起来的新兴城市，尽管已经成为中国的特大城市之一，但是在培育顶级科研机构和创建顶级科研大学方面，还只是刚刚起步。深圳在这些年所取得的创新型高科技研发成果，其实主要是通过企业创新研发完成的，特别是

通过民营高科技企业的创新研发来完成的。

因此，新时代的深圳应该在强大的科研创新，特别是企业研发创新的基础上，树立起成为中国重要的基础科研基地这个目标，甚至要成为世界级的基础科研基地之一。

中国现在的科技研发乃至创新，主要还是加持性和应用型的创新。现在全球基础科研的领先者仍然集中在以美国为首的西方发达国家。特别是美国，在基础科学领域的科研力量和科研成果在全世界遥遥领先，超过60%的全世界顶尖的基础科研成果都掌握在美国顶尖的大学和科研机构手中，中国和许多国家一样，大部分的研发成果还是在这些原创科研成果的基础上，先模仿、学习，然后做应用型的创新和边界的拓展。

今天，我们应该认识到，中国要想真正崛起和强大，必须在基础科学领域赶上和超过美国等发达国家，否则永远会被别人卡住发展的要害。

毫无疑问，中国现在已经具备了大力发展基础科学的条件和能力，一是从经济上讲，我们是世界第二大经济体，经济实力和财力足以支撑我们开展各项最尖端的基础科研工作；二是我们的科研设备和科研基础设施的生产能力、应用型产业科技发展水平、企业和产业的研发创新能力、科研人才和科研队伍，都已经达到世界先进水平。因此笔者认为，中国在新时代的当务之急，就是要开始从过去的只注重应用型科技的研发走向新的更高阶段，要在世界最尖端的基础科学领域发力，要在这个领域中赶超美国和成为引领世界的佼佼者。只有这样，中国才能真正强大起来。

因此，深圳应该在新时代肩负起引导基础科研创新的责任，做全国的示范地和"排头兵"。近10年来，深圳市政府和各方面社会力量及产业力量都纷纷加大在深圳引进中国科学院院士和诺贝尔奖获得者等顶尖科学家的力度，大力建设各种科研人才高地（如研究室、实验室），着力引进全国乃至全球顶尖的高校资源，建设各类大学。再加上深圳的经济发展、产业发展、创新发展本身都走在全国前列，为这些基础科研成果提供了成果中试基地，提供了产业配套和量产的能力，提供了各种成果应用的市场和需求的市场。

为此，深圳市政府及社会各界都应该下更多的工夫、花更大的力气，进一步引进最先进的科学家和科技队伍，更好地建设世界尖端基础科研的研究室、实验室，培养各类高科技和专业技术人才。与此同时，也必须在深圳的市场机制相对发达的环境中，创新与市场经济发展和产业创新发展高度融合的新型基础科研机制，不能再走国内已有的行政化的科研机制的老路。

三、成为新时代国内国际双循环的重要战略节点

中央根据目前国内外发展形势，提出了加快形成以国内大循环为主体、国内国际双循环相互促进的新发展格局，这无疑是党中央的又一重大战略部署。已有专家提出，深圳应该成为国内国际双循环的重要节点。我认为这是一个非常重要的观点，是深圳在未来发展中要为国家做出的重大贡献。

在中国改革开放的进程中，深圳在对外开放方面发挥了巨大的作用。换言之，在中国长达三十多年的以国际大循环为主导的外向型经济发展中，深圳无疑是一个非常重要的战略节点。那么，要进入以国内大循环为主体、国内国际双循环相互促进的发展新阶段，深圳还能再次成为真正关键的节点吗？如果单纯从地理位置来讲，说深圳能成为这样的战略节点确实让人感到牵强，但是如果从深港经济融合的角度来考虑，深圳完全可以发挥新时代国内国际双循环的重要战略节点的作用。

四、港深经济如何融合

深圳和香港的经济怎么融合呢？笔者在多年前就提出一个重要的建议——

在深港边界建立规模达到十几平方千米的高科技产业走廊，用于发展高科技产业，即建成实现"中国工业4.0"的最佳产业带。

在深港边界建立高科技产业走廊对国内外高科技龙头企业都具有特殊的吸引力。对国内高科技企业来说，这里是走向国际市场的最佳通道：一方面，香港是国际免税港，进口到这里的很多产品都可以免税，这样就可以大大节省企业的生产成本；另一方面，设置在这里的高科技企业生产的产品，作为香港本地产品出口，也可以享受在国内生产的产品所得不到的优惠。对于国外高科技企业来说，这里是进入中国市场的最佳通道：一方面，国外企业可以享受香港是国际免税港的优惠，大大节省企业的生产成本；另一方面，这些国外企业在这里生产的产品，作为香港本地产品可以免税进入中国市场。

建立深港高科技产业走廊还有一个好处，那就是有利于香港经济发展。建立深港产业带相当于把制造业带回了香港，而且所带来的制造业完全不是过去低端的劳动密集型产业，而是具有高科技含量、高资本含量和无污染、无生态破坏的新兴产业。

在这个产业走廊中要实施特殊的管理体制和机制，实际上是用香港的治理模式来进行管理的，而且吸收的主要劳动力都来自香港，还要在这里建立大量配套的廉租房和经济适用房提供给来就业和生活的香港居民，提供就业的机会，让大量的企业家和创业者有创立和发展新兴产业的机会，让大量的大学毕业生和科研人员有施展才能和发挥价值的机会。

如果深港经济能够融合，那么深港都市圈不但会成为中国未来经济双循环的重要战略节点，而且会成为未来粤港澳大湾区的一个亮点，成为建立粤港澳大湾区最坚实的支撑点，同时会辐射粤港澳大湾区的东部地区、内地的中西部地区，在促进国内经济大循环中发挥极其重要的作用。

五、成为新时代社会改革和社会治理创新的样板和示范

党的十八大后,坚持以人民为中心的发展思想与为民理念融入了各项治国理政活动之中,推出一系列重大方针政策,大力推进社会改革和社会治理创新,将改善人民生活、增进人民福祉作为一切工作的出发点和落脚点,把改革开放推进到最直接围绕广大群众利益的社会领域和民生领域,不断增强人民群众的获得感和幸福感。由此可以看出,我国的改革开放已经站到了一个新的历史起点上,中国特色社会主义进入了新的发展阶段。

十八大以来中国深化改革的一个鲜明的特点是,特别强调促进社会的公平正义。促进社会公平正义,就是把增进人民福祉作为出发点和落脚点;促进社会公平正义,就是要坚决根除党内和社会的腐败现象;促进社会公平正义,就是要通过深化社会改革和社会治理创新,使国家改革开放和经济发展的成果更多、更公平地惠及全体人民。

此外,党中央还把全面建成小康社会作为2020年我国要实现的伟大战略目标。全面建成小康社会,意味着改革开放和经济发展的成果必须惠及全体人民,要使经济、政治、文化、社会、生态文明得到全面发展。

中国特色社会主义进入新阶段的另外一个重要特点就是大力推动依法行政,用法治思维和法治方式履行职责,运用法治思维和法治方式化解社会矛盾、解决社会问题、加强和创新社会治理。一大批基层矛盾纠纷纳入法治轨道并加以妥善解决,"办事依法、解决问题用法、化解矛盾靠法"的氛围进一步形成。

长期以来,人们所关注的、所学习的、所赞扬的,几乎都是深圳经济领域的发展、改革和创新成果,实际上深圳的社会改革和社会治理创新同样走在全国前列。

深圳至少在社会改革和社会治理创新领域有三大方面走在全国前列。

一是深圳在民间第三方机构监督政府以及政府自觉接受监督方面走在全国前列。典型代表就是深圳市马洪基金会及其所开展的"政府工作民间评价金秤砣奖"评议活动。马洪基金会作为社会第三方机构，汇聚民间力量评价和监督政府工作，不仅更好地推动了政府信息进一步透明化、科学化和规范化，推动了政府不断向服务型政府和阳光型政府转型，而且加强了公众的社会监督力度，建立了政府与社会公众良好的沟通渠道，推动了社会的民主化和法治化进程，是落实十八大后中央有关社会改革和社会治理创新精神的重要力量。同时，深圳市政府在"金秤砣奖"第三方民间评议活动中，能够自觉接受群众监督的观念和行动，走在了全国政府转型和改革的前列。

二是深圳市政府在抓民生实事方面走在全国前列，创造了许多先进的经验，其中最为人称道的是深圳市福田区在2014年首创的"民生微实事"项目。"民生微实事"已成为全国多地方政府纷纷主抓的主要民生项目之一。这充分说明，深圳在抓民生实事方面成为改革和创新的"排头兵"。

三是深圳在抓基层社会改革、社区建设和社会治理现代化方面走在全国前列。自2014年民政部在全国建立"社区治理和服务创新实验区"，推动全国城市社会改革和社会治理创新进入新阶段。在这一方面，深圳全市10个区都受到了国家级和广东省级的表彰，创造出了独特的经验，成为全国的典范。

当然，社会改革和社会治理创新是中国社会民主法治进程的重要组成部分，深圳作为中国改革开放的先驱和"排头兵"，必须在这个伟大的历史进程中，明确使命，找到方向，敢于改革、勇于创新、大刀阔斧、埋头苦干，扎扎实实地朝着新时代的目标不断前进，要为新时代中国的改革开放再立新功、再树标杆、再创奇迹。

/ 二十三 /
数字经济的趋势与选择

> 作者：张新红，国家信息中心首席信息师，分享经济研究中心主任。

如何判断未来数字经济发展的趋势？一般要考虑四个要素：一是技术，未来的技术在哪些方面会影响数字经济的未来；二是需求，目前经济和社会的发展对未来的数字技术发展提出了什么样的要求，现在有哪些问题要靠这些技术来解决；三是变化，有些变化虽然现在还很小，但可能代表了未来，可能成长为一个大产业；四是政策，各国是如何看待、选择政策的，会对未来数字经济整体发展产生重要影响。

按这四个要素发展，笔者从技术和应用模式的发展角度浅谈数字经济发展趋势，将其总结为"八个化"：从技术角度来看，分别是数字化、网络化、数据化、智能化；从应用角度来看，分别是平台化、生态化、个性化、共享化。

一、数字化：数字改变世界

钱德勒写过一本书——《信息改变了美国：驱动国家转型的力量》。"驱动国家转型的力量"可能会让人想到一个词——"新动能"。美国经济社会发展的动能已开始发生变化，其中产生重要作用的是信息化，也就是我们现在讲的数字化。

事实证明，数字不仅改变了美国，也改变了中国，改变了每个人生活和工作的方方面面。笔者选取了六组例子，都是发生在我们身边的事，这些变化反映出了数字化如何改变了我们的工作和生活环境。

第一组：打车环境变化。从出租车到网约车，其根本变化在于大数据。使用打车软件叫辆车可能需要2～3分钟，但后台计算只需0.12秒，在这0.12秒内数据要计算16亿次，说明大数据的发展为新业态提供了重要支撑。

第二组：从方便面到外卖。打败方便面的不是另外一家方便面企业，而是外卖。这种现象在经济学上称作"跨界"。跨界的例子还有很多，如共享单车，谁也没想到几个年轻人能把自行车行业搞得天翻地覆，这就是跨界的作用。跨界可以使原来很强的一些企业找不到路径。诺基亚的管理者说"我们也不知道错在哪个地方，我们并没有做错，但我们确实失败了"，他没想到失败的原因竟是乔布斯的苹果手机的诞生。

第三组：汽车的变化。传统汽车工业最核心的竞争力是发动机技术，但对特斯拉而言，发动机技术一钱不值，因为它不再使用发动机，而是电池。这个现象叫"降维打击"，即使用新一代信息技术、互联网技术或新模式的应用，对传统产业带来冲击，使后者原有的竞争优势瞬间清零。降维打击的例子有很多，如电子商务对传统百货大楼、批发市场的冲击等。

第四组：手机的变化。从1G到3G、4G、5G（很多国家已开始研究6G），这个变化告诉我们：信息技术的发展存在迭代创新效应。例如，我们睡觉时，手机App会自动更新，这种变化是在不知不觉中完成的；过段时间你再回头看，会发现整个世界跟以前不一样了。其实，我们使用的淘宝网、微信等产品皆是如此，迭代创新是在不断发展的。

第五组：支付手段的变化。如果没有支付手段的变化，一切新业态、新模式都将无从谈起。谁也没想到中国首先跨入了"无现金社会"，而且目前来讲中国做得最好，但事物还会继续变化，Libra虚拟加密货币将来会不会对微信、支付宝支付产生降维打击？让我们拭目以待。

第六组：生产的变化。在大工业时代，流水线生产是最具代表性的，但已落后，因为人们用机器取代了人力。未来建立在大数据、协同智能化生产条件下的制造，将可能把机器变得像人一样聪明，甚至比人更聪明。

由于机器背后的数字、经济基本规律的作用，世界已和从前不一样了，但这并没有结束，因为很多技术正在酝酿中。笔者非常认同一个判断——"真正伟大的产品还没有出现"，包括5G、区块链、量子计算、AR、VR的深度应用及数字孪生城市等将给我们带来什么样的变化，现在还不知晓。

时代已发生变化，数字化已基本成为一个时代标签，如数字化的产品、服务、企业、产业和部门等。将来真正重大的变化很有可能使整个世界经济格局出现大幅调整，当前中国GDP占世界总额的比重已从过去的4%升至15%，未来还有哪些国家将在数字化时代受益，我们现在可以多考虑些。面对数字化，我们的策略选择是重新定义一切。

二、网络化：网络成为资源配置的重要力量

所有能被联网的终将被联网。联网会带来什么样的变化？网络将成为资源配置的重要力量，并将引发全面创新。过去，资源配置主要有两种力量，一是看得见的手（政府），二是看不见的手（市场）。过去，所有经济学问题基本上都可归结为这两只手互相作用，但现在多了一个维度——互联网。

互联网在配置资源方面具备的优势，是过去无论政府还是市场都无法比拟

的。例如，网络配置作为一种资源配置手段具有三大优势：一是广泛、强大的动员能力，通过网络可以把所有的需求、供给都动员起来，其动员规模是过去的企业根本无法完成的；二是智能化匹配，如蚂蚁金服在给中小企业贷款时提出"310模式"，即中小企业需要贷款，各种需求配置可能需要3分钟，若确定可以贷款，会直接把款项打到企业账户上，中间只需1秒且没有任何人参与，而过去要实现这样的供需匹配是很难的；三是赋能效应，所有参与者都能广泛使用网络平台上的所有资源，将大幅增强个人能力。

对于目前已提出和部署的"互联网+"相关政策制度，在这里给大家做三点提示：当我们谈"互联网+"时，一定要考虑互联网的所有属性和功能；互联网"加"到什么地方去时，要考虑所有的要素及每个变化的环节，互联网的功能是不是都用好了；不要只想到互联网，我们指的是以互联网为代表的新一代信息技术的总和，互联网、移动互联网、物联网、大数据、云计算等都要考虑到。

面对网络化，我们的策略选择是："互联网+"=（全技术 × 全属性）×（全要素 × 全流程）。约瑟夫·熊彼特的创新理论称"创新就是生产函数的改变"。任何要素稍微改变一点点，一个创新、新的产品就出来了。这么多技术、功能属性、要素和每个环节都会构成无数个创新模式，为什么这几年新产品、新工种、新岗位那么多，都是和这些相联系的。

三、数据化：人类认识和改变世界的能力大大增强

将万世万物的运动发展过程都转化成数据，运动变化的规律就会被我们越来越多地认识到，大大增强我们认识和改变世界的能力。

约翰·惠勒是美国的一位物理学家、黑洞命名者，他的名言是"万物源于比特"，即万世万物由比特构成。在他看来，万世万物就是数据，我们看到的

可能是个杯子，但他看到的可能比我们更多（如是个什么样的杯子），包括杯子的构成、功能、将来的发展变化等。你掌握的知识、数据越多，你对"杯子"的认识就越多。

以前我们没有能力看到更多的数据，但现在有一系列获取数据的方法，并能把数据找到、保存起来，分析成人类能看懂的东西，这时数据就变成了信息，数据化就是将事物及其运动转化为可识别信息的过程；信息经过加工应用，变成系列固定的知识，然后我们用这些知识去改造社会，就变成了智慧。这个知识模型告诉我们，数据挖掘是最重要的，因为数据是人类知识的原始宝藏。如何把数据利用好，需要加工，还需要人类智慧的进一步发展。

我们现在看到万世万物都可转化成机器能识别的"0"和"1"。手机能告诉你每天走了多少步，这些步数是有价值和意义的，也许某天我们去买保险，工作人员会说"对不起，你每个月需要比别人多交10元钱"，为什么？因为你不常走路。有了这些数据，大家会发现，原来所有的规律都可以慢慢地被挖掘出来，我们离事物发展的本质会越来越近。当所有的数据、知识规律都被挖掘出来，就可以用来决策、指导我们的行动，这就叫"数据驱动一切"。

我们要学会用大数据的眼光去看待世界，用数据说话，靠数据决策，依数据行动。

四、智能化：未来已来

智能化已向我们走来。智能化将延展人类大脑，同时大多数现有工作都可能被取代，大量新工作应运而生。现在关于智能化的应用场景已相当多，无论是在工业、农业、服务业，还是在我们的日常生活中，都能看到智能化的影子，如搜索引擎、智能教育、智能医疗、个性化定制、无人驾驶、智能假肢、智能交易、智能商业、工业机器人、农业机器人、智能识别、智能家居等。将来智能化的应用场景会更多，几乎我们所熟知的一切都将越来越多地被赋予智能化的概念。智能化可以提高工作效率、产品与服务质量，更重要的是智能化将成为驱动未来经济发展的一种新动能。

与网络化同类，在策略选择上我们要做好"智能+"，国家已把"智能+"上升为一个策略性的国家战略；同样要把所有人工智能（AI）的属性运用到生产生活的各个要素及其流程，即"智能+"=（AI×全属性）×（全要素×全流程）。智能化将会使我们的生活得到更多、更快、更好的改变。

五、平台化：无平台不经济

如果现在你还没学会使用平台，那么就该抓紧了。平台把所有供需都集中在一起，所有的需求都通过网络平台来提供；与此同时，所有的资源和产品都能通过平台发挥更大的作用。因为智能化匹配，供需之间的环节基本清零，一步到位，还可实现全方位赋能。

例如，最大的出租车公司有几十万辆汽车，但滴滴平台集结了3000多万名司机及其车辆；爱彼迎有600万个房源；满帮（汽车运输能力共享平台）已集结700万名重卡汽车司机，占公路主干线上重卡汽车司机总数的80%以上，连接了200多万个有货运需求的用户；好大夫在线集结了50多万名注册医师（全国注册医师数为260万名）；美团外卖上有300多万家餐饮店，同时有350万名外卖小哥，还有几亿名用户，这是过去任何餐饮行业企业比不了的；淘工厂（淘宝网上关于服装企业的一个应用平台）有3万多家服装企业，无论你想生产什么样的服装，都有人能很快完成；航天云网平台上已有270万家企业，无论何种高端装备的智能制造需求，在这个平台上都能得到满足。

笔者认为这类平台经济为我国制造业转型升级提供了新道路。据了解，美国工业互联网、德国"工业4.0"目前都还没有落地，而在我国产能共享平台已出现多种模式，相信中国可以走出一条不一样的道路来。

那么策略选择是什么？就是建平台、用平台、管平台。有能力的企业最好尽早建平台，将来"一业一平台"应该是个大的发展趋势；若企业不具备自建平台的能力，那么可以用平台，用好别人的平台即可；当然，平台企业本身也要管好平台，作为政府部门要探索管理平台的一些新思路。

六、生态化：共生、共治、共赢

平台经济发展的必然结果是生态化，因为平台经济聚集的资源非常多，聚集的需求和供给都是海量的。这些海量的供需互相碰撞会引发无数新需求。有新需求就会产生新供给，所以平台经济会进行生态化扩张。

平台之间的企业关系跟过去也不一样了。过去在工业化条件下强调"价值链"，在价值链的基本理论中，每个环节创造的价值加起来等于1，一边多了另一边就会少。但在生态圈不能沿用这个概念，生态圈是一种"竞合"，是一种共生、共存、共荣、共赢的新模式。在生态系统中，并非所有企业发挥的作用都相同，而是会出现不同种群，如领导种群、关键种群、寄生种群，他们之间要信息共享、协同进化，发挥自组织与他组织的共同作用，这与工业化条件下的生产是不一样的。将来会出现平台生态化、产业生态化，相应地，治理也将生态化。

七、个性化：每个人都是唯一的

每个人都是唯一的，因此，每个人接收到的产品和服务也将是唯一的，各种各样的应用场景已开始有大量实例来证明。例如，同样输入一个关键词（如智慧城市），你和我搜索到的结果是不一样的，因为我们关注的重点不同，而机器知道你想要的是什么。

将来每个人的家装、服装、汽车、工作、学习、交友、治疗、养老方案都不一样；甚至可能去餐厅用餐，一进去就给你推荐几个食谱，且都是你很喜欢的，为什么？因为是根据你的特点个性化设计的。

八、共享化：所有能共享的终将被共享

共享经济的发展已不是一个简简单单的经济现象，而是一种新的资源组织方式、企业组织方式。共享经济在2018年被写入国务院政府工作报告，已开始引领全球，但刚开始时基本沿着美国的发展模式，如美国有了Uber，我们就有了滴滴、快的；美国有了Airbnb，中国就有了小猪短租、途家等共享住宿平台；美国有了WeWork（共享办公平台），中国就有了YouWork。

但后来，中国的原创产品逐渐增多了，2016年被称为"共享单车元年""知识付费元年""网络直播元年"。例如，在知识付费领域，一开始大家都试图通过互联网让知识变现，但一直找不到很好的盈利模式，直到2016年喜马拉雅、得到、樊登读书等开始发展起来；目前全球70%以上的网络直播是由中国人提供服务的，这是我们值得自豪的一件事。

2016年后，西方国家开始研究中国，他们看不懂中国的网络直播是怎么赚钱的，因为他们不了解什么叫"打赏"，而中国人对此太熟悉了。过去台上的戏唱得好，扔上去个元宝，就是打赏；街上摆摊卖艺，有钱的人"捧个钱场"，没钱的人"捧个人场"，也是打赏。我们把中国古代文化与现在的共享化结合起来后，就出现了一系列新的数字经济新模式。

2017年，各种各样的"共享"就更多了，如共享充电宝、共享雨伞、共享停车位、共享篮球、共享睡眠舱、共享大学生宿舍等，甚至还有"共享纸巾"，现在发展得相当不错。

当然还有一些新发明也值得我们学习和思考。例如，美国的"共享路人"，就是陪你走路，一个人走路比较寂寞时，可以找个人陪你，你可以提要求，马上就有人接单，我相信这种模式在中国也会很有发展前景。

有个平台叫"好活"，专门为农民工提供服务。农民工最担心两件事：一是找不到好活，二是干了活拿不到钱。通过把农民工转化成网络个体户，哪里有大量的用工单位、能挣多少钱，一目了然，效果非常好。

还有"共享救援"，过去，一旦汽车出现问题，就需要找定制化的保险公司，保险公司再找定制化的企业或司机，若天气不好或不能及时赶到现场，要等待较长时间。在"共享救援"里，我们所有人都是救援对象、救援服务者。如果有人需要一桶油，附近谁方便就可以送一桶过去，并根据提供的服务收取相应费用，这个解决方式应用效果非常好。

这些共享经济模式的出现，使将来所有能共享的终将被共享，只要拥有资源就可以考虑用共享的办法使其发挥更大的作用，只要有需求都可以考虑通过共享平台来得到满足，企业、个人、政府都需要相应做出策略调整。

/二十四/
宅消费的前世今生和未来

> 作者：石章强，上海现代服务业联合会品牌专委会秘书长。

传统商业是"人找店"和"人找物"的商业逻辑；而"大云移物智"时代下的新商业则是"店找人"和"物找人"的商业模式。新冠肺炎疫情引发了宅经济，再加上种种蝴蝶效应，传统商业究竟如何转型升级商业模式呢？

一、"人找店、人找物"的"守株待兔"商业模式不灵了

社区商业和社区营销的花样在不断翻新，无孔不入，让人眼花缭乱甚至有些厌烦。越来越多的企业意图进入并挖掘财富。众多的企业还在孜孜不倦、不遗余力地推行传统的社区营销。社区营销从萌芽到现在，很多企业运用它增加了试用人数，有效刺激了销售，树立了企业形象，打击了竞争对手……

但是，今天的社区已非昨天的社区，现在的居民也并非昔日的居民。

新兴的社区营销和宅消费模式不再新鲜。营销环境发生巨变，传统的社区营销思维方式、手段和方法已经很难打动今天的消费者了。

传统社区商业和社区营销经历了两个阶段。

第一个阶段是为了销售而宣传，也就是卖宣传。它是在常规营销的基础上创新了宣传的地点和内容，编写的产品知识通俗易懂，讲述老百姓自己的故事，在社区、广场及终端普遍投放或一对一宣传，在社区公共栏张贴宣传海报，在社区及周围大面积做墙体广告等，集中进行终端销售，再进行第二轮宣传，主要追求单场销售量。

第二个阶段是为了销售而服务，也就是卖服务。它是在初级阶段的基础上重视服务，但整个观念仍以市场销售为导向，社区营销活动是围绕市场销售来做的，虽然也重视产品的售后服务，但服务的本质是为了使消费者不流失，是为了销售更多的产品。然而，随着消费者的成熟、大量连锁超市和便利店的进驻、社区竞争的日益激烈、新型社区的不断建立，以及管理的有序性和规范性的增强，传统的社区营销方法正在浪费众多企业的资金投入并逐渐失去竞争力。因此，社区营销必须与时俱进，才能真正焕发生机和活力。

当下的社区商业即将进入第三个阶段，也就是新社区商业（即宅消费），为了服务顺带销售。从传统的"人找店、人找物"升级到"店找人、物找人"甚至是"人信店、物送人"。由此，我们需要回归原点思考，社区商业、社区营销和宅消费的前世今生和未来，以及宅消费背后的引爆点是什么？是社区、社群还是社交？

二、重新定义宅消费：是社区、社群还是社交？

随着中国社会经济与房地产业的蓬勃发展，目前城市中的绝大多数居民已经按照自身的居住业态形成了一种社区化的生活方式，而"社区营销"和"宅消费"恰恰是在这样的大环境与背景下所诞生的事物。

近几年来，由于传统分销渠道竞争的日益加剧，渠道创新往往成为一些企业出奇制胜的法宝。在城市中，星罗棋布的社区蕴藏着无比巨大的潜力，在社区中如何进行创新营销形成宅消费、宅经济是一个重大课题。重新定义宅消费，要认清宅经济，创新宅模式，社区是载体，社群是路径，社交是核心。

因此，"在社区中用社群来社交"以及由此重新定义的"宅消费"逐渐被一些企业视为一种全新的营销方式和商业模式，并被越来越多的企业所关注。

只有不断创新，企业才能保持旺盛的生命力。中国企业营销正处在创新与变革时期，传统意义上的社区营销为了适应中国新一轮的营销创新，其自身也必须做出一系列的转变，从渠道角色、营销目标、社区媒体、社区活动、营销推广五个方面重新思考社区营销和重新定义宅消费，才能够满足企业与消费者不断变化的需求并进行高效的连接。

1. 渠道角色：从企业的销售渠道向传播和服务渠道转变

从中国近几年的商业发展形势来看，企业的销售渠道正在急剧细分化。仓储型超市、连锁超市、便利店、网吧、火车站、机场等渠道的出现，正是渠道细分化的结果。

在市场中，企业对渠道资源的争夺往往最直接地表现在对零售终端的支出上。为了有效地掌控渠道，众多企业的终端促销、产品陈列、宣传等费用都在以几何级数增长。除这些常规支出之外，企业还要向终端交纳品类进场费、店庆费、DM（直接邮寄广告）宣传费、促销人员管理费等各种名目的附加费用，让企业苦不堪言。

社区的兴起，使企业清醒地认识到这是一个投入小、见效快的新型销售渠道。因为在社区内营销，只需向物业公司交纳少许的费用（有些情况下甚至无须交纳费用）即可产生不错的销售效果。作为销售渠道，社区更多地承载了促销渠道的功能，也就是说社区营销可以帮助企业在短期内提升产品销量。

但随着社区中企业数量的增加和社区连接载体的改进，这一渠道中的竞争也更加激烈。这时，社区消费者面对日益同质化的产品和促销活动，将很难表现出购买热情。今天，如果社区的渠道职能还仅仅停留在销售层面的话，企业在社区内的竞争优势将极难体现。

此时，企业若想保持原有的竞争优势，要先在社区的渠道功能上进行创新，即把社区从企业的销售渠道重新定义为传播和服务渠道。二者在功能上有着本质性的区别。销售渠道解决的是企业"产品陈列、引导购买"方面的问题，而传播和服务渠道解决的则是"产品体验、品牌信任及服务转化"的问题。如果说"实效"是企业对社区销售渠道的首要要求的话，"精准"就应该是企业对传播和服务渠道的第一要求。

2. 营销目标：由单一促进销售向系统建设品牌转变

最先进入社区的企业，其目的一般是为了直接销售产品。传统的"套路"无非是发发传单、搞个活动、派发一些样品、现场销售一些产品。但随着消费者消费观念的不断成熟，消费质量的不断提高，在社区内销售的一些不知名产品获得消费者信任的难度越来越高。与此同时，有些企业在搞社区活动时，不注意时间和地点的安排，往往影响了社区居民的正常休息。所以，众多消费者对在社区内直接销售产品往往抱有反感。企业在实施社区营销时，若一味地片面追求销量，往往会导致品牌美誉度、忠诚度等指标的下降，那么即使产品在短期内销售得很好，可一旦有新竞争者提供更优质的产品或服务时，消费者便会流失。

在品牌引导消费的今天，社区营销目标也需要由单一的促进销售向系统建设品牌转变。因为只有这样才会提升品牌的知名度、赢得品牌的美誉度，建立消费者对品牌的忠诚度，并形成有益的品牌联想，从而产生良性的销售循环。

企业在开展社区营销时，如果能够有效地利用社区广告媒体，并举行一系列的公益活动就很容易建立起良好的品牌形象。笔者曾经在北京的一些高层公寓的电梯中看到某品牌茶叶的系列公益广告，留下了非常深刻的印象。在广告中，此茶叶的包装和标识占据了广告画面中很小的版面，而画面的主体是一块"小黑板"，"小黑板"上写着"多喝茶，少吃油腻，多运动少坐电梯""瞧！其实人与人之间的距离并不远""邻里之间多走动走动"的文案。广告画面上的这些内容都是与社区住户的生活息息相关的，或许这一句话就可以给坐电梯的人带来一天的好心情。一句提醒、一句关怀的话语一下子就可以拉近品牌与社区消费者的距离，使消费者直接感受到来自品牌的关怀。这一系列广告虽然没有直接促销产品，但沟通的力量却远远大于硬性的销售，效果好很多倍。试想一下，留给消费者印象这么深刻的品牌，消费者在购买产品的时候还会拒绝它吗？

3.社区媒体：从产品/品牌信息的通道向产品/品牌信息的最佳接触点转变

营销需要传播，而传播则要通过媒体。社区广告媒体是企业做社区营销时必须涉及的传播工具。社区广告媒体主要包括社区微信群、社区会所、社区物业中心、社区电梯、社区户外广告牌、社区直投DM、楼宇液晶电视，以及果皮箱、园区座椅等一些其他形式的广告媒体。

过去，一些企业在应用这些社区广告媒体时，仅仅把它们当作产品/品牌信息的通道。即企业在选择媒体时，大多把注意力聚集在媒体成本合理性上，很少考虑社区的特征、社区受众群体的特征，并根据其特征来制定媒介策略及广告的创意策略。这样做的结果，往往是企业产品的目标消费群与社区的受众群体不一致，或者是产品广告的诉求信息与社区受众群体的消费特征相悖。

我们曾经看到很多这样的现象：在均价不足10000元/平方米的楼盘的电梯中，有价格不菲的某高端奢侈品牌轿车的广告。可以想象，这样的广告很难产生良好的效果。因为,社区楼盘价格的不同,导致了不同消费能力的人群购买不同的楼盘。居住在50000元/平方米社区中的消费群体和住在10000元/平方米社区中的消费群体,其消费能力是有很大区别的。在一个没有企业产品目标消费群的社区中,投放社区广告是一种媒体资源的浪费。

随着企业对社区广告媒体的逐渐认知,很多企业已经可以越来越成熟地运用社区广告媒体来为传播锦上添花了。

"从产品/品牌信息的通道向产品/品牌信息的最佳接触点转变",是社区营销创新的另一个趋势。它以"信息最佳接触点"的角度跳跃出从前的"成本导向",更加注重广告投放的最佳状态。

三、抓住宅消费的"七寸命门"

街道社区与便利店是社区的门面。传统的营销是招贴到处有,横幅到处挂,做个灯箱当路灯,业务员找个落脚点做活动,散发些传单,有规模的开设个门面。这些已经做得很乱了,所以社区营销如何做?怎么才能摆脱现有的传统做法?让新的营销理念能够在社区里加以发挥,就需要重新认识现在社区的功能和宅消费的形态和业态,把握和认知当下和未来社区营销的关键点,这样才能够认清社区营销的"里子"和"面子",实现到店消费到到家消费的完美转换和升级。

目前,社区正在发生变化,人性化社区的出现为社区营销工作带来新的思路。由于社区的各方面水平进一步提升,社区原有的"我被管理"转向"被我管理",所以面对的基本消费群体实际已经出现了一个质的变化,靠街道和社区发布的以行政动员为名的所有行为基本没有发挥多少作用,社区的价值导向也发生了直接的变化,原来我们熟悉的以基层单位作为依靠的宣传随之转变,如何让现在的社区营销工作适应时代,应一方面通过产品促销,另一方面透过大量的信息交换以改变传统的广告行为，使社区消费者获取大量的知识产品和内容服务才是目前促进社区消费的关键。

未来社区发展从营销层面来讲，需要革新的项目体现在如何与传统营销方式做区别，也就是发现与创造新的营销服务是非常重要的，未来社区的发展肯定多以信息化服务与细节服务互相交替展开，如果做不到细节那就做网络化，社区网络的连通也是营销手段的提高，做不到网络化，那就做细节。

细节的体现是长久服务营销的标志之一。做好细节工作，需要营销人员有比常人更加仔细的观察力、洞察力和捕捉力，强调对社区机会的捕捉，了解社区的发展变化。了解社区的细微变化就是掌握现代社区营销的动向所在，只有这样才能真正抓住宅消费的"七寸命门"。

那么，抓住宅消费的"七寸命门"后，又将如何实现业绩的转化和持续呢？宅消费的核心又是什么呢？

四、宅消费的核心：拉客、杀客、留客和转客

重新定义了宅消费，厘清了机会点，便能很好地理解商业模式颠覆的本质是对传统社区营销和宅经济的变革，也为宅消费的社区O2O运作及落地提供了理论指导。

笔者认为，围绕信息和信任，以对消费者的消费需求研究为前提，确定相关方的需求和目标利益，解剖环节、聚焦资源、辩证施法，方能保障社区O2O落地的有效实施。

在"大云移物智"的大环境下，消费者的需求正从"Need"到"Want"和"Value"，生产力的极大发展和生产技术的不断突破和革新，在信息轰炸的洗礼下，消费者也变得越来越成熟。面对不断成熟和升级的客户需求，企业也

应进行内功的升级，在与客户的接触中应该完成产品和服务从"连接"到"联接"，再到"链接"的思想体系的系统升级。

企业宅消费落地的成功与否，除了对消费者需求的洞察及匹配连接，在具体的落地实施过程中，需要完成的核心内容如下：清晰的战略地图规划和符合逻辑的商业模式，严谨和完善的"四品合一"的品牌顶层设计，"四客体系"是社区O2O落地执行的整体指导思想，"六力模型"是社区O2O落地标准设计规范，以刚需、高频、强黏、量大和好用打造的"热产品"是O2O落地并成功的基础要素，"人货场"三合一是O2O落地的核心，"人机时地付"五位一体是宅消费社区O2O落地的终极体现形式，企业营销系统的升级匹配宅消费落地方法论是执行保障。

1. 清晰的战略地图规划和符合逻辑的商业模式

摸着石头过河，如果是在盲目的情况下并不可取，所以企业进行的社区营销和宅消费建设及落地执行，必须在内外部评估清楚的基础上有的放矢。

所谓清晰的战略地图规划是在详细了解产业发展及政策、行业态势和竞品、区域特点、企业内部可以整合的资源的基础上，立足产品服务，对未来做出的可预期的目标制定及发展过程中的关键节点的把控，要求对企业自身进行精准定位，在落地实操的过程中应该把握三个原则，即首创、第一、唯一，以此三点对企业自身项目进行深度分析，包括社区生鲜、在线办公、人工智能教育、亲子陪伴、旅游、酒店、餐饮、购物等与社区宅消费密切相关的行业均是如此。

所谓符合逻辑的商业模式主要从宅消费O2O成功的关键要素角度进行分析，企业宅消费O2O建设中应该避免以下两个核心问题。

（1）用户习惯尚未建立，杜绝"自嗨"和盲目烧钱。O2O创业者喜欢瞄准

"最后一公里",但很多创业者不知道的是,并不是所有的"一公里"内的服务都是需要从线上到线下完成的,从而创造了很多"伪需求"。消费者完成一个动作,首先考虑的是最便捷的方式,其次是时间,最后才是金钱。用户是O2O服务的主体,用户是理性的,他们会自行判断自己的真实需求是什么以及什么样的服务最适合自己。因此O2O创业最重要的一点是建立用户习惯,而且是合理的用户习惯。

(2)供应链、物流问题难以解决,导致O2O无法有效落地。供应链问题是消费类O2O创业公司面临的一个大难题。如果创业者没有电商行业从业经历,那么他们很可能会在供应链上遇到难题。O2O是电商的另一种延伸,因此供应链问题直接关乎用户体验。如果没有成熟完整的供应链,用户的信任、口碑和回头率等重要指标将难以达到。

符合逻辑的商业模式在企业O2O建设中应该符合以下三条商业规律:是否成倍释放闲置资源、是否成倍提升市场效率、是否成倍增强消费体验。满足这三点,并解决重要制约要素,企业O2O落地便成功了一半。

2.严谨和完善的"四品合一"的品牌顶层设计

好的品牌顶层设计应该遵循的原则是"四品合一",即"商号、商标、品类及广告语"合一,一句话说清楚企业内核及传递给合作伙伴和消费者的价值。好的品牌顶层设计,将有效传递企业服务理念和产品服务价值,精准的定位也将在消费者心智中形成重要的占位,并形成自发的传播和分享。如每日优鲜、天天买菜、盒马鲜生、苏鲜生、一亩田均是符合"四品合一"的品牌典范。

3."四客体系"是社区O2O落地执行的整体指导思想,"六力模型"是社区O2O落地标准设计规范

"四客体系"是以顾客需求为核心的营销思想,是相对于传统的多开店、

快开店、开大店、开好店的"四店体系"而言的，是一种更加人性化和贴近消费者的营销思想体系；多店点线面复制的"六力模型"，从整体上对营销进行了各环节的拆解和细化，深入解读影响消费者的各个营销触点。

"四客体系"与"六力模型"各自独立又相互渗透，合理导入"拉客—杀客—留客—转客"的"四客体系"和"规划力—产品力—形象力—推荐力—管理力—服务力"的"六力模型"，是保障企业社区营销和宅消费O2O建设及落地成功的重要执行标准。

4. 以刚需、高频、强黏、量大和好用打造"热产品"，是O2O落地并成功的基础要素

产品是所有营销的基点，只有打造"热产品"，才能抢占市场竞争的制高点。何为"热产品"？畅销、长销、高价销、高利销四者缺一不可，才是真正的"热产品"。

在O2O落地建设中，要成功打造热产品，就必须遵循五个原则：刚需、高频、强黏、量大和好用，五个维度互相支撑，才能构建并形成强大的热产品，而且产品至少要符合两个及以上原则，否则可能是解决伪需求的虚产品。

5. "人货场"三合一是新场景革命，是O2O落地的核心

在商业的"人货场"三大要素里，纯粹以场为中心的时代正在过去，以人为中心、以货为载体、以空间为体验和互动的时代正日益发展。

本着用户至上的基本前提，在服务用户时一定要以体验、参与、互动为主要方式，增强现有用户对企业的认可，达到成倍增加消费体验的目的，培养一批用户做存量、养口碑，之后才有可能具备自己做增量和抢变量的条件。

"人货场"的完美融合增强了销售的画面感，让商家能更好地和客户进行

销售沟通，也让客户获得了更好的购买体验。通过将用户的需求形象化、感知化、具体及量化，才能以最精准的方式满足需求，从而极大提升流通及交易效率。

"人货场"是商业社会中的基本要素，不论是B2C、B2B还是C2C又或者是O2O，本质不会变。新"互联网+商业环境"下，"人货场"在结构、空间及顺序上正在发生改变，三者的完美融合是O2O落地的核心。

6. "人机时地付"五位一体是宅消费社区O2O落地的终极体现形式

单纯的O2O模式已经很难在现有的竞争环境下脱颖而出，企业需要在O2O的基础上匹配的用户需求、载体、时间、场景和支付手段，使O2O不仅仅是停留在简单的线上下单和线下体验上，而是使企业的服务与用户的需求及消费习惯的核心点能一一对应，深入匹配，做到"人机时地付"五位一体，这也是企业在现有竞争环境下O2O落地能否成功的基础和终极体现形式。

人：用户，核心是企业的宅消费模式所提供的服务能满足用户的需求，同时用户的规模与消费频率是否能支撑企业服务。

机：载体，核心是移动设备，根据目标群体的需求明确产品的主要上架系统的先后顺序以及匹配的主要载体。

时：时机，核心是企业的宅消费模式在现有细分行业中的进入时机，行业内的竞争以及资本投资是否已成定局。

地：场景，核心是构建和满足用户在不同消费场景中的消费体验。

付：支付，核心是便捷安全的支付体系支持，也可延伸至消费金融相关的服务。与自身行业高度匹配的支付体系将大大提升转化率。

7.企业营销系统的升级匹配宅消费落地方法论是执行保障

在企业营销系统的构建上,需要颠覆和重建与之对应的组织系统:需要由以前的市场、客服、销售"三驾马车"升级为用户感知、沟通服务和体验交易的三大接触点组织系统,从而才能实现互通、联动的"O2O+实效"。

因此,在新时代背景下的商业环境中,企业的核心竞争力本质上是顺应社会发展规律的,谁能在社会化生产及流通的环节中提高效率、优化效益、追求效能,谁就能走得更好、更远。

企业应珍惜当下的机遇,把握住自身发展黄金时期,在新一轮的"大云移物智"技术革命的推动下,实现社会的整体繁荣与社区的共同发展。

/二十五/
如何激发结构性潜能做好国内大循环

> 作者：刘世锦，中国发展研究基金会副理事长、全国政协经济委员会副主任。

一、当前中国经济的特征

2020年上半年，中国经济表现总体符合预期，甚至在有些方面超出预期。在新冠肺炎疫情这一"压力测试"中，中国经济表现出以下三个重要特征：

第一，出口行业迅速恢复，6月份已恢复正增长，上半年整体呈现小幅增长态势。中国出口行业的竞争力，在此次疫情之中突出表现了"应变能力"和"韧性"，中国"出口大国"的称号再次得到验证。

第二，需求侧的恢复速度慢于供给侧的恢复速度。对此，笔者试图给出一种解释：供给侧的机构更多，需求侧的个人更多，在行政和市场的力量下，机构的反应速度一般快于个人，行动能力更强，更容易受到政策驱动，因此，供给侧的恢复速度会快于需求侧的恢复速度。

第三，需求侧近期逐步回升，但能否恢复到疫情之前的状态，仍有待观察。周小川提出的"数字化生存"的概念,值得关注和研究。疫情后,部分需求可能会出现"永久性减少"的现象。例如,人们过去参会需要坐飞机、住酒店、在餐馆就餐,但现在人们都通过互联网开会,导致这些需求难以恢复。

尽管如此,中国经济的恢复在全球范围内仍是排在前列的。如果一切正常,2020年第三、四季度还可以恢复到5%~6%的增长速度,全年可争取实现3%左右的增长(实际2020年中国GDP增长率为2.3%)。由于2020年的基数低,2021年可争取恢复到7%左右的增长速度。将2020年和2021年的增长速度合在一起看,如果两年经济增长速度能达到平均5%,就算恢复得相当不错。

二、宏观政策的方向

笔者提出用相对增长率,即用中国的增长率和全球的平均增长率进行比较,来评价中国的增长状况。如果2020年中国的增长速度达3%,全球增长速度为-3%,两者间的差额将达到6个百分点。也就是说,中国的相对增长率会达到6%。2020年第三季度后,我国经济逐步回到常规的增长轨道。一方面,我们要防止资金过度流向股市、房市,把泡沫经济再带动起来。宏观杠杆率已经提升,希望不要再进一步提升。我们要防控金融风险。根据目前的一些数据来看,金融风险有可能是在扩大的。另一方面,应继续拓宽支持实体经济融资的渠道。

宏观政策调整需关注资金流向。在此次疫情应对中,中国财政货币政策的"度"把握得较好,既保持了资金充足的流动性,又没有施行"大水漫灌"式政策。但2020年6月社会融资和M2增速均创近年新高,且GDP增速的差距明显拉大。在危机中释放流动性,以保持流动性不中断,这是一种"生存性的放松";当生存问题大体解决之后,增发货币的流向值得关注。2020年股市火爆增长显然不是靠业绩的支撑,一些城市也出现房价上涨的苗头。美国在这些方面表现更为明显，一些股票价格指数已创新高。从货币操作上来看，收回释放出去的流动性资金是很困难的。我们既要考虑到中远期的债务兑付问题，也要考虑近期如何对付泡沫经济，以及资金流向问题。有些方向我们不希望资金流入，甚至应采取措施防止资金流入，如房市、股市；有些方向我们希望资金流入，如实体经济，但政策预期和人的行为有时是存在一定差距的，这是目前面临的难点。只要疫情存在，就会有疫情防控的"成本折扣"。2020年第三季度以后，疫情仍未完全消除，要使经济逐步恢复到常规增长轨道，宏观政策也要做相应的调整。当然，就目前情况来看，虽然政策不宜明显收紧，但也要考虑防止泡沫经济、资金流向等问题。

在特殊时期，宏观政策很重要。更重要的是，中国经济仍要保持较好的增长状态和比较高的增长速度，我们的注意力一定要转到结构性潜能上来。

三、结构性潜能的两个方面

所谓结构性潜能，就是指中国作为一个后发经济体，在技术进步、产业结构和消费结构升级、城市化进程等方面所具有的发展潜能。我们可以从两个方面来看这些潜能。

第一，追赶的潜能。目前，中国人均收入为1万美元，而发达经济体人均收入的门槛是1.26万美元，大部分发达经济体的人均收入为4万美元以上。这3万美元的差距便是中国要追赶的差距。我们不应忽略追赶发达国家的任务，这3万美元的差距是中国最重要的增长潜能所在。

第二，新涌现的潜能，即我们和发达经济体并跑，甚至是领跑的潜能。主要体现在以下两个方面，一方面是数字技术和与之相关的数字经济，另一方面是绿色发展。

四、强调以国内大循环为主体

如何调动结构性潜能？这就涉及国内大循环。为什么要强调以国内大循环为主体呢？

第一，不论是国内循环还是国际循环，出发点和归宿点实际上都在国内，都是以内需为基础，满足中国人民日益增长的美好生活的需求，所以这个循环无论怎么循环，出发点和归宿点最终都在国内。

第二，从国际范围来看，一般大国都是以内需为主的，即使开放的程度比较高，但对外贸易的比重也相对较低。中国出口占GDP的比重曾超过30%，现在已经降至20%以下了。像日本、美国这些经济体出口占GDP的比重都在10%～20%。

第三，中国作为世界上人口最多的超大型经济体，拥有世界上最大的市场。即14亿人口和4亿人的中等收入群体，中国这个市场处在一种非常独特的地位，和其他大国相比，更有必要形成以内需为主的经济大循环。

第四，中国经济已经进入服务业比重提升，并且逐步处于主导地位的增长阶段。服务业的一个特点是大部分市场需求仍然是本地化的、不可贸易的。随着中国服务业比重的提升，内需占整个经济活动的比重的上升是必然的。

以国内大循环为主体，既有现实的需要，也符合发展规律。事实上，我国一直是以国内大循环为主体的，当前的经济形势只是加大了以国内大循环为主的需要。在贸易保护主义加剧的情况之下，部分外需市场会出现收缩，且全球化遭遇逆流，国际上单边主义、保护主义猖獗，出现了关键技术产品断供的情况。一部分大中型经济体可能被迫实施某种产业备胎战略。

从这个角度来看，在这一段时间讲的国内大循环有和过去不同的特点。第一，要提高内需的比重。第二，要提高关键技术和重要产业链的可替代性和抗冲击的能力。这并不意味着对外开放的倒退，更不是关起门来自给自足。下一步我们不仅要继续对外开放，而且需要更高水平的对外开放。

更高水平的开放有五个特点。第一，要根据不同国家、不同地区市场的变化选择开放策略。第二，要适应开放程度的周期性变化。最近几年，虽然全球化遭遇寒流，但大的方向还是往前走。我们过去对全球化的周期性变化估计不足，以后要适应这种周期性。第三，要更有韧性和弹性，进行更具抗冲击性的开放。第四，要基于制度规则进行开放。第五，要进行能够维护和引领全球化长期发展的开放。

五、"1+3+2"的结构性潜能框架

在这种背景下，国内大循环是开放型的、是以内需为主的，如何才能循环起来？笔者提出一个观点，即我们需要形成一个以都市圈、城市群建设为龙头，以产业结构和消费结构转型升级为主体，以数字经济和绿色发展为两翼的"1+3+2"的结构性潜能框架。

"1"指的是以都市圈、城市群建设为龙头，为下一步中国经济高质量发展打开空间。为什么特别强调都市圈和城市群建设？因为它有更高的集聚效应和全要素生产率。2020年后十年，中国经济80%以上的增长潜能、产业转型升级和创新驱动，基本上都来自都市圈和城市群建设。

"3"指的是实体经济方面存在的三大短板。我们的基础产业效率不高，主要是因为我们在不同程度上存在着行政性垄断。下一步我们需要打破垄断，鼓励竞争，降低成本。从主体部分看，我们需要推动消费结构升级和产业结构升级。通过消费结构升级带动产业结构中的产业链、价值链逐步往上延伸，但我们面临的问题是，中等收入群体规模还不够大。从高端领域看，

我们高端领域的基础研发能力，特别是源头创新的能力不强，需要加强这方面的建设。

针对三大短板，也应该推出一些针对性措施。对于石油天然气、电力、铁路、通信、金融等基础产业领域，在放宽准入、促进竞争方面，要有一些标志性的大动作。例如，在石油天然气行业，上、中、下游全链条放宽准入，放开进口；在通信行业，允许设立一两家由民营资本或包括国有资本在内的行业外资本投资的基础电信运营商。这样的改革可以有效带动投资，更重要的是降低实体经济和全社会生产生活的基础性成本。

改进和完善社会政策，加强公共产品供给体系的建设和改革，在"保基本"的基础上，重点转向人力资本"提素质"。把中等收入群体倍增作为全面建成小康社会后的一个重要战略。虽然中国有超大规模的市场，但消费能力从哪来？我们应该特别强调把消费能力转化成生产和创新能力。近几年数字经济的发展，是基于中国庞大的消费市场形成商业模式之上，利用收入的增长推动生产能力和创新能力的提升。中国不仅应成为世界上最大的消费市场，而且应成为产业链条效率最高、应变能力最强、最具生产力的生产基地和创新大国。

把消费能力转化为生产和创新能力是中国超大规模市场的基本着眼点，也是"内循环"的一个基本含义。在创新居于前列、科教资源丰厚的若干城市中，如杭州、深圳等，创办高水平大学教育和研发特区，突破现有体制机制政策的不合理约束，在招生、人员聘用、项目管理、资金筹措、知识产权、国籍身份等方面实行特殊体制和政策。支持并鼓励更多的大学和研究机构脱颖而出，营造有利于自由探索、催生重大科学发现的机制和文化氛围，吸引全球一流人才，产生重量级成果，形成一批有中国特色、与国际一流水准接轨的新型大学和研发机构。

对外开放应谋划一些更具想象力和前瞻性的重大举措。在国际上反对单边主义和保护主义，在国内要防止狭隘民族主义和民粹主义，面对关键技术短缺、脱钩的压力，要利用好我国超大规模市场的优势，以更大力度、更聪明的方法推动开放，与国际上的某些势力形成有效制衡。在必要的时候，可以打出"三个零"（零关税、零壁垒、零补贴）这张牌，虽然实际推动很难，但要站上制高点，争取国际博弈的主动权。我国的贸易优势与关税保护没有多大关系，要在全球化的理念和意识形态、规则制定上走到前面，至少争取道义上的支持，才能在博弈中处于有利位置，对全球开放起到引领作用。

"2"指的是数字技术和绿色发展。数字技术和绿色发展是新形成的增长动能。下一步实际上是一个大格局，一边是实体经济，另一边是和实体经济相对应的数字经济。数字经济的实体化及实体经济的数字化带来的潜力非常大，而我们的数字经济处在起步的阶段。绿色发展不仅限于环境保护和污染治理，更重要的是，还包括了绿色消费、绿色生产、绿色流通、绿色投资、绿色金融、绿色创新等，是一个完整的绿色生产体系或经济体系。

在经济复苏的过程中，德国和法国提出了复苏的两大支柱，就是数字技术和绿色发展。中国在这两方面起步并不算晚，我们有自己独特的优势，既可以为我国经济的追赶过程提供支撑，又可以引领全球范围内发展方式的转型。

概括起来，"1+3+2"的结构性潜能框架，是一个龙头引领、三大短板补足、两个翅膀赋能的结构性潜能框架。把结构性潜能调动起来后，才能够把国内大循环做好。我们下一步深化改革，重点是要打通要素市场。

六、重点要打通要素市场

针对以都市圈、城市群建设为龙头，笔者强调两方面的改革。第一，要深化农村土地制度改革，推进集体建设用地的入市，让宅基地能够逐步向集体组织有序流转。第二，要推动空间规划和公共资源配置的改革。在空间规划过程中，需要尊重市场信号。其中很重要的一个信号是人口流动的信号。我们应该按照人口的流向分配用地指标和财政补贴资金等，并按照人口布局的变化，定期调整城市规划。

这种改革可有效带动投资，更重要的是可降低实体经济和全社会生产生活的成本。这也是供给侧结构性改革强调的降成本。基础产业领域的改革，要降低全社会的基础性成本。要完善社会政策，加强公共产品供给体系的建设和改革。完成全面建成小康社会的任务之后，我们应该提出一个新的目标，即中等收入群体倍增，也就是将现在4亿人左右的中等收入群体，通过10年或者更多的时间，实现翻番，达到8亿~9亿人。

/ 二十六 /
疫情、衰退与冲突下的中国经济新发展

> 作者：张明，中国社科院世界经济与政治研究所国际投资研究室主任。

一、当前全球经济的三大关键词

目前，"疫情"、"衰退"与"冲突"，构成了刻画当前全球经济形势的三大关键词。

第一，新冠肺炎疫情迄今为止依然在全球范围内扩散，不单是新兴市场国家沦为新的重灾区，疫情在欧美发达国家也呈现出二次反弹态势。根据世界卫生组织的数据，截至2020年10月25日，全球范围内已经有4251万人确诊、115万人死亡；美国、印度与巴西是全球疫情确诊人数最高的三个国家，分别达到840万、786万与535万人。从疫情演进的趋势来看，一方面，新兴市场国家已经取代发达国家成为疫情重灾区，其中，印度与拉美的疫情演进最令人担忧；另一方面，2020年进入秋季以来，疫情在美国与欧洲已经出现了明显的二次反弹。在真正有效且能够大规模推广的疫苗问世之前，全球范围内的疫情演进依然有扩大化与长期化的态势。

第二，2020年全球经济将会陷入自第二次世界大战以来最严重的经济衰退，2021年能否实现V形反弹还面临着一系列不确定性。根据国际货币基金组织2020年10月的预测，2020年全球经济增速为–4.4%，这是全球经济自第二次世界大战爆发后的最低增速。其中，发达经济体2020年的经济增速为–5.8%，新兴市场与发展中经济体2020年的经济增速为–3.3%。在全球主要大国中，仅有中国的经济在2020年实现了正增长。国际货币基金组织预测全球经济在2021年的增速有望达到5.2%，即实现V形反弹。但考虑到迄今为止新冠肺炎疫情仍在快速蔓延、中美贸易摩擦具有不确定性、全球地缘政治冲突此消彼长等因素，2021年全球经济能否实现V形反弹，还面临着较强的不确定性。例如，有观点认为，未来的经济复苏路径可能是U形（经济增速停留在底部的时间较长）、耐克钩形（经济复苏的轨迹脆弱且漫长），甚至K形（高收入群体收入显著复苏，但中低收入群体收入长期受损）。

第三，全球范围内各种类型的冲突依然面临复杂多变的形势，甚至可能继续加剧。例如，美国对华遏制甚至规锁的总体战略并不会发生改变，中美贸易摩擦面临长期化与扩大化的危险。又如，中亚的阿塞拜疆与亚美尼亚发生的军事冲突，看似是两个小国之间的冲突，其实背后隐藏着大国之间的博弈。在上述不确定性因素之下，刻画全球经济政策不确定性的相关指数2020年以来达到了历史高位，并持续在高位盘整。不确定性高企，这是2020年黄金价格能够创出历史新高的根本原因，也是发达国家国债收益率持续创出历史新低的重要原因。

二、疫情后全球经济的四大隐忧

从目前全球各国应对新冠肺炎疫情的政策举措以及全球范围内更深层次的趋势来看，后疫情时代全球经济将会面临四大隐忧。

隐忧之一，疫情后，发达国家与新兴市场国家之间的发展差距很可能进一步拉大，且不排除部分较为脆弱的新兴市场国家再度爆发金融危机的可能性。新冠肺炎疫情暴发后，发达国家利用其国内货币充当国际货币角色的优势，实施了极为宽松的财政货币政策，以应对疫情、平稳市场与提振经济。相比之下，由于本国货币不能充当国际货币，以及举债面临国内外各种约束条件，新兴市场国家能够采取的宏观应对措施较为有限。这就意味着，在疫情结束之后，相比新兴市场国家，发达国家的经济能够得到更快、更充分的反弹。换言之，全球金融危机爆发后新兴市场国家对发达国家的经济追赶过程，可能因为这次疫情的暴发而放慢，甚至有逆转的可能性。那些自身经济金融基本面比较脆弱、又受到疫情严重冲击的新兴市场经济体，未来可能再度爆发金融危机。如前所述，目前受疫情冲击最为严重的拉美地区的一些国家，在未来爆发金融危机的可能性较大。

隐忧之二，随着全球零利率与负利率格局的加深，全球机构投资者可能不得不再次追逐风险，这会为下一轮资产价格泡沫埋下伏笔。为了应对本次新冠肺炎疫情的冲击，发达国家央行普遍实施了史上最为宽松的货币政策，包括降息与量化宽松。目前来看，日本与欧元区短期政策性利率已经为负，美国联邦基金利率为零，英国短期政策性利率也距离零利率不远。在发达国家长期政府债券中，日本与欧元区债券收益率也已经为负，美国与英国债券收益率距离零利率不远。在未来一段时间内，全球零利率与负利率格局可能进一步加深。负利率将对保险公司、养老基金、商业银行等全球机构投资者构成重大挑战：一方面，这些机构投资者的负债端成本比较固定；另一方面，这些机构投资者的资产端收益率将受到负利率的显著负面冲击。为了维持利率稳定，这些机构投资者未来可能不得不将部分资产用于更高收益率、更高风险的投资。由此形成的新一轮风险追逐行为（Risk Taking）可能会带来新一轮资产价格泡沫，并为随后的资产价格暴跌埋下伏笔。

隐忧之三，发达国家政府债务水平在疫情之后将会再度达到历史性高位，未来如何实现去杠杆面临着重大不确定性。在2008年全球金融危机爆发后的十余年来，发达国家政府债务占GDP比率呈现出不断攀升之势。2020年新冠肺炎疫情暴发后，这些国家都实施了极为宽松的财政政策来应对疫情冲击，不少国家财政赤字占GDP比率都接近甚至超过10%。这就意味着，2020年年底发达国家政府债务占GDP比率将会显著攀升。当前的不确定性在于，未来全球发达国家实现政府债务去杠杆的路径究竟是协调且有序的，还是充满冲突且无序的呢？

隐忧之四，全球金融危机之后，全球范围内的收入与财产分配失衡显著加剧。一方面，是因为全球经济陷入长期性停滞，另一方面，是因为全球范围内民粹主义、单边主义、保护主义显著上升。在全球金融危机之后，以美联储为代表的发达国家央行长期实施零利率与量化宽松政策，这推高了全球的风险资产价格。然而，过去十余年的全球经济复苏并不均衡，中低收入群体并未从经济复苏中获得足够的好处。这就意味着，过去十余年，在以财产收入为主的高收入群体与以工薪收入为主的中低收入群体之间，收入与财产分配方面的失衡不断扩大。收入与财产分配失衡的加剧会导致全球总体消费需求下降，进而加深全球经济的长期性停滞格局。此外，收入与财产分配失衡的加剧也会使中低收入群体的焦虑感与愤怒感持续上升，诱发民粹主义、单边主义与孤立主义。在本次新冠肺炎疫情暴发之后，发达国家央行实施了新一轮宽松货币政策，这在未来可能进一步加深全球的收入与财产分配失衡。如果这一趋势得不到纠正，或早或迟，全球经济与政治将会陷入新一轮更大规模的动荡。

三、中国经济的不平衡复苏

新冠肺炎疫情在中国暴发之时，中国政府采取了非常及时且强有力的应对措施，中国很快就控制住了疫情的蔓延，并率先实现了经济反弹。根据世界卫生组织的数据，截至2020年10月25日，中国累计确诊人数仅为9万人，甚至低于美国与印度疫情高峰时期的单日增量。2020年前三季度，中国季度GDP同比增速分别为-6.8%、3.2%与4.9%。

不过，迄今为止，中国经济的复苏呈现出显著的不平衡特征。截至2020年第三季度，本轮经济复苏的主要动力仍是房地产投资、基建投资与出口，相比之下，消费与制造业投资依然复苏乏力。例如，2020年第一季度至第三季度，最终消费对季度GDP增长的贡献分别为-4.4、-2.3与1.7个百分点，资本形成总额对季度GDP增长的贡献分别为-1.5、5.0与2.6个百分点，货物与服务净出口对季度GDP增长的贡献分别为-1.0、0.5与0.6个百分点。

在2020年1月至2月，中国固定资产投资遭遇新冠肺炎疫情重创，其累计同比增速下降至-24.5%。同期，中国固定资产投资的三大支柱——制造业投资、房地产投资、基础设施投资的累计同比增速分别下降至-31.5%、-18.1%与-30.3%。截至2020年9月，上述三大投资的累计同比增速分别恢复至-6.5%、3.8%与0.2%。不难看出，制造业投资增速的复苏显著滞后于房地产投资与基础设施投资。导致房地产投资复苏的主要原因是较强的市场韧性与大型开发商融资的改善。导致基础设施投资复苏的主要原因是中国政府在疫情后实施了非常宽松的财政政策，尤其是地方政府专项债发行规模显著上升。而制造业投资复苏疲弱的主要原因，则是迄今为止无论国内需求还是国际需求均处于相对疲弱态势，导致企业更多地通过提高现有产能利用率来满足市场需求，进行新增产能投资的动力不足。

在2020年第一季度与第二、三季度，中国进出口部门的表现可谓"冰火两重天"。在第一季度，受疫情冲击，出口额与进口额同比增速均显著回落，且出口额同比增速回落幅度高于进口额同比增速（2020年1月至2月中国出口额同比增速仅为-17.2%），导致贸易顺差显著收缩，净出口对经济增长的贡献为负。然而在第二、三季度，进口额同比增速依然保持在低位，但出口额同比增速显著回升（2020年9月达到9.9%），从而导致贸易顺差快速扩大，净出口对经济增长的贡献转负为正。至于出口额同比增速在第二、三季度迅速回暖的原因，一是全球疫情肆虐导致中国在医疗物资、医疗设备与远程办公设备等方面的出口异常强劲；二是由于中国企业率先实现复工复产，在全球其他新兴市场经济体相继暴发疫情的情况下，中国企业在全球产业链上的枢纽地位在短期内不降反升。

在2019年，消费贡献了中国GDP的55%，已经成为中国经济增长的最重要引擎。然而，在疫情冲击的背景下，消费增速的复苏不容乐观。2020年1月至7月，社会消费品零售总额同比增速连续7个月负增长。8月与9月，该指标虽然由负转正，但也分别仅为0.5%与3.3%。导致消费增速复苏较弱的原因，主要是疫情对中小企业与中低收入群体的冲击非常显著，这进一步恶化了中低收入群体对于未来工作稳定性与工资增幅的预期，从而导致该群体的消费下降。换言之，如果中小企业的经营前景与中低收入群体的收入增长没有显著改善，消费增速的复苏将会依然缓慢。

在未来一段时间里，中国经济的不平衡复苏格局仍将延续。这意味着消费复苏的速度滞后于投资，需求端复苏的速度滞后于生产端，制造业投资复苏的速度滞后于房地产与基础设施投资。不过，未来一段时间内出口额同比增速预计难以维持2020年第三季度的高水平。原因有三：一是外部需求的复苏可能不及预期；二是其他新兴市场经济体的复工复产将导致中国在全球产业链上的短期不可替代性逐渐被削弱；三是中美贸易摩擦一旦加剧，中国对美国出口的增速将会受到影响。这意味着未来净出口对经济增长的贡献与2020年第二、三季度相比可能有所下降。

四、宏观调控：财政强刺激及货币政策的两难

截至2020年第三季度，无论是经济增速还是通货膨胀指标，都反映了

中国经济增速依然较为疲弱。一方面，2020年第三季度中国GDP同比增速仅为4.9%，依然低于6%左右的潜在增速；另一方面，中国的消费者价格指数（CPI）同比增速从2020年1月的5.4%下降至9月的1.7%，生产价格指数（PPI）同比增速则从2020年2月至9月连续8个月负增长。无论是经济增速指标还是通货膨胀指标，都说明中国宏观经济短期内的最大矛盾依然是总需求不足，这意味着中国政府仍应实施扩张性的财政政策和货币政策。

在财政政策方面，财政强刺激可谓2020年中国宏观政策的最大亮点。财政强刺激主要表现在以下三个方面：第一，中央财政赤字占GDP的比率上调至不低于3.6%，预计会额外释放1万亿财政资金；第二，中央政府发行1万亿元特别抗疫国债；第三，地方专项债发行规模额外增加1.6万亿~3.75万亿元。综合起来，2020年新增财政资源3.6万亿元，占GDP的3%~4%。大规模的财政刺激对2020年中国经济的复苏功不可没。然而我们也应看到，疫情冲击与经济衰退导致各级政府财政收入增速显著下降。2020年1月至9月，中国财政收入累计同比增速仅为−6.4%。这意味着，如果财政收入低于预期，而财政支出按照计划全部开支的话，那么2020年最终的财政赤字比率可能会超出预期。

在货币政策方面，2020年1月至4月与5月之后的货币政策取向存在显著差别。在1月至4月疫情肆虐期间，央行货币政策非常宽松，不仅有三次降准，还有连续降息及大规模公开市场操作。然而随着疫情得到控制及经济增速的复苏，货币政策从2020年5月起在边际上有所收紧。这突出表现在，2020年5月初至今，无论短期银行间拆解利率还是长期无风险债券利率均显著反弹。例如，10年期国债收益率就由2020年4月中旬的2.5%左右上升至10月中旬的3.2%上下。2020年第一、二、三季度，新增社会融资规模分别为11.1万亿、9.7万亿与8.8万亿元，呈现逐渐递减的特征。

按照常理而言，考虑到经济增速依然显著低于潜在增速，以及CPI增速保持在阶段性低位，中国央行应该继续实施非常宽松的货币政策。中国央行之所以从2020年5月起在边际上收紧了货币政策,主要是为了防范过于宽松的货币政策可能引发的资产价格泡沫(包括房市与股市)。此外,考虑到当前美联储正在实施零利率与量化宽松政策,中国央行的货币政策正常化导致中美利差显著拉大,这造成短期资本流入加剧,推动人民币兑美元汇率显著升值。2020年6月初至10月底,人民币兑美元汇率升值幅度超过6%。换言之,当前中国央行的货币政策操作面临稳增长与控风险之间、货币政策正常化与人民币汇率快速升值之间的双重两难选择。

五、构建"双循环"新发展格局的挑战

在国内经济潜在增速放缓、中美贸易摩擦长期化持续化、新冠肺炎疫情暴发的三重冲击下,中国开始构建以国内大循环为主体、国内国际双循环相互促进的新发展格局。构建"双循环"新发展格局有望成为贯穿未来十年中国结构性改革的逻辑主线,也将成为"十四五""十五五"规划时期的战略重点。"双循环"新发展格局提出的宏观背景,从国外来看,2008年,全球金融危机爆发之后全球经济陷入长期性停滞;2018年以来,中美贸易摩擦不断升级,使外部需求变得疲弱且不稳定。从国内来看,中国经济体量的不断扩大,也使依靠外需拉动国内经济增长的传统增长模式变得难以为继。

可以从以下两个层次来分析如何构建"双循环"新发展格局,一是如何构建以国内大循环为主体的新发展格局;二是如何构建国内国际双循环相互促进的新发展格局。

要形成以国内大循环为主的发展格局,需要三大支柱的支撑:一是消费扩大与消费升级;二是产业结构升级和技术创新;三是要素自由流动与区域一体化。消费扩大(指消费规模的扩大)和消费升级(指消费水平的上升)都非常重要。这需要同时从供给层面和需求层面来进行变革。从供给层面而言,要促

进消费升级，就要向中国居民提供更高质量、更多类型的消费品，因此要大力发展先进制造业和现代服务业。从需求层面而言，要促进消费扩大与消费升级，就必须持续提高居民部门收入，这需要做好以下五方面工作：一是在国民收入初次分配领域，通过特定举措让国民收入分配更多地向居民部门倾斜；二是加大居民部门内部的收入再分配政策力度，以有效缓解居民部门收入分配失衡；三是努力构建"房住不炒""因城施策"的房地产调控长效机制，避免房地产畸形繁荣对消费增长构成挤压；四是加快取消户籍制度，推进公共服务均等化，推进农地流转，最终显著扩大农民群体的收入；五是打破国进民退的局面，让民营企业发展壮大，毕竟民营企业解决了中国存量就业的80%和新增就业的90%。

在中美贸易摩擦加剧与新冠肺炎疫情暴发的背景下，中国政府应努力维护中国在全球产业链中的枢纽地位，并强化中国在东亚产业链中的核心地位。首先，即使在中美贸易摩擦的大背景下，中国企业仍应努力寻求与美国跨国公司的合作。其次，在中美冲突长期化的背景下，中国企业加强与第三方国家企业的合作就变得更加重要。再次，随着全球产业链变化开始更加具备本地化与区域化的特点，中国尤其应该重视与周边国家的合作。最后，中国企业需要对自己在产业链中的位置及产业链本身进行积极调整，更多地强调本地化，让更多的产业链环节和终端留在或者靠近本国市场。此外，中国政府应激发各类市场主体活力，努力推动国内技术自主创新。这意味着中国政府需要加强对知识产权的保护，扭转"国进民退"的现象，实现教育理念从"工程师思维"向"创新思维"的转换，继续努力推动国际技术交流等。

虽然中国有一个规模庞大的国内市场，但迄今为止，这个市场的一体化程度还相当有限，国内要素流动在很大程度上依然面临障碍，这使中国尚未充分发挥国内统一大市场的优势，也制约了消费扩大与产业升级。为了塑造全国统一大市场，中国政府应该努力降低要素与商品在国内流通面临的各种有形的或无形的壁垒，消除要素市场化定价的障碍，推动要素在全国范围内的自由流动与自由聚集。在这一背景下，未来5～10年内，中国有望出现新一轮区域经济一体化。而围绕区域经济一体化展开的都市圈与城市群建设，则将会成为下一轮中国经济发展的新增长极。笔者非常看好以下五个区域的一体化前景：粤港澳大湾区、长三角、京津冀、中三角（郑州、武汉、合肥）与西三角（成都、重庆、西安）。这五个区域在未来不仅是先进制造业与现代服务业汇聚之地，其房地产市场也有着更加可持续的发展前景。

要构建国内国际双循环相互促进的新发展格局，也需要三大支柱的支撑：一是在贸易层面通过构建"双雁阵模式"强化中国在全球产业链的地位；二是在金融层面以新的思路推动人民币国际化；三是在开放层面以风险可控的方式推动更高水平的开放。

在贸易层面，应该通过构筑国际、国内两个雁阵模式，强化中国在全球产业链的核心地位。新雁阵模式的形成跟全球产业链在新冠肺炎疫情后的重塑有很大关系。国际版雁阵模式以东亚产业链为核心，头雁是中、日、韩，第二雁阵是东盟和"一带一路"沿线国家中发展水平相对较高的国家，第三雁阵则是东盟和"一带一路"沿线国家中发展水平相对较低的国家，它们之间可以形成国际版雁阵模式。国内版雁阵模式则是以粤港澳大湾区、长三角、京津冀为龙头，中三角、西三角为第二雁阵，全国其他区域为第三雁阵。国内版雁阵模式的构建有助于更好地实现以南促北和以东促西。

在金融层面，要推动新一轮人民币国际化。人民币国际化在2010年至2015年上半年期间发展迅速，在2015年下半年至2018年期间发展陷入停滞。在2018年之前，中国政府以"三位一体"策略促进人民币一体化：鼓励跨境贸易和直接投资的本币结算、发展以香港为代表的离岸人民币金融中心，以及中国央行和其他央行签署了很多双边本币互换协议。在上述模式下，表面上人民币国际化发展得很快，但背后有很多跨境套利和套汇的因素。因此，随着人民币由升值预期转为贬值预期以及境内外利差大幅收窄,人民币国际化的发展速度必然会放缓。从2018年起,中国政府推进人民币国际化的策略似乎已经发生了转变,笔者将其概括为新的"三位一体",即大力发展以上海人民币计价石油期货交易为代表的人民币计价功能、向外国机构投资者加快开放本国金融市场,以及在"一带一路"沿线和周边国家培育关于人民币的真实需求。重要的是,贸易层面的支柱和金融层面的支柱可以相互匹配,即国际版雁阵模式的构建和人民币国际化可以相辅相成、相得益彰。

在开放层面,一方面,最近几年来,中国对外开放的速度明显加快。尽管我们已经有18个省级自贸区和1个省级自贸港,但事实上,目前除上海自贸区之外,其他自贸区在核心竞争力与发展特色方面都乏善可陈。因此,要尽快把自贸区、自贸港做实,构建各有特色的多元化开放格局,可以考虑在不同自贸区推进不同种类的政策创新与开放试验。另一方面,最近几年来,中国金融市场的对外开放步伐显著加大。我们应该注意到,很多新兴市场国家快速发展的路径被打断,都是因为系统性金融危机的爆发。因此,在加快金融开放的同时,一定要注意风险防范。例如,在金融市场向外国机构投资者加快开放、金融机构股权比例向外国投资者加快开放的同时,中国政府在资本账户开放方面应该格外审慎。资本账户管理是中国经济防范系统性金融危机爆发的最后一道防火墙,拆除这道防火墙应该慎之又慎。

/二十七/
未来五年中国经济发展趋势及对策分析

> 作者：祝宝良，国家信息中心首席经济师、国家制造强国建设战略咨询委员会委员。

2020年，全球遭遇了重大的新冠肺炎疫情的挑战，新冠肺炎疫情给各国带来的冲击是前所未有的。就我国而言，2020年第一季度GDP下降6.8%，第二季度GDP增长3.2%，2020年上半年GDP下降1.6%，这是改革开放以来未见的。2020年上半年，消费下拉经济2.9个百分点，资本形成上拉1.5个百分点，净出口下拉0.2个百分点。新冠肺炎疫情既冲击供给又冲击需求，且对需求的冲击大于对供给的冲击，这一现象非常罕见。在后疫情时代，未来五年，我国经济机遇与挑战并存。

一、我国目前发展还处在战略机遇期

关于"十四五"规划，有几个问题需先略做探讨。

第一，如何分析"十四五"期间中国发展所面临的国际环境？"十四五"规划与以往存在很大不同，因为中国在国际经济中的地位已经有了很大幅度的提升。过去，我们把国际环境作为一个外生变量，根据这个变量适时调整、相

机而动。而从"十四五"开始,由于我国经济规模大,按购买力平价计算甚至已经超过了美国。尽管还有很多问题值得讨论,但不可否认,我国已经在世界经济中起到了非常重要的作用。当中国做的事情能够影响世界经济的时候,便从一定程度上改变了中美之间的战略竞争关系。所以,必须深刻地思考国际环境的变化,以及中国企业怎样做才能使中国经济平稳发展。

第二,要深入思考若干重要问题。例如,未来的经济增长速度如何?我国要采取什么样的宏观政策?这是两个宏观问题。还有一些中观的问题,包括未来的产业怎样发展?产业的形态应该怎样?未来的区域形态又会怎样?从大的社会发展层面看,中国的人口政策该怎么调整?

结合国际环境和国内环境综合考虑,可以大概地分析一下"十四五"期间我国的政策框架,以及我国经济的发展趋势。我国目前的发展还处在战略机遇期。当然也要看到,在这个战略机遇期,我国面对的矛盾和问题相比过去都发生了变化,而主要的任务就是要化危为机。

"十四五"期间,国内经济要形成"双循环",即形成以国内大循环为主体、国际国内双循环相互促进的格局。从战略角度来看,要达成这样的"双循环",针对我国面对的主要矛盾和问题,需要解决以下几个重要问题:第一,扩大内需。当外需萎缩时,内需仍有扩大的空间。第二,科技创新。短期之内,我国企业可能会遭遇到一些关键技术、设备和零部件断供的风险。从长期看,中国的科技创新问题亟待解决。第三,要解决这些问题,必须不断深化改革开放。中国塑造了自己,也就塑造了世界,要继续保持开放的战略。

二、未来我国需构建国内国际双循环格局

中国的改革开放从1978年开始至今,已走过40多年。其中,从1978年到

2008年这30年间,中国经济的平均增速达10%,创造了世界奇迹。那么,这个成绩是怎么取得的?很多人从不同的角度进行了分析。本文认为,可以从以下三个角度分析这个问题。

(一)改革开放以来的经验回顾

第一,中国在改革开放初期是怎么做的?邓小平同志称之为"摸着石头过河"。一些经济学家提出了"双轨制改革"或者"渐进式改革"的概念,即中国的改革和苏联不一样,不会在一夜之间全部私有化,而是采取一种"双轨制"的改革方法,既留下国有经济,也促进民营经济和个体工商经济的发展。通过国有企业的改革,形成坚持以公有制为主体、多种所有制经济共同发展的基本经济制度。

具体来看,1993年中国商品市场与服务的价格全部放开。但在这个过程当中,为了发展国有经济,我国对要素市场进行了必要管制。什么是"要素"?即资本、劳动力、土地、矿产资源、技术。中国把商品的价格放开了,从而促进了民营企业的发展。而要素管制则可能会压低经营价格。同时,中国实行了土地的管制。例如,土地按用途划分,工业用地便宜一点,城市用地贵一点。把要素价格拉低以后,劳动力又很便宜,那么企业的利润就增长得很快。企业利润增长快,就可以进行大规模投资,中国的经济就发展起来了。

第二,出口导向战略。上述模式实现了较快的经济增长,但当企业大规模投资以后,生产能力形成,产能过剩。而一旦产品卖不出去,企业就要面临产品滞销的问题。为了解决产能过剩,中国推出了又一大措施——出口导向战略,即"大进大出,两头在外"。

第三,沿海地区发展战略。这是继出口导向战略之后,又一个重要概念,即开放形成四大沿海城市特区,然后不断把开放政策拓展到全国各地。在这个开放的过程中，中国抓住了几次很重要的国际机遇。一是自改革开放开始至2012年左右，全球经济处于"大缓和"时期，我国经济增速非常快。二是全球化大发展。这两个机遇都被中国抓住了。但是，期间也出现了一些波折，例如，2001年，美国发生了"9·11"恐怖袭击；2008年，美国又发生了次贷危机，世界经济也受到了很大的冲击。从1993年起，中国开始大量进口自然资源产品，石油从出口变为进口。因此，从1993年起，中国就已经形成了一个大循环，从一些资源出口国进口石油、铁矿石等并进行加工之后，再把工业制成品卖到发达国家。这一循环使我国过剩的产能有了巨大需求。但是，一旦世界经济出现问题，例如，1997年的亚洲金融危机，2008年的美国次贷危机，出口在短期内就会受阻，对此，我国还可实行凯恩斯的办法来刺激经济。宏观经济可通过大规模基建、大规模拉动房地产加以刺激。1998年，我国进行了房地产制度改革；2008年，我国开始拉动基础设施建设。通过这两个渠道，保持了宏观经济的高速增长。目前来看，我国经济发展得相当成功，中国的国际地位也得以提升。

（二）原有发展模式面临挑战

但是，这些战略有没有后遗症？问题出在哪？2008年，美国次贷危机爆发；2010年，欧洲爆发主权债务危机；2018年，中美贸易争端爆发；2020年，新冠肺炎疫情全球蔓延。连续十二年，世界经济处于低迷状态。在这样一种趋势之下，中国原有的发展模式还能否持续？

如今，中国的出口量在全球出口的比重已达14%。世界上还没有一个国家在出口量如此之高的情况下，还能继续顺利保持原有各项发展战略。未来该怎么办？此时，尤其要关注中国经济高速发展带来的一些后遗症。

第一，收入差距加大。因为我国一直是投资导向和出口导向，生产要素价格始终扭曲。其带来的一个结果就是收入比重占GDP的比重不高，包括城乡、区域之间，也包括不同收入群体之间，收入差距在不断加大，从而带来了消费增长的不足。如何扩大内需？中国拥有14亿人口，而真正的中产阶级，即人均收入在10万～50万元人民币的人口数量只有4亿人。我国人均月收入不足1000元人民币的人口数量高达6亿人。这是我国要解决的第一个后遗症，其实也是全球要共同面对的一个问题。第二，过去，中国很好地利用了海外优势，从外部获得了很多资源、技术，把加工好的产品输送到外部市场。但在很多领域，我国科技实力依然薄弱。相对来说，我国企业在一些领域的发展很快。例如，电子信息、数字化等方面。但一旦把产业链上溯，如芯片、大飞机的发动机、高端装备、材料等，我国都存在短板，所以要大力倡导科技创新。

一旦世界经济陷入长期低迷，外国公司限制向中国公司提供先进技术，或一旦发生贸易摩擦，我国原来的发展模式就会遇到阻碍。所以，针对这些问题，早在2013年，我国政府就提出了中国经济处于三期叠加阶段。2015年，我国提出中国经济要进入新常态。此后又提出，要进行供给侧结构性改革，继续解决各种经济问题。总体来说，2016—2017年，这些问题正在稳步解决中，但进入2018年以来，中美贸易争端发生；2020年，新冠肺炎疫情又进一步给我国经济带来了下行压力。在这样的时代背景下，未来我国需构建国内国际双循环，稳健推进宏观经济发展。

（三）未来机遇与挑战并存

尽管我国仍然面临着战略机遇期，但未来也存在不少挑战。事实上，2008年美国爆发的次贷危机，以及2010年接踵而来的欧洲主权债务危机，已将世界经济推入下行通道。而1998—2008年这十年间，在房地产和基础设施建设的刺激下，我国很多大城市的房价翻倍上涨，已经出现了房地产泡沫的问题。实际上，自2008年以来，世界经济就一直没有好转。它带来了包括低增长、低通胀、低利率等一系列现象。日本早已实行了零利率政策。到2015年，欧元区采取了负利率政策。随着中国的经济开始复苏，境外资本很可能要流向中国。所以，对中国来说，既有机遇，也有挑战。随着对外开放的推进，我国企业可以以很低的利率到海外去融资，借钱的成本也就很低。这对我国来说是一个机遇。而且在融资的同时，还可以通过技术合作获得技术。也就是说，只要我国持续推进改革开放，仍可以很好地利用国外资本。

主要经济体中央银行实行了零利率政策，也会带来三个后遗症。第一，杠杆率提高。企业借了很多钱，老百姓也借了很多钱。政府由于要刺激经济，也借了很多钱，导致宏观杠杆率提高。第二，资产价格提高。由于世界经济衰退，大量货币流向股市或者房地产市场。在中国，资金容易流入房地产市场，而美国则流入股市居多。宏观经济不好，股市却上涨，美国股市更是连涨10年，这显然缺乏经济基本面的支撑。第三，两极分化严重。两极分化会带来民粹主义，导致反全球化的潮流。

三、全球疫情带来的三大冲击

第一，在世界经济低迷的状态下，疫情对全球经济的冲击较大。悲观人士认为，新冠肺炎疫情可能要持续三到五年。这就意味着，世界经济在三到五年之内都将处于持续的低迷状态。而这恰是在中国的第十四个五年规划期间。由于主要经济体利率为零，各国财政实力薄弱，各国央行只能继续放松货币政策。这又会导致货币大量进入股票市场。而一旦货币政策收紧，股市就可能下跌，经济继续下行，形成恶性循环。

只要疫情不结束，接触性消费萎缩，旅游业、餐饮业等相当一部分产业就难以复苏。但同时，也会有一些机遇，例如，数字化产业的发展就很好。中国有能力把握这一轮数字经济的机遇。目前，全球只有美国和中国的数字化产业发展蓬勃。这就是我国的机遇。

第二，贫富差距进一步加大。在疫情进一步打压全球经济的情况下，全球贫富差距也会进一步扩大。有评论指出，这是一次穷人的危机。

第三,对产业链的影响很大。在灾难面前,要增强本国相关制造业的实力。而这背后,是产业链的巨大威力。新冠肺炎疫情结束以后,全球的产业链将会重构,关系国计民生、国家安全的产业链将流回本国,特别是像医药、医疗、能源、高端产业里的芯片、国防等。这对我国可能造成很大的影响,在短期之内会出现产品断供。对此,要引起重视。

四、未来我国应如何应对挑战

本次疫情的冲击是百年不遇的,比次贷危机更加严重,它将对全球很多产业产生严重冲击。在"十四五"期间,疫情因素将对中国所面临的国际环境产生重大影响。但我国也有自己的优势,主要在于以下三个方面。

第一,根据联合国统计司的数据,中国经过了40多年的发展,其产业链在全球各国中是最完善的,没有一个国家的产业链的完整性能与中国相比。例如,美国纺织业外移,限制了其口罩的生产。而世界范围大部分采用的熔喷布是由山东烟台生产的。

第二,我国的人才结构完善、科技能力较强。中国有最大的市场,足够把任何一个产业都做到世界顶尖。如果国家太小,则国内需求量小,产业就做不起来。一般来说,一个国家至少要有5000万以上的人口规模,人均GDP在1万美元以上,才能支撑本国多种产业的全面发展,否则只能靠国际分工合作。一旦国际交换无法达成,小国家要怎样发展?这些国家很焦虑。所以,我国要形成科技的优势、人才的优势,借助这些优势让"双循环"不断发展。

第三,我国体制优势明显。如果某个行业关系到国计民生,在全球贸易当中既不易做市场化交易,又必须要做起来的话,中国可以举全国之力来完成。

五、未来五年我国经济增长要素分析和预测

"十四五"期间我国大概的经济增长速度会是怎样的?有这样一个公式可以预测未来的增速:潜在经济增长速度 = 3.25% + 0.46×资本增长速度 + 0.54×劳动力增长速度。根据这一公式可计算出1978—2019年,我国的经济增速为9.4%。1978—2019年,资本存量年均增长11.54%,拉动经济增长5.29%;劳动力年均增长1.6%,拉动经济增长0.86%;全要素生产率贡献3.25%。

生产要靠生产要素。其中,劳动分为两个部分。一部分是劳动力数量,另一部分是劳动力的质量。劳动力的质量又分为两个部分,分别是受教育水平和身心健康水平。除此之外,就是资本,包括技术,是指投入了多少资本,投入了多少技术。把这两部分去掉以后剩下的,经济学里把它叫全要素生产率。全要素生产率由什么决定呢?包括技术能力、研发能力、管理能力,还有在市场当中是否已经形成了规模经济优势。这些全部涵盖在上述的3.25%里。虽然在预测的时候是以3.25%为标准的,但实际上它是个变量。据此可大概估算出一个数字,中国在"十四五"期间,到2035年之前的增长速度范围可能为5.2%~6.2%。在这十五年内,只要经济增速平均达到4.73%左右,GDP就可翻一番。参考日本和韩国的数据,在达到中国当前水平的以后15年中,韩国与日本的经济增速是4.8%左右。

要达到这样的水平,以及参考我国的城市化水平,下一步要做什么?要解决什么问题?总体看来,有以下四点。

第一,把经济增长速度稳定在5.5%左右。财政政策、货币政策要统筹配合。笔者认为,未来财政政策、货币政策的趋势基本上不会有大的变动。在短期之内,只要全球的货币政策、财政政策不收缩,中国的宏观调控政策就不会收缩。

第二，提升创新能力，需要突破一些关键技术。但同时必须要认识到，不是每个区域都能创新。在这个过程当中，创新主要发生在那些创新要素聚集的地方。主要是长三角、珠三角、北京、西安、武汉、青岛、大连等地。在其他地方搞创新，难度可能较大，还是要发挥各地的比较优势。所以，区域战略、城乡战略也非常重要。

第三，扩大内需。内需要怎样扩大？一是扩投资，二是扩消费，核心是扩消费。消费要扩张，首先是保持经济的增长速度，然后要使收入分配更加合理。"十四五"期间，调节收入分配当中很重要的一方面就是税收制度。笔者认为，遗产税、房地产税和资本利得税是有可能要征收的，但是在这部分税收征收之后，企业的所得税、增值税等应该调整降低。要把一部分富人的钱适当转移给低收入群体。提高中产阶级比例，中产阶级比例上升以后，整体收入水平和消费水平就会进一步提高。进而，汽车行业、旅游业等与人民群众生活水平息息相关的产业就有了长足的发展前景。

第四，要深化对外开放，推动全球化发展。中国要提供全球公共产品，在全球范围内提升我国的软实力。现在是外资进入中国比较好的时机，中国可以多发放股票、国债，吸引外资买进。在此基础上，中国可以继续进行经济建设。但是，一旦美国经济复苏，资本就可能外流，相关风险也应引起重视。

/二十八/
双循环的关键是循环起来，让低收入人群受益

> 作者：刘守英，中国人民大学经济学院院长。

一、如何理解现在提出的大循环

"加快构建以国内大循环为主体、国内国际双循环相互促进的新发展格局"是以习近平同志为核心的党中央对"十四五"和未来更长时期我国经济发展战略、路径做出的重大调整完善。无论是国内大循环还是国内国际双循环，首先要理解循环。国民经济活动最重要的特征是经济循环。所以，经济运行的好坏，实际上要看整个经济循环的顺畅程度。中国经济经历了以下三个阶段。

第一阶段，是计划经济时期。当时经济效率低，在于经济循环出了问题，即依靠集中的计划配置资源的方式是行不通的。另外，价格机制在整个经济循环中也不能有效地起作用。整个经济活动的主体的激励机制出了问题，导致在整个国民经济活动的过程中，经济循环都不能有效地畅通进行。而经济循环是非常重要的。因此才开始进行改革，通过体制的改革、机制的改变、激励的改变，把原来在计划经济时期整个国民经济循环不畅通的状态改变。改革，就是体制的改革，包括价格体制的改革、经济体制的改革、整个微观体制的改革，

从而使经济循环畅通。

第二阶段,改革开放首先面临的是体制机制问题。把这个问题慢慢捋顺以后,整个经济活动的主体的积极性开始得到调动,整个市场和贸易也开始活跃,不同的主体在经济体系下开始转动。面临的另一个问题是资本的缺乏。解决这一问题的办法是引进外资,从而将整个中国经济循环的体系与国际相接。国际资本开始进入中国,并带来全球的企业家,进而解决了资本不足、企业家不足的问题。

国际资本和企业家进入中国以后,整个国民经济循环仍面临很大挑战。这存在的问题是,国内需求不足、收入不定、消费不定,整个需求就不足。当时中国的经济循环体系已经开始与国际接轨,那么出口也要跟国际接轨。所以,中国外贸开始"大进大出",所谓的大进大出就是资本的直进直出,国外的企业直接进入,改变了计划经济时期的内循环,使中国加入国际循环。进到国际循环,通过国际资本和国际市场加入中国原有的体系,以及改革的推进,形成国际和国内两个循环。

第三阶段,随着产品不断地全球化,产品进到国际市场以后,原来资本不足的问题也逐渐得到解决。与此同时,整个中国的循环体系面临着一个很大的问题,即中国这一套循环体系在国际循环体系中面临着竞争。在这种情况下,中国的出口率有所下降,以及中国跟美国存在贸易逆差。原来一直采用鼓励出口的汇率政策,这些激励政策可以更好地让低成本生产的产品参与国际竞争,逐渐形成中国与美国、欧洲这些经济体在贸易上的不平衡,进而导致贸易冲突。这说明原来中国的这套循环体系在整个国际循环体系中,其实有两个问题没有解决。一是整个中国加入国际体系之后,产生了结构失衡。二是国际开始对中国的生产成本进行竞争,使中国的生产成本上升。

因此,在这两个问题没有得到解决的情况下,需要好好思考什么时候进行内循环，什么时候进行双循环，什么时候以内循环为主，什么时候以国际循环为主，内循环在不同的阶段应有不同的表现。目前，中国的出口率在下降，也就说明国际循环体系已经不适应当前中国的经济发展。

2008年金融危机以后，我国已经从利用国际循环化解内部循环不畅，开始走向内循环为主的模式。当前经济循环的状态，最明显的表现就是出口率下降、生产成本上升、国际竞争力较弱。而目前，整个中国的经济规模已经非常之大，要怎么支撑？在第三阶段的循环状态下，实际上是靠土地和房地产。

在中国快速城市化的进程中，很重要的就是土地创造资本。政府低价征用农民的土地，挂牌经营性用地。另外，中国2008年以后有了更大的货币投放，这进一步加快了土地资本化进程，然后更高的房价带动更高的土地价格。因此，形成土地、房地产、货币之间不断加速的循环，将整个中国经济带上快轨。但国际循环体系已经开始发生变化，不再完全依靠国际的资本市场和国际贸易市场来解决中国循环的问题，而是进入国际循环减弱、国内循环加速的过程。在这一过程中，也带来一大问题，即国内循环是否真正循环得起来。

首先，它只针对一部分人，能够在这一套城市化的体系里面受益的人就能够进到这个循环体系中，所以整个循环体系是失衡的。这种失衡主要表现在，享受城市化红利的人跟没有享受红利的人，这两个群体是不一致的。例如，买得起房子的人，资产价格在不断地上涨，财产价值也不断地上升，在整个财富的分配过程中，这群人成了受益者。但买不起房的人，享受不到城市权利的人，在城市化的过程中，没有获得经济机会的人，这些人就没有受益。因此，两个群体是不一致的。

目前，整个制造业大幅度下滑，享受工业化、城市化好处的人的机会也就减少了。生产是这样的，消费也是这样的。经济机会不能得到很好的分享，消费也就发展不起来。另外，流通也是一样的，如果只在土地、房地产领域循环,在整个在经济活动的过程中,各阶层的机会就会产生失衡。实际上这是整个国内的经济循环不能畅通的根源。

因为当时在国际循环中面临竞争,以及中美贸易摩擦加剧以后,我国不得不转向内循环。但并没有从根本上解决国内循环不畅通的问题。在国民经济的循环中,要素循环畅通是十分重要的。土地、资本、劳动力、技术,只有这些要素循环通畅,整个国民经济循环才能被有效地打通,并在高速城市化阶段中,创造更大的经济规模,实现更高的经济增长。但是目前,要素循环没有很好地打通,例如,土地市场是被政府垄断的。劳动者可以流通,但劳动者的权利在城市并没有获得公平的对待。同时,资本市场也是受管制的。技术没有得到分享,创新的激励没有得到分享,最后形成的结果就是要素不通的,整个国民经济循环也不能很好地畅通。

另外,体制循环要畅通。体制循环是各个制度之间的衔接,这些制度之间如果不能有效地衔接,体制循环就不能够有效地运转。所以在讨论整个循环的时候,不能太片面。笔者认为,在全球化的格局下,整个经济循环要畅通。过去是以国际为主的大循环,但现在,国际环境变化了,国内有很大需求和市场规模,随即转向内循环,这种做法是错误的。循环永远不可能仅在内部自我进行,这个道理很简单,中国曾经的计划经济就是一个典型的非有效循环。

现在,我国已经加入全球化的竞争当中,无论是经济活动,还是贸易、资本、技术及企业家,所有的这些已经跟世界脱离不开干系。无论是内循环还是外循环,核心都是循环,即整个国民经济活动的有机联系。另外,整个经济活动畅通的核心是要素通畅。如果要素不畅通或者扭曲,整个国民经济循环就不能形成起来。所以这个循环也是体制的循环,体制的循环是指整个制度之间的衔接,使整个体制能够有效地运转。

因此,循环的第一个特征就是整个国民经济活动的过程要畅通。第二个特征是循环的要素要畅通，不能扭曲，要素扭曲会导致整个要素循环出现问题。第三个特征就是制度的衔接带来的整个体制的循环要畅通。

二、实现大循环需要解决哪些问题

关于内循环，首先是生产消费的流通。国民经济循环畅通的核心在于经济机会。在高速城市化阶段，通过原来的土地、货币、房地产这一套运作体系，使原来没有在循环中享受红利的人能够进入整个国民经济的循环中。首先是获得经济机会，有了经济机会就会增加收入。增加了收入才会扩大消费，使生产与消费流通，进而使整个国民经济循环畅通。但这仍涉及一些问题，如农民工群体权益问题。我国有几亿农民工，也一直在推进城市化进程，但是实现城市化非常重要的一点就是让进入城市的人（如城市中的低收入群体）和还没进入城市的人，真正融入国民经济循环体系中。

如果这些群体没有被纳入整个经济循环体系中，那么整个国民经济循环无法实现畅通，因为这是整个经济活动中人口规模最大的一个群体。进入城市的人群，一定要在城市中平等地享有经济活动的机会，即就业。而从目前的就业情况来看，农民进到城市之后，只是做一些城里人不愿做但他们可以做的事情。城市本身在升级，园区也在转型。在整个产业转型升级的过程中，不能只考虑先进性，也要考虑就业特性，让更多人分享机会。

农民在城市面临很多问题，导致其无法在城市定居。如孩子的教育问题，如果所在城市无法解决农民工子女的教育问题，他们就不能真正在城市扎根。这实际上相当于将其城市化的道路中断了。第一，导致这些人的机会减少；第二，导致城市的结构扭曲；第三，导致农民不能分享在城市中应该享有的基本居住权。所以，要解决这个失衡的问题，就是要解决这些人的经济机会和基本权利缺失问题。经济机会不均的背后是体制的不畅通，只有这些体制畅通了，整个经济机会才能均等，进而使整个国民经济循环畅通。

三、实现大循环的具体机会

第一，人要进入这个循环体系中，尤其是最主体的这些人一定要进到经济循环体系里来。第二，改变收入分配，让更多人分享经济机会，并参与经济活动的过程，使其增加收入。改变当今造成财富分配差距拉大的体制。如果要素的市场不能畅通，则会造成整个经济机会的不平等。

不能简单倾向城市化，一定要城乡平衡。有人说，中国的下一个主战场是在城市，这是错误的。上一轮的主战场就是在城市，这条路要改，不能不断地靠土地的融资来拉高资产的价格，拉高以房子为主的财产在整个收入中的权重。城市要回归城市的本质，实际上应该有更多的人在城市中生活，所以很重要的一点，即人在城市里要有公平的机会，要有权利参与更平等的分配。另外，目前中国城市化率仅60%就造成了乡村的凋敝，不能以乡村的凋敝作为中国城市化的终点。国外的城乡之间并不是此消彼长的，而是不断融合的。乡村改变了形态，更多的要素进入乡村区域，形成了城乡融合的状态。所以乡村下一步的发展，乃至整个中国城乡的形态，其背后是畅通地循环，城乡的循环带来城乡融合的状态，以及更多要素和经济机会。

关于新的经济机会，最近被关注得较多的就是数字经济的作用，数字经济到底如何成为一种推动中国经济转型的力量？

中国的数字经济、互联网及互联网平台的快速发展，很重要的原因是原来在经济活动中的一些体制性的障碍给数字经济、互联网及互联网平台带来了机会。数字经济的作用是，更好地畅通整个国民经济的循环，包括生产转型、制造转型及治理转型。由数字带来的技术革命，实际上能更好地突破制度性的障碍，带来整个中国国民经济效益的提高。这即是数字产生的真正红利，这种红利是制度的红利。

四、如何面对当前中美关系问题

从格局上来看，中国众多的制造业产品对美国"铁锈地带"（传统工业衰退的地区）带来冲击。这与当初的日本产品出口美国是不一样的，中国的出口体量与规模太大，最初是日用品，逐渐如电子产品等各种类型的产品都是由中国制造的。制造的产品复杂度不断提高。中国的成本优势、改革以后的体制优势等，给美国制造业地区的就业带来一定的压力。美国要提高其自身的竞争力。美国不仅面临来自中国的竞争，还面临来自全球其他国家与地区的竞争，中美当前的贸易格局，实际上是两个国家成本的比较。而中国为了提高竞争力，产品复杂度要进一步提高，技术和科技是核心，在中国制造业转型升级过程中不断提高竞争力，实现与美国现有的优势竞争力之间的竞争。贸易冲突降低影响的第一方式是通过政治手段，而更重要的，应是通过科技。

在科技方面，中国要加强国际合作。第一，要在国际交流中提升能力。第二，科技创新要有创新的环境。科技创新需不断地试错，需要掌握最新的知识，需要不断地交流与应用。

当今的中美关系问题，需要更多的智慧与平衡，中国要把自己做得更好。这不是一个短期的事情，要做好长期的平衡，找到一种相处之道。

二十九
"十四五"时期需重点突破的中长期挑战及建议

> 作者:刘元春,中国人民大学副校长。

"十四五"时期是中国经济社会发展承前启后的关键五年,是在"两个百年"交汇期进行战略深化和战略转型的关键五年,也是我国第一次将社会主义现代化概念落脚到规划之中。基于发展目标,对"十四五"时期经济社会发展的困难进行分析,研究解决办法,这将有利于实现双循环新发展格局战略从"十三五"向"十四五"的全面转换。

一、需要重点突破的中长期挑战

从外部环境来看,我们正处在百年未有之大变局的加速演变期和世界经济动荡调整的关键期。这一时期,我们发现世界经济形成三大板块,分别是亚太板块、北美板块、欧洲板块。在百年未有之大变局中,有三个关键变化时点,第一个变化时点是2008年,亚太板块、北美板块、欧洲板块三大板块占世界经济的比重均在25%左右,出现了三足鼎立的局面,多元化体系形成;第二个重要的变化时点是2018年,亚太板块的经济比重达31%,而美国在冷战后的经济比重高达31%,这说明世界经济的战略重心正在向亚太全面转移,这是两大经济板块碰撞的交汇点；第三个变化时点是2035年，预计在2035年，亚太板块的经济比重将达到35%，这个数值恰好是美国在冷战期间占世界经济比重的一个高点。这也说明世界三大经济板块格局将发生质的变化，而其中最为核心的一个因素就是中国。

在未来的一段时期里，世界依然面临着一系列的问题。第一，人口老龄化问题；第二，收入不平等问题；第三，技术进步在经济领域渗透弱化的问题；第四，高债务问题；第五，公共品缺失问题；第六，民粹主义问题；第七，贸易保护主义问题；第八，地缘政治恶化，治理体系恶化问题。

从内部环境来看，我们正处于中华民族崛起的关键期，进入到转变增长方式、调整经济结构、构建新动能的攻坚时期。这决定了我们必须统筹发展与安全，必须实现发展质量、结构、规模、速度、效益、安全相统一，必须以国内大循环为主体、国内国际双循环相互促进的新发展格局为战略基础，以推动高质量发展为主题、以深化供给侧结构性改革为主线，明确把科技自立自强作为国家发展的战略支撑，把扩大内需作为战略基点。

笔者认为如下几点将成为"十四五"时期需要重点突破的中长期挑战。

一是跨越中等收入陷阱，稳步迈向高收入国家行列。而跨越中等收入陷阱首先要达到高收入国家的国民人均收入门槛值（1.26万美元），如果简单地进行线性比较，预计中国在2023年、2024年左右可达到这一水平。但达到高收入国家的国民人均收入门槛值，并不意味着跨越中等收入陷阱。很多国家在跳开中等收入陷阱、迈向高收入国家行列的过程中，都出现了资产泡沫化、产业空心化等问题。这些问题使国家的经济实力、科技实力和综合实力不仅没有得到提升，反而走向弱化，这是深刻的历史教训。因此，基于这一重要背景，十九届五中全会提出"坚持把发展经济着力点放在实体经济上"，也是近几年中国金融战略和产业发展战略的一个核心基点。因为过度服务业化可能面临服务业增速过快、金融业增速过快、房地产增速过快的风险。但支撑制造大国经济和强国经济的高端制造从未出现弱化。因此，制造业占比应该重新纳入中国未来五年的关键计划之中。

二是适应逆全球化和后疫情时代的特征，更加强调内生动力和安全的维度。中美之间的博弈类似于"修昔底德陷阱"，不可能是十年时间或是二十年时间会结束的。在中美两个大国、两种体系、两种模式、两种道路的较量过程，如何克服目前这种不对称博弈所带来的冲击，如何能够全面突破来自美国的封锁和战略遏制，这在未来五年是核心关键点。因为，到2025年左右，中国的GDP总量有可能达到美国GDP总量的90%，使目前这种不对称博弈向对称性博弈转变，这种转变对于中美之间的较量模式和路径都会产生深刻的影响。

同时，外贸依然是中国经济发展非常重要的一环，也是整个经济全面升级、全面提质的核心动力源之一。但是，我们必须看到，未来五年，有可能是逆全球化、单边主义、孤立主义、民粹主义全面兴起的时代。中国作为全球第二大经济体，不能过度以外需作为拉动经济增长的动力，需要更加注重培养国内大循环的内生动力。

三是统筹发展与安全。处理好发展和安全的关系，让我国的基本盘更坚实、更具弹性和韧性，确保不发生影响现代化进程的系统性风险。十九届五中全会把安全发展贯彻国家发展各领域和全过程。在经济方面的集中体现有三点：第一，对于关键技术、核心技术要进行自我发展、自我研究，要突破核心问题；第二，加快构建双循环新发展格局，以国内大循环为主体，牢牢抓住国内需求，将其作为出发点和落脚点来进行相应的战略布局；第三，要更加重视考虑防范一些极端现象的出现。大国经济发展必须要把安全问题上升到一个新的高度，对于扩大开放过程中的安全性，对于国际风险的把控能力，必须要与经济发展的规模、速度相匹配。根据内外环境变化的规律，把握疫情防控常态化，以及国内经济恢复常态循环面临的痛点、断点，来判断风险及其传递影响。

四是构建更高水平开放型经济新体制。在全球贸易环境仍具有极大不确定性的背景下，我们不仅要强调对外开放的效率、规模、速度，还要强调开放的安全，要有新的安全观。这个安全观要求我们在外贸的结构和产业布局上要有新的举措。首先，在关键技术、关键零部件的生产方面，必须要在国内进行布局，而不能简单、持续地依赖欧美发达国家。因此，必须启动关键核心技术攻坚战，攻坚战果具有体系性，涉及研发体系，涉及人才培养体系，涉及一系列新的产业政策和技术投入。其次，我国的各类产业要在全球进行布局，而不能简单依托于欧美的需求。我们必须要依托"一带一路"倡议，依托高质量共建，开辟新的市场和增长极，要在畅通国内大循环、技术提升、管理提升的基础上，打造新的竞争力。

五是关键领域的改革必须要全面实施、保证落地，真正激发各阶层微观主体的积极性。在十九届五中全会会议公报中提出，有效市场和有为政府被放在了核心位置。实际上，中国特色社会主义市场经济体系的改革关键在于政府的改革，必须要通过构建服务型政府、法治型政府、数字政府，让政府的定位和管理职能发生根本性改变，进而优化营商环境。另一个关键点是要素市场改革。我国产品市场改革已经基本完成，但是要素市场改革还没有完全破题。事实上，近几年的改革计划，尤其是2020年4月份出台的《关于构建更加完善的要素市场化配置体制机制的意见》，已经将要素市场改革作为重中之重。

六是社会发展相对于经济发展还比较滞后，不平衡、不充分的问题在一些民生领域反映比较突出。这方面有两个关键问题：一是要进一步提高社会福利体系的覆盖性；二是要全面加强全国的统筹性。实际上，由于地区差异、部门差异，"分割式"的再分配工具有些时候反而成了一个不公平的新源头。"十四五"发展目标提出，民生福祉要达到新水平。随着我国社会主要矛盾变化,"十四五"时期,需要围绕经济和社会发展之间的不平衡积极作为,特别是补齐社会发展的"短板"。"十四五"时期要真正跨越中等收入陷阱,也需要在收入分配、民生建设、公共服务等一系列领域有突破性进展,如加速推进城镇化、社保体系改革尤其是养老体系改革。

七是真正改善收入分配的两极化现象,缩小城乡收入分配差距和区域收入分配差距。使中等收入阶层能够明显扩大,才能激发潜在的消费能力,形成强大的国内市场,构建新发展格局。再分配改革分为几个层面:其一,初次分配的改革,是要改变目前个人工资收入、企业利润、政府税收这三者之间不合理的比例格局,要在工资形成机制、利润分配机制和税收体系方面进行一系列改革。其二,再分配体系的改革。首先,是不同收入阶层的个税改革,必须对高收入阶层、对资本利得进行征税,要加大转移支付的力度。其次,要完善整个社会福利体系,使更多低收入阶层能够享受到有效的、充足的社会保障。最后,再分配体系中,还要对税收工具进行深化改革,特别是要在财产税等方面做大文章。要从目前的流转税向财产税、所得税进行转移,并且所得税递进的层级要有所提升。收入分配改革是一个系统工程,是触动深层次利益结构的改革。如果我们要实现2035年的远景目标,现在就要在战略上进行全面设计。

八是应对全球化红利持续快速下滑,以及传统人口红利和工业化红利的大幅逆转。疫情暴发和中美贸易摩擦之前,全球经济增速的持续放缓已经决定了全球化红利的大幅下滑甚至出现趋于耗竭的迹象。外部环境的恶化具有中长期性。同时,人口老龄化加速和农业劳动力转移放缓,决定了传统人口红利和工业化红利趋于衰竭。2019年全球65岁及以上人口占总人口的比重为9%,预计到2025年将会超过11%。随着2021年中国经济常态化之后,趋势性下滑力量的逐步显化带来的潜在增速下滑将再次成为主导性因素。疫前在影响中国经济潜在增速的几大趋势性力量中,除了制度性因素见底回升并带来TFP(全要素生产率)的改善,其他几大因素并没有步入新的平台期,依然处于回落阶段。随着疫后经济逐渐回归常态化增长轨道，经济增速换挡力量的显化将开始发挥主导作用，潜在经济增速的下滑又将成为实际经济增速下滑的核心因素。

二、应对建议

在百年未有之大变局、中美博弈，以及疫情常态化的背景下，原来所构思的产业政策、产业思想，以及一系列的经济、社会发展目标，都会发生变化。而面对未来风险挑战，中国需要加快构建以国内大循环为主体、国内国际双循环相互促进的新发展格局，同时也必须抢抓疫情期间我国经济率先复苏的窗口期。

第一，在战略层面，科学设定"十四五"时期经济增长目标及2035年远景目标，并通过改革和结构性大调整，提升中国经济增长潜力，使未来15年经济增长的增速提升到4.8%以上。在这一期间，我们必须要寻找新的增长动能。一是推进技术创新，实现创新红利；二是推动改革，实现第二轮制度红利；三是构建教育强国，推进人口红利转化为人力资本红利；四是自百年未有之大变局中，构建新的合作平台和新的竞争力，突破目前价值链、分工链重构的约束，构造新一轮的全球化红利。

按照中国人民大学团队测算，只要对要素市场进行75%的深入改革，未来15年年均增速可以提升0.72个百分点，达到5.03%；如果要素市场改革进展到90%，那么潜在经济增速将提升2.4个百分点，达到6.6%左右的水平。虽然这种测算是一个理论上的参考值，但足以说明中国只要利用双循环新发展格局战略来调整、重构、深化过去的各种战略，我们完全可以较大幅度提升潜在增速，进而满足收入翻番、达到中等发达国家水平的4.8%的合意增长速度。

第二，在总体政策定位上，2021年依然需要保持相对宽松的政策，特别是积极的财政政策和稳健的货币政策的组合，在超常规纾困政策退出的同时，利用常规性扩张政策填补政策力量下滑的空缺，再回归"六稳"培育国民经济循环的内生动力。目前来看，我们的货币政策有必要进一步深化改革，更深层次地推进利率市场化。应该说，"十四五"时期的货币政策应更注重整个体系的科学化、完善化。但是还需注意，货币政策本身所面临的挑战也是非常大的，因为"十四五"期间，我们还面临着一些比较大的压力，例如债务率过高带来的压力，再例如经济"脱实向虚"风险带来的压力。十九届五中全会会议公报指出，"坚持把发展经济着力点放在实体经济上"，这就表明增强金融服务实体经济能力的战略还需进一步的实施、推进、落地，这也意味着，货币政策支持实体经济的明确性、渗透性亟须进一步提升，尤其应该在工具创新这方面继续发力。

第三，在扩大内需、挖掘内需潜力方面，需要有一揽子综合方案。扩大内需战略所涉及的问题非常多，它同时也是我们在供给侧结构性改革之后需要推出的一个很重要的战略。内需与供给之间形成高水平动态平衡，这是实现国内经济循环畅通的关键，更是构建新发展格局的关键。只有扩大内需、激发消费潜能，才能够真正使中国的超大规模市场发展迈上新台阶，我们才可能利用超大规模市场来形成战略竞争力。只有超大规模市场上一个新台阶，我们的分工体系才能进一步深化，在国际上的谈判力和国际竞争格局才会有所改变，也才能利用这个超大规模市场来孕育创新和改革。

有效刺激消费、扩大有效需求需要进行一些基础性的改革和体制机制的调整。我们所说的扩大内需战略，不能够简单地等同于凯恩斯的"总需求管理政策"，而必须真正从扩大内需战略的层面展开，需要中长期的改革方案、中期的战略调整方案和短期的政策方案相配合，这就要求我们从制度层面、机制层面和政策层面来进行多维调整。因此，在完成了脱贫攻坚目标和解决相对贫困时期的主要矛盾之后，需要重点推出中产阶层倍增计划，从数量倍增和收入倍增两个维度展开。2020年前三季度，中国一般公共预算收入同比下降6.4%，但个人所得税逆势增长7.3%，而个税承担主体是中等收入群体，这说明税制安排在收入分配层面还没有起到逆周期调节的自动稳定器作用。

第四，在激发市场活力方面，对于各类微观市场主体积极性问题需要继续保持高度关注，特别是目前民营企业投资激励问题，以及地方政府一些官员存在为官不为、能力不足等问题。如何在这方面做足文章，使民营企业家投资信心、居民消费信心、社会投资空间进一步提升，依然是未来需要解决的最为重要的几个微观结构性问题的突破口。

/三十/
中国将如何迈向"碳中和"

> 作者：林伯强，厦门大学中国能源政策研究院院长。

2020年9月22日，我国在第七十五届联合国大会上明确表示："中国将提高国家自主贡献力度，采取更加有力的政策和措施，二氧化碳排放力争于2030年前达到峰值，努力争取2060年前实现碳中和。"碳中和这一目标的提出不仅对未来气候变化产生重要影响，同时也将进一步推进我国经济结构、能源结构的转型升级。

一、为何要进行"碳中和"

进入工业化时代以来，全球二氧化碳的排放量不断上升。2019年全球二氧化碳排放量达到341.7亿吨，是1965年的3.1倍。随着二氧化碳浓度的短期剧增，全球气温快速升高。近些年来，气候变化的重大负面影响已经开始显现，这不仅危及人类生活，也将对社会经济造成大规模损失。

目前，全球基本所有的发达国家、实现工业化的国家，以及其他类型国家共120多个，都表态要大幅度推动低碳进程。欧盟委员会公布《欧洲气候法》草案，决定以立法的形式明确到2050年实现"碳中和"的政治目标；日本新任首相菅义伟在上任后表示日本力争在2050年实现"碳中和"。

中国改革开放以来，经济增长进入快车道，但长期以来，中国经济粗放式增长特征明显，经济增长以大量的能源消耗和二氧化碳排放为代价。中国能源消费量从1980年的6.03亿吨标准煤，快速增加到2018年的46.4亿吨标准煤，年均增长率达到5.5%，我国已于2009年成为全球能源消费第一大国。而且，由于中国能源蕴藏具有"多煤少油"的特征，低廉的价格和易获得性使高污染的煤炭成为我国能源消费的主要来源。统计数据显示，1980—2018年，煤炭消费占我国总能源消费的平均比重高达65.8%，清洁能源消费只占7.2%。大量化石能源消费（尤其是煤炭）必然排放出大量二氧化碳，我国二氧化碳排放量从1980年的16.3亿吨，猛增到2018年的107.3亿吨。从2011年开始，中国已经成为世界上最大的二氧化碳排放国。而且，中国工业化和城市化进程仍然处于快速推进阶段，在没有大规模清洁能源投入使用的情况下，能源消费仍将主要以煤炭和石油为主。这必将导致我国能源消费总量、碳强度和二氧化碳排放量居高不下，中国面临着巨大的二氧化碳减排压力。

2020年12月21日，国务院新闻办公室发布《新时代的中国能源发展》白皮书，清晰描绘了中国2060年前实现碳中和的"路线图"。在近期的中央经济会议上，"2030年碳达峰"和"2060年碳中和"被列为2021年八项重点任务之一。碳中和目标是中国为了应对全球气候变化付出的行动，彰显了大国的责任和担当，对全球可持续发展具有重要的意义。

"碳中和"意味着经济社会活动引起的碳排放与商业碳汇等活动抵消的二氧化碳，以及从空气中吸收的二氧化碳量相等。由于实际生产生活中不可能不排放二氧化碳，"碳中和"的概念其实是通过拥有等量碳汇或国外碳信用冲抵自身碳排放，实现净碳排放量接近于零。

二、碳排放的主要来源

从中国的能源消费和碳排放现状来看,在资源禀赋的约束下,中国的能源结构仍然以化石能源为主。新中国成立后30年,中国能源从无到有,这是建设能源工业基础的阶段,是在解决能源有没有的问题。改革开放后30年,中国解决全面工业化、城市化能源供需的矛盾,是在解决能源够不够的问题。在这一阶段,中国开始大规模引进世界先进能源技术,形成世界最大能源先进技术市场,包括油气煤炭勘探开发、电力技术(水火核、输变电)、节能技术等,先进技术在中国实现规模化应用,使中国迅速走到世界前列。而近10年,中国开始解决能源好不好的问题。

目前,中国已经成为世界最大的能源消费国和最大的能源生产国。中国煤炭产量和消费量约占世界总量的一半,同时也是世界第二大石油消费国,第三大天然气消费国,成为石油、天然气及煤炭的最大进口国。

2019年,中国煤炭消费占比为57.5%,石油消费占比为18.9%,天然气消费占比为8.1%,化石能源消费总量占比约85%。不断增长的能源需求及化石能源为主的能源消费结构导致中国二氧化碳排放量较高。目前,中国由化石能源消费产生的碳排放量接近100亿吨。而从分品种化石能源碳排放来看,煤炭消耗导致的二氧化碳排放量已经超过75亿吨,超过化石能源碳排放总量的75%;其次为石油和天然气消耗导致的二氧化碳排放,其占比分别约14%和7%。

从不同行业的碳排放来看,作为一个高度工业化国家,中国的碳排放主要集中于发电和工业端,此外,交通部门的碳排放也占有较大的份额,而农业、居民、商业和公共服务等行业的碳排放相对较低。

具体来看,对于发电行业而言,作为一个国家的经济命脉,电力部门在国民生活中具有不可或缺的地位。目前，中国的电源结构仍然以煤电为主，截至2019年年底，燃煤发电装机容量占发电装机总容量的51.8%，2019年燃煤发电量则占发电总量的62.2%。根据IEA（国际能源署）的最新数据，中国电力和热力生产部门贡献了超过50%的化石能源碳排放。

从工业端来看，能源加工行业、钢铁行业及化学原料制造业等相关高耗能行业不仅是煤炭消费的重点行业，也是二氧化碳排放的主要行业。除去电力和热力生产行业之外，其他工业行业贡献了将近30%的化石能源碳排放。最后，从交通行业来看，随着中国城镇化的持续推进，交通行业的能源消费和碳排放也呈现出显著的递增趋势。交通行业以石油消费为主，目前贡献了大概10%的化石能源碳排放。

三、碳中和策略需要统筹规划、分行业设计、分阶段实施

考虑到如此巨大的碳排放总量，中国在2030年左右实现碳达峰之后，需要在接下来的三十年内完成碳中和目标，这将推动中国能源系统发生颠覆性改变。可再生能源、储能行业、节能行业、碳捕集、利用与封存（CCUS）、生物质能碳捕集与封存（BECCS）等相关低碳、零碳及负碳行业需要加速推广。可再生能源替代化石能源是碳中和目标实现的主导方向。而由于不同减排技术的成本收益差异较大，在不同行业的实施难易度有所不同，中国的碳中和策略需要统筹规划、分行业设计、分阶段实施。

对于电力行业，电力系统的深度脱碳是中国实现碳中和目标的关键。在电气化发展的大方向下，未来的电力系统将形成以"可再生能源+储能"为主的电力供给体系。在过去的十年中，可再生能源发电成本已经显著下降，尤其是光伏发电，成本下降超过90%。而随着可再生能源的再次大规模发展，在规模经济的作用下，其成本有望进一步下降。但可再生能源发电与储能技术相结

合,才是推动其大规模应用的关键。可再生能源中的风电、光伏具有显著的间接性和波动性等特点,在大规模并网之后,会对电力系统和电网的稳定性产生冲击。储能系统可以通过负荷管理进行电网调峰。可再生能源与储能系统的结合不仅可以有效提升可再生能源发电的可靠性和稳定性,同时可以有效降低电力系统的碳排放,推动碳中和目标的实现。

从工业端来看,未来中国有望摆脱"高能耗、高污染"的产业结构。随着城镇化建设的完成,中国对钢铁、水泥等产品的需求可能出现大幅下降,工业部门的化石能源的消耗和碳排放将大幅下降。煤炭、石油等化石能源将主要作为工业原材料投入使用,排放的二氧化碳较少。而要实现工业端的完全零碳排放,需要结合自然碳汇及CCUS等负碳排放技术。在短期内,在这些技术实现突破性进展之前,提高工业端的能源使用效率、控制煤炭消费,以及加快煤炭替代是降低碳排放的重要手段。

对于交通部门来说,随着新能源汽车技术的发展及交通基础设施的完善,未来电动汽车将对传统燃油汽车实现有效替代,路面交通将实现完全电气化。因此,电动汽车加上完善的交通基础设施将是路面交通部门实现脱碳的重要途径。当然,随着制氢成本的下降及氢能技术的成熟,未来氢燃料电池汽车也值得期待。对于航空、航海等交通部门,生物燃料、氢燃料等相关能源的使用可以降低这些部门的碳排放,对于无法避免的碳排放,则可以通过自然碳汇及CCUS等技术实现零碳排放。

从碳中和目标的实施阶段来看,中国需要统筹规划,从"十四五"规划开始布局,逐步引导投资转向零碳和负碳领域,在接下来的各个五年规划中制定明确的减排目标,并配以相应的减排政策支持。整体来看,中国的碳中和路径大致可以分为以下三个阶段。

阶段一(2021—2030年),主要任务是实现碳排放达峰。在短期内,由于煤炭仍然是中国的主体能源，随着电力需求的增长和工业化的深入推进，发电和工业端的能源消费和碳排放将保持一定的增长态势。另外，目前中国人均汽车保有量非常低，仅为发达国家的四分之一左右，未来交通部门的能源需求增长空间依然很大，短期内交通碳排放还将持续增长。因此，在碳排放达峰的主要目标之下，此阶段的主要工作是提高能源使用效率，逐步替代发电和工业端的煤炭消费，控制煤炭消费总量，大力发展可再生能源，推进新能源汽车对传统燃油汽车的替代，引导消费者实现低碳生活方式。

阶段二（2031—2045年），主要任务是快速降低碳排放。在碳达峰目标实现之后，中国需要在接下来的三十年内将超过100亿吨的碳排放实现净零排放，因此在开始的十五年内，中国需要快速降低碳排放。一方面，随着可再生能源和储能成本的显著下降，"可再生能源+储能"将逐步实现平价上网，实现对化石能源的有效替代；另一方面，随着电动汽车成本的下降和交通基础设施的完善，"电动汽车+交通基础设施"的组合将有效替代传统燃油汽车。因此，阶段二的主要手段包括大规模利用可再生能源，大面积完成新能源汽车对传统燃油汽车的替代，实现交通部门全面电力化，加大CCUS、BECCS等负碳排放技术的推广使用，完成第一产业的减排改造。

阶段三（2046—2060年），主要任务是深度脱碳，实现碳中和目标。在此阶段，CCUS、BECCS等相关技术将逐渐成熟，可以实现大规模推广。可再生能源、储能、氢能等相关技术实现商业化利用。在工业和发电端、交通等领域完成清洁低碳改造之后，对于那些无法实现零碳排放的行业来说，可以通过碳汇及CCUS、BECCS等负碳排放技术来实现碳中和目标。

四、如何保障碳中和目标的实现

在未来40年要实现碳中和，对于中国来说，挑战与机遇并存。在逐步完成碳中和目标的过程中,新能源行业、储能行业、CCUS等零碳和负碳技术排放行业将迎来比较快速的发展,中国高质量发展进程将加速推进。为了保障中国碳中和目标的实现,中国需要做好以下几个方面。

一是健全应对气候变化的相关法律法规,完善相关制度建设。气候变化相关法律法规是碳中和目标实现的必要条件。将碳中和目标纳入社会发展规划目标中,完善气候变化相关的立法工作,不仅可以将碳中和愿景提升为社会行动共识,而且可以保障碳中和承诺有法可依、有据可循。另外,还需要加快构建统一有效的全国用能权、碳排放交易市场,充分发挥市场机制在节能减排中的作用。

二是在未来40年内达到碳中和,对于中国来说,时间比较紧迫。需要从"十四五"规划开始布局,在未来四十年的各个五年规划中提出阶段性的减排目标,争取在"碳中和"相关领域提前布局。特别是需要鼓励国有能源企业积极尽早入局,利用雄厚的国有资金和成熟的技术积累发挥优势,成为清洁低碳安全高效的能源体系下的重要参与者和贡献者。经过前期的快速扩张,光伏、风电等行业都面临着较为严重的产能过剩,但这也是部分优秀的企业脱颖而出的时机。企业家会更有动力并用心经营。因此,政府不需要过度干预,而应该遵循市场规律,允许失败的企业破产或由有竞争优势的企业兼并,政府只用做好失业保障、再就业培训等社会服务工作。落实到具体政策上,笔者有以下几点建议。

一是能源转型应实事求是。应综合考虑中国当前的经济社会发展阶段、能源安全的要求及当前能源技术的实际水平,科学合理地推进清洁低碳转型。立足于满足人民群众美好生活的需要,不仅需要有绿水青山,还需要有充足的物质生产力。

二是需要更慎重考虑和使用能源政策。特别要避免利用行政手段进行冒进的能源结构调整。要真正做到市场在资源配置中起决定性作用并更好地发挥政府作用。政府需要在转型过程中尽可能采用市场化手段对能源进行干预,例如,通过排污费等市场化的手段让能源价格反映环境外部性,而市场能够自我调节的部分应该让市场决定。

三是要坚持能源领域的道路自信。在对重大能源问题进行判断和决策时,既不能妄自尊大,也不要妄自菲薄。关于气候变化和环境治理等问题,不能对西方国家的言论"人云亦云"。而是应该根据国情进行科学客观的影响评价,做出清醒独立的判断,再根据自身的实际情况进行政策的制定。

四是完善能源科技创新政策设计,推进关键零碳和负碳技术的发展。碳中和过程的深入推进需要配套CCUS、BECCS、储能、氢能等零碳和负碳技术作为支撑。政府需要完善能源科技创新政策设计,重点关注发电、工业、交通等相关领域零碳和负碳技术的发展,争取在产业链和技术上走在世界前列。当然,由于技术变革速度和方向存在不确定性,未来还需要加强新兴技术的研发和创新。

五是增强能源国际合作,加快全球碳减排进程。目前,全球有超过120个国家提出了碳中和目标,作为全球最大的碳排放和煤炭消费国,中国碳中和目标的提出无疑会加快全球气候变化治理进程。增强国际合作不仅可以提升中国的国际影响力,同时可以实现不同国家之间在节能减排、低碳、零碳及负碳等相关技术上的互补,最终实现互惠互利、合作共赢。

致　谢

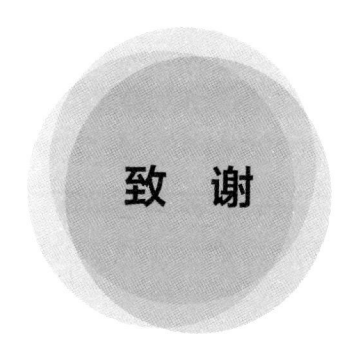

在本书的编辑过程中，特别邀请了中制智库的尤金今、北京工商大学经济学院的黄坤参与本书的编辑与整理。

另外，感谢中制智库的秘书长丁德远、副秘书长杨明红，以及《品质》制片人刘斐、视频部张忆、策划部汤丹阳、活动部刘振豪、办公室章文旭等人，他们为此也做了大量的组织工作。

特别需要感谢的是，新浪网高级副总裁邓庆旭、新浪财经主编梁斌，以及电子工业出版社总编辑兼华信研究院院长刘九如、副总编辑徐静、工业技术分社社长马文哲，还有热情而细致的编辑刘家彤，是他们慷慨大方的支持和付出，才聚拢了国内一流的跨领域专家群体，并将专家们精彩深邃的观点呈现给大家。